词汇化:汉语双音词的衍生和发展

(修订本)

Lexicalization: The Origin and Evolution of Chinese Disyllabic Words

(Revised Edition)

董秀芳 著

图书在版编目(CIP)数据

词汇化:汉语双音词的衍生和发展/董秀芳著.—修订本.
—北京:商务印书馆,2011(2022.2重印)
ISBN 978-7-100-08272-3

Ⅰ.①词⋯ Ⅱ.①董⋯ Ⅲ.①汉语—词法分析—研究
Ⅳ.①H146.1

中国版本图书馆 CIP 数据核字(2011)第 062889 号

权利保留,侵权必究。

词汇化:汉语双音词的衍生和发展
(修 订 本)
Lexicalization:The Origin and Evolution of
Chinese Disyllabic Words
(Revised Edition)
董秀芳 著

商 务 印 书 馆 出 版
(北京王府井大街 36 号 邮政编码 100710)
商 务 印 书 馆 发 行
北京艺辉伊航图文有限公司印刷
ISBN 978-7-100-08272-3

2011 年 11 月第 1 版　　开本 880×1230　1/32
2022 年 2 月北京第 4 次印刷　印张 11¾
定价:68.00 元

内 容 摘 要

　　本书研究汉语中的词汇化现象及其规律。所谓词汇化,是指原来非词的语言形式在历时发展中变为词的过程。词汇化与语法化一样,都是语言单位从理据清晰到理据模糊、从分立到融合的变化。除联绵词与音译词以外,占现代汉语词汇系统主体的双音词在历史上的产生和发展就是一个不断词汇化的过程。历史上反复出现的词汇化模式可能变为后代的构词法,当构词法确立之后,复合词就有可能直接通过构词法产生了。

　　历时的考察可以发现,汉语双音词有三类主要历史来源,一是从短语降格而来,二是从由语法性成分参与形成的句法结构中衍生出来,三是从本来不在同一个句法层次上但在线性顺序上紧邻出现的两个成分所形成的跨层结构中脱胎出来。其中,从短语降格而来的双音词最多。由每一种方式变来的词在词性上都是多样化的。

　　对于短语的词汇化,虽然汉语研究者早已提及,但多为个别举例,并且描述也极为简略。本书在前人研究的基础上,用共时和历时相结合的方法,对不同类型短语的词汇化做了尽可能全面和详细的分析。本书首先根据演变结果的词性,对于各种类型短语的词汇化模式做了分类举例说明,然后对短语词汇化现象所涉及的一些问题进行了理论阐释,对于不同类型短语词汇化中的条件限制进行了深入剖析。考察了双音词的历时发展特点与词汇化程度的等级,指出汉语双音词作为一个原型范畴,其内部成员有着词汇化程度的不同:

有的词汇化程度高,在各个方面都符合了词的标准,这是词中最典型的成员;有的词汇化程度不太高,在有些方面符合词的标准,在另外一些方面还带有短语的特性,这是词中不太典型的成员。双音词在共时状态下的词汇化程度与其在历时发展过程当中所经历的不同阶段相对应。不同类型短语的词汇化在难易程度上是不等的,有些类型的短语更容易词汇化而另一些类型的短语则较难词汇化。这一差异除了不同类型短语自身使用频率的不等之外,主要是由不同类型短语的句法特性所决定的:有些类型的短语由于经常充当句子的主干成分,其句法特性不容易削弱,因而不易发生词汇化;而另外一些类型的短语由于经常在句中充当修饰性成分,不处于核心地位,比较容易发生词汇化。同一类型短语内部的不同类别在出现时间的早晚与数量上也存在着不平衡性,本书从语义以及词法与句法的对应角度对此做出了解释,指出两个成分在语义层面和句法层面的距离越近、中间越是不容易被其他成分隔开,就越容易发生词汇化。本书还通过对现代汉语中仍在使用的双音词的特点的分析,找出了不同类型短语词汇化的制约条件,并考察了历史文献,从历时角度印证了共时分析所得出的结论。从短语到词实质上是一个短语特性不断弱化以至最终消失的过程,综观各类短语的词汇化,可以发现这样一个规律:只有那些性质上不典型的短语成员才可能成为词汇化的候选结构。

  句法结构的词汇化所涉及的类型也比较多,在汉语历史早期出现的虚化程度不等的各类语法性成分,都有可能与相关的词汇成分发生黏合(agglutination)从而变为词。但这一类现象并未引起以往的研究者的足够注意。本书的研究表明,这一类词汇化的发生主要是由于句法结构中所包含的语法性成分的功能在发展过程中的衰落或消失。当某种句法结构不再是一种能产的格式时,原属于这种结构的一些自由组合就变为一种过去的句法的遗迹保留在语言中进而固化成词。在汉语发展史上，语法标记（如名词化标记）、代词、否定词、介词和助动词等都有与其相关的词汇性成分发生黏合而变为词的情况。

跨层结构的词汇化是指由本不在同一个句法层次的两个相邻单位变为一个词的现象。这种变化是由一个非语言单位变为语言单位，具体说是词汇单位，因而是比较特殊的。由这一渠道产生的一般是虚词，其内部形式非常模糊。以往的学者虽然也提及这类现象，但多为零散举例，本书把这类现象放到词汇化的大框架中，对其性质及产生机制进行了系统分析。除了由于创造性用典而发生词汇化的之外，发生词汇化的跨层结构必须处于特定的句法构式中，所在句法构式必须具有比较高的使用频率，发生词汇化的跨层结构一般是所在构式形式框架中的关键成分，在一定程度上可以激活整个构式的意义。

从对上述三种类型的词汇化的考察中可以发现，词汇化的原因主要是认知和语用方面的因素。认知方面的因素包括心理上的组块过程、隐喻、转喻等。心理的组块过程把经常相连出现的两个分立单位组织在一个组块中，这样二者就有可能逐渐变为一个不可再分的单位，这一心理过程要以语言成分的高的使用频率为基础；隐喻和转喻可以使语言形式的透明性和组合性减弱，这为词汇化的发生奠定了语义基础。语用方面的因素包括语境义的被吸收、社会文化的变动、外来语的影响等，这些都可能使旧有的成分获得新的固定的语义，从而发生词汇化。

当一个句法单位变为词汇单位之后，其内部成分在发展过程中可能会变得更加相互依附，即发生进一步词汇化。这表现在词的内部形式的重新分析（如并列关系重新分析为动宾关系）、派生关系的模糊化以及转类的发生(其中双音动词的及物性减弱是汉语词汇发展的一个趋势)等方面。进一步词汇化有可能使得复合词或派生词变为单纯词。古代汉语和现代汉语中的合音词其实就是进一步词汇化的产物。连续进行的词汇化过程会造成共时状态下不同人对同一个词的类属判断的分歧,这是因为处在演变过程中的形式在性质上是不稳定的。当复合词或派生词变成单纯词之后,这些单纯词又可能与其他单纯词结合,组成短语,新的一轮词汇化就又可以开始了。

本书系统地研究了汉语双音词的历史来源和产生发展方式,这对于认清汉语双音词的性质以及认清汉语词汇系统的整体特点都具有重要的理论意义。而且,本书对于短语和词的界定判断以及针对双音词所做的语义分析对中文信息处理和对外汉语教学也有一定实用参考价值。

从研究方法上,本书也从一个侧面证明了从共时与历时两个角度同时进行考察对于认清某些语言现象的必要性。一个语言的过去与现在是紧密联系着的,察古可以知今,以今也可以证古。因为语言变化的机制与过程大多是古今相通的,所以在研究中将共时考察的结论与历时调查的结果相互参照,是一条很重要的研究途径,由此我们可以对不少问题做出更好的解答。

本书的特点在于不仅具有丰富的现象观察,而且具有深入的理论思考,能够把当代语言学的一些理论和方法恰当地运用到汉语史研究中去,既从新的视角出发挖掘出了新的现象,也使得相关的事实得到了系统的解释,从而开拓出了一条研究汉语词汇发展的新路。

Abstract

In the lexicon of Modern Mandarin, disyllabic words are the majority, and among which most are compounds. Some of them were formed through compounding rules and appeared as words in the lexicon at the very beginning. However, some other disyllabic words were derived from syntactic constructions, which underwent a process of lexicalization. By definition, lexicalization is a process in which a non-word form becomes a word over time, and during this process, originally independent word becomes more and more dependent and finally becomes part of a single word.

In the history of the Chinese language, there are three main ways in which disyllabic words emerged and developed. First, most of the disyllabic words emerged through the reinterpretation of phrases containing two monosyllabic lexical words. Second, some disyllabic words were fossilized from originally syntactic structures comprising a grammatical word and a lexical word. Third, some word strings that originally were not in the same syntactic level and therefore did not form one constitute but only were adjacent in linear order became a word over time. The book discussed the three ways one by one.

As for the lexicalization from phrases, some Chinese linguists already mentioned it in the past. However, they only gave some instances randomly and did not study this phenomenon systematically. Based on the findings of previous studies and combining the diachronic and synchronic analyses, this book investigates this issue in a more thorough and more theory-oriented manner.

The different stages that a phrase could go through during its lexicalization are also investigated and explained. The disyllabic word in Modern Mandarin is a prototype category rather than a classical category. Some disyllabic words have pure lexical properties and do not have any phrasal property, therefore these words are considered most typical; other words have both lexical properties and phrasal properties, and therefore they are considered less typical. The degree of 'wordhood' of a disyllabic word is directly related to the stages that it undergoes during its lexicalization. Based on historical documents, this book explores the stages that a lexicalized form can go through and the corresponding properties that it will possess at every stage.

Historical evidences show that all of the five main types of Chinese phrases (i. e. coordinate phrases, subordinate phrases, verb-object phrases, verb-result phrases, subject-predicate phrases) could develop into words, although some phrasal types lexicalized more easily than others.

Syntactic differences can explain the asymmetry with respect to lexicalizational probability among the five phrasal types. The conclusion is: those phrases that have a tendency to appear as a key constituent of the sentence are more difficult to lexicalize than those phrases likely appearing as a modifying constituent.

Within a same type of phrases, there still exists some discrepancy among different subtypes with respect to the productivity of lexicalization. The book accounts for this phenomenon from two aspects: the syntactic distance and semantic features of elements in the combination that undergoes lexicalization. The syntactic distance of two elements determines to some degree the ease with which the two elements can become a word. The closer the two elements are to each other in the syntactic level, the more likely it is for them to unite into a word. The syntactical closeness of two elements is determined in the following way: the fewer syntactic elements can separate them, the closer they are to each other. Semantic features of elements are also closely relevant to the possibility of the lexicalization of the combination. The general and specific semantic constraints on the lexicalization of different types of phrases are discussed in detail. The method adopted here is as follows: firstly check the semantic features of the elements of the disyllabic words that are still used in Modern Mandarin, and put forward some hypotheses concerning the semantic conditions of their lexicalization from corresponding phrases; then investigate historical texts to verify the hypotheses. We find that there is a principle of the lexicalization of different types of phrases: only those syntactically and semantically less typical members of phrases can become candidates of lexicalization.

Another path of lexicalization is fossilization of syntactic constructions that involve a functional word. Some originally very active functional words, such as the nominalization marker *suo*, gradually lost their syntactic function over time. As a result, some of the constructions involving the functional word were 'fossilized' and reanalyzed as a word. This kind of change were not attracted much attention from linguists before, however, it is very important. This book deals with it systematically for the first time.

Yet another path of lexicalization is reanalysis of non-constituent adjacent elements. Disyllabic words that developed in this way are usually functional words, and their internal structure usually would become very "opaque" over time. This kind of lexicalization generally occurs in syntactic constructions with high frequency.

Through the investigation of the three ways of the emergence of disyllabic words, we find that there are cognitive and pragmatic factors that could trigger lexicalization. Cognitive factors include the psychological process of chunking, metaphor and metonymy in thinking. Pragmatic factors include the absorption of the meaning obtained from the context, the change of social and cultural situation and the influence of foreign languages.

In the last part of the book, some frequently occurred phenomena with respect to the semantic or functional change of disyllabic words are discussed. This phenomena are the manifestation of further lexicalization, which is a process that a lexicalized form changes towards a more dependent direction with respect to the relation between its elements. First, the internal structure of a compound word derived from phrases can become vague and consequently be reanalyzed. Second, the derivational relation within a derivative can become unclear and consequently derivatives become monomorphemics. Third, conversion may happen, especially disyllabic verbs tend to obtain more and more nominal properties and thus the degree of transitivity will decrease accordingly. The continuous process of further lexicalization may cause ambiguity with respect to the word type: the judgement concerning whether one word is compound or derivative or monomorphemic may vary from person to person. When a compound or a derivative becomes a monomorphemic, it can combine with another monomorphemic to constitute a phrase, and then a new cycle of lexicalization can begin.

In some cases, evidences for the lexicalization of some disyllabic words cannot be found from historical texts, but it cannot be denied that lexicalization is a common and a wide-spread phenomenon. The investigation of the lexicalization that can be found enough evidence in the history will provide us with some clues for those that are not evidenced in the documents.

The book also proves in a way that the combination of synchronic and diachronic analysis is a very effective method in the research of the history of Chinese language, since the mechanisms for changes are almost the same in nowadays and in the past.

目　　录

修订本前言 …………………………………………………………… 1
初版序 ………………………………………………………………… 3

绪论 …………………………………………………………………… 1
　1. 研究对象 ………………………………………………………… 1
　2. 研究意义 ………………………………………………………… 6
　3. 双音词的研究概况 …………………………………………… 11
　4. 双音词研究中存在的不足及新的研究课题的提出 ………… 15
　5. 本书的研究目标及研究方法 ………………………………… 19

第一章　汉语双音词的主要衍生方式 …………………………… 24
第一节　汉语双音词的主要来源 ………………………………… 24
　1. 双音词的出生地 ……………………………………………… 24
　2. 双音词的鉴定与衍生关系的确立 …………………………… 25
　3. 汉语双音词最主要的历史来源：从短语演变为双音词 …… 33
　4. 由句法结构变为双音词 ……………………………………… 34
　5. 由跨层结构变为双音词 ……………………………………… 35
第二节　双音词衍生的性质 ……………………………………… 36
第三节　双音词衍生的基本条件和特点 ………………………… 39
第四节　双音词衍生的机制 ……………………………………… 42
　1. 语言演变是有意识的还是无意识的？ ……………………… 42

2. 双音词衍生的认知机制:组块的心理过程 …………………… 45

第二章 由短语词汇化而成的双音词 ……………………………… 48
第一节 概述:不同类型的短语的词汇化 …………………… 48
1. 汉语词法构造与句法构造一致性的历史来源 …………… 48
2. 由不同类型的短语词汇化而成的双音词举例 …………… 50
3. 双音词源头短语确定中的问题 …………………………… 81
4. 短语的词汇化与词典的释义及义项排列 ………………… 84
5. 从短语到双音词的演变中表现出的特点 ………………… 87
6. 导致短语词汇化的原因 …………………………………… 93
7. 短语的词汇化与现代汉语复合词的性质 ………………… 97

第二节 并列短语的词汇化 …………………………………… 101
1. 汉语并列式复合词的常用性 ……………………………… 102
2. 意合并列短语与形合并列短语 …………………………… 103
3. 并列项的语义特点与并列短语的词汇化 ………………… 110
4. 双音词的历时发展特点与词汇化程度的等级:以并列式双音词为例 ………………………………………………… 117

第三节 偏正短语的词汇化 …………………………………… 142
1. 古汉语中偏正短语与偏正式词的判定 …………………… 142
2. 不同类型的偏正式双音词的数量与发展先后顺序的差异 … 144
3. 动词在句子信息结构中的作用与动词性双音词成词的困难 … 147
4. 定中式双音词内部不同类型发展的不平衡性与句法层面不同种类定语的语序 …………………………………… 148
5. 状中式双音词内部不同类型发展的不平衡性与句法层面不同状语的语序 ……………………………………………… 154

第四节 动宾短语的词汇化 …………………………………… 158
1. 动宾式双音词的数量及其词汇化程度 …………………… 158
2. 动宾短语成词的语义条件——共时研究 ………………… 159

3. 决定动宾式双音词的语义特点的原因 …………………… 167
　　4. 动宾短语词汇化的语义条件——历时考察 ……………… 172
　　5. 共时状态下正在进行的动宾短语的词汇化 ……………… 185
　第五节　主谓短语的词汇化 …………………………………… 187
　　1. 主谓短语的词汇化过程剖析 ……………………………… 187
　　2. 主谓式双音词的数量及历时发展 ………………………… 190
　　3. 主谓短语词汇化的句法限制 ……………………………… 192
　　4. 主谓短语词汇化的语义限制 ……………………………… 194
　　5. 对主谓式双音成词的语义限制的解释 …………………… 197
　第六节　述补短语的词汇化 …………………………………… 201
　　1. 述补式双音词的数量与词汇化程度 ……………………… 201
　　2. 述补短语的类型与词汇化的可能性 ……………………… 202
　　3. 补语的语义指向与述补短语的词汇化 …………………… 205
　　4. 补语语义的可预期性与述补短语的词汇化 ……………… 206

第三章　从句法结构到双音词 …………………………………… 208
　第一节　语法标记的词汇化 …………………………………… 208
　　1. 名词化标记＋动词性成分→双音词 ……………………… 208
　　2. 动词＋体标记"取"→双音词 …………………………… 213
　　3. 定指标记"其"＋名词性成分→双音词 ………………… 216
　第二节　后置词与其前名词性成分的词汇化 ………………… 218
　第三节　代词结构的词汇化 …………………………………… 227
　　1. "相"＋动词性成分→双音词 …………………………… 228
　　2. "见"＋动词性成分→双音词 …………………………… 233
　　3. "自"＋动词性成分→双音词 …………………………… 234
　　4. 谓词性代词"然"参与形成的结构的词汇化 …………… 238
　　5. 指示代词"许"与形容词的词汇化 ……………………… 241

第四节　否定结构的词汇化 …………………………………… 243
　　　　1. 由"不"参与形成的否定结构的词汇化 ………………… 244
　　　　2. 由其他否定词组成的否定结构的词汇化现象 ………… 250
　　　　3. 否定结构的词汇化在共时状态下的表现 ……………… 252
　　　　4. 词汇化对于否定词功能的影响 ………………………… 252
　　　　5. 否定结构词汇化的句法与语义基础 …………………… 253
　　第五节　介宾结构的词汇化 …………………………………… 254
　　第六节　助动词结构的词汇化 ………………………………… 256

第四章　从跨层结构到双音词 …………………………………… 265
　　第一节　跨层结构形成的不同类型的双音词举例 …………… 266
　　　　1. 语言自然演变中出现的跨层结构的词汇化举例 ……… 266
　　　　2. 修辞中产生的跨层结构的词汇化 ……………………… 281
　　　　3. 跨层结构的词汇化在现代汉语中的表现 ……………… 282
　　第二节　跨层结构词汇化的特点 ……………………………… 284

第五章　双音词语义和功能的演变 ……………………………… 286
　　第一节　双音词内部形式的重新分析 ………………………… 286
　　第二节　派生词的单纯词化 …………………………………… 290
　　　　1. 所有者后缀"主"的功能衰落与一些"X主"结构的词汇化 … 291
　　　　2. 时间词后缀"来"的功能衰落与其派生结构的单纯词化 … 294
　　　　3. 指人的群体性后缀"众"的功能衰落与其派生结构的单纯词化 … 297
　　　　4. 形容词、副词后缀"生"的功能衰落及相应派生结构的
　　　　　 单纯词化 ………………………………………………… 298
　　第三节　及物性的变化 ………………………………………… 300
　　第四节　双音词语义功能变化的性质——进一步词汇化 …… 318

结语 ·· 322

附录
1 参考文献 ·· 325
2 词条索引 ·· 345

重印后记 ·· 348

修订本前言

《词汇化:汉语双音词的衍生和发展》自2002年出版以来,在语言学界引起了不少同行的兴趣。但是由于当时印数太少,初版早已脱销了。我经常收到认识的或不认识的语言学研究者的来信,向我询问是否手头还有此书。我把自己当时买的书都赠送完后,就只得对向我询问的人说抱歉了。一些老师和朋友都向我建议将此书修订再版,特别是四川大学的张永言先生(张先生是我的导师朱庆之先生的导师)更是多次敦促我修订,我也决定做这件事。于是与商务印书馆的周洪波先生联系,得到了周先生的大力支持。

可是惭愧的是,长时间以来我都没能完成这个在一些人看来比较简单的任务,迟迟也没有把修订稿送到商务。张永言先生在与我通电话时几次提及此事,催我早日完成,我心里非常感谢张先生,但同时也觉得十分惭愧。不能完成修订有两方面的原因,一是手里边好像总有其他事要做,比如赶写会议论文、备新课、申请课题、照顾孩子等等,时间似乎总是不够用,而且,一度也因为疾病和情绪低落而耽误了不少时间。另一方面,可能也是更主要的,总觉得修订一本旧作没有写新的作品那样提神,所以总是拖来拖去。自己也在心里骂过自己无数次,但是好像是受到了诅咒,就是无论如何不能将这个任务完成。我知道很多人想看我的书可是买不到,只好复印,国外的一些同行也看不到,我已经把书的电子版给过若干人使用,也把电子版提供给一些高校的老师作为教学参考书使用。我知道修订这本书、使之再版是必须的,可情绪总是不配合理智,我自己也解释不了到底是怎么回事。因为迁延日久完成不了这个预定的任务,我内心的焦虑也不断地积累,无法排遣。好在,这个一拖再拖的事情今天总算完成了,可以暂时松一口气了。从最初跟周洪波先生联系到现在已经过去了四年了,我终于把这个早该完成的任务完成了。我希望张永言先生能够高兴地看到这本书的出版。

修订本吸收了张永言先生、汪维辉先生等人的一些意见,借鉴了学界的一些新成果,增加了这些年思考得出的一些新想法,补充了一些新的例证和新的参考文献,删除了一些不合适的例证,改正了原有例证中的个别错误,调整了一些地方的表述方式。需要指出的是,本书的目的是概要说明汉语词汇化的类型与规律,不在于对每个提到的双音词的历时形成过程做细致的分析,而且篇幅也不允许对每个个案都做来龙去脉的详细考察,因此修订本在对每个词的分析模式上基本保持了初版的风格,没有增加更为细致深入的描写,虽然每个个案都可以做这样的描写。真诚地希望修订本能够继续得到广大语言学研究者的批评指正。

感谢商务印书馆提供再版的机会,感谢众多师友对修订本出版的关心! 我要特别感谢江蓝生先生、沈家煊先生、赵振铎先生、蒋绍愚先生、贝罗贝先生、曹广顺先生、吴福祥先生、方一新先生、白维国先生、汪维辉先生、洪波先生、孙景涛先生、彭睿先生、李宗江先生对本书的肯定和对我的鼓励! 感谢朱庆之老师、王洪君老师、张清源老师、张一舟老师多年来对我的教诲与关爱! 感谢我的先生林存义对我的呵护、包容与支持。

谨以此修订本献给我敬重的张永言先生。

董秀芳

2010 年 7 月

初 版 序*

《词汇化:汉语双音词的衍生和发展》是董秀芳在四川大学完成的汉语史专业博士学位论文。作为导师,秀芳希望我在论文正式发表时写几句话。

汉语词汇双音化的发生和发展机制是汉语史上的重大问题。过去的学者对此已有充分的认识,并做过很多的研究。虽然从总体上看,已往的成果要么未能跳出语文学的窠臼,要么只有单个现象或少数用例的考察,但已为更加深入和全面的研究奠定了坚实的基础。秀芳的博士学位论文的研究与写作正是在这样的基础上进行,并取得了一些进展。简要地说,这些进展包括:第一,在方法论上,能有意识地将古代汉语研究和现代汉语研究结合起来,将汉语研究与普通语言学结合起来;第二,初步建立了一个汉语词汇双音化发生和发展机制研究的理论框架;第三,初步提出了一个汉语词汇双音化过程的理论模式。

汉语词汇双音化是汉语词汇发展史上最为重要的现象,它决定了汉代以后汉语词汇的整个面貌,制约着汉语词汇的演变和发展方向。从目前的情形来看,我们对于双音化对汉语词汇发展的影响还知道得不多,秀芳的研究只是开了一个头,所涉及的也只是一个方面,还有大量的工作需要深入去做。

---

* 在张永言先生的建议下,对原序做了一点标点符号上的改动。

秀芳 1994 年进入四川大学中文系读现代汉语方向的硕士学位，师从张一舟和张清源等先生，打下了非常好的语言学和现代汉语的研究基础，这对她后来转入汉语史的研究非常重要。那时现代汉语方向的研究生也来听汉语史方面的课，秀芳对问题的敏锐观察和理解给几乎所有的老师都留下了深刻的印象。1997 年我"受命"指导秀芳。那时秀芳完成硕士研究生的学习，中文系打算让她留校任教，但她有意继续深造。为了留住她，经过当时的系主任龚翰熊教授的安排，秀芳就作为在职博士研究生一边教书，一边学习。在这个过程中，她还受到张永言、赵振铎、向熹、项楚和经本植等教授的悉心指导，伍宗文、俞理明、董志翘和宋永培等先生，以及曾经应邀来川讲学的美国堪萨斯大学冯胜利和哈佛大学何宝璋两位教授都曾给她多方的帮助。作为学生的秀芳，其学习的刻苦在川大研究生中早有盛名（我深感幸运的是，我在川大的其他两个博士生陈文杰和陈秀兰都同样地刻苦），她因此有足够的时间打好古代汉语的基础，不久就发表了汉语史方面的论文。与同专业的同学相比，秀芳的英语称得上极好，她还学习了法语和日语。由于这些条件，1999 年秀芳幸运地得到了一个去哈佛大学做博士论文的机会，在麻省的剑桥（Cambridge）生活了一年半，聆听到包括乔姆斯基在内的一批世界著名语言学家的授课，并受到著名功能主义语言学家久野暲的具体指导。这样说起来，秀芳应该写出更好的论文来。

秀芳 2001 年 5 月通过论文答辩。论文虽然受到诸多名家的肯定，但问题还有不少。秀芳对古代汉语的感知和认识还有待进一步的加深；在汉语研究现代化和国际化的进程中如何为理论语言学与汉语研究相结合找到一个更加合理的平衡点，也是今后要进一步努力的。

从 2001 年 10 月份起，秀芳在川大文学院领导的理解和支持下又来到北京大学中文系,在王洪君教授的指导下从事博士后研究。希望秀芳更加珍惜这样的机会,在学术道路上更上层楼。

最后,向所有指导、关心和支持过秀芳的学术界师友表示衷心的感谢。

朱 庆 之

2002 年 1 月于北京大学燕北园

绪　　论

1. 研究对象

本书主要研究汉语史中与双音词的产生与发展密切相关的词汇化(Lexicalization)现象[①]。

词汇化在文献中有多种含义,因此有时使人迷惑。有一类词汇化的概念是从共时的角度提出的,这在不同的研究领域中的具体使用又有细微的差别。

最常见的一种是指在语言系统中将概念转化为词的过程,不同的语言类型可能有不同的将概念转化为词的方式即不同的词汇化方式。比如,Talmy(1985,2000)通过跨语言研究发现,不同的语言对某一特定的运动事件类型所进行的词汇化方式不同,认为据此可以将语言分为具有普遍类型学意义的两类:(1)卫星框架语言:这类语言中概念要素"运动"和"方式"常常结合在一起词汇化为一个单独的动词词根(或词位),而概念要素"路径"用其他成分,如小品词或词缀等独立表示出来,后者就像卫星一样围绕前者独立运行。英语、德语、俄语等就是这样的语言。比如,在"The bottle floated out of the

---

[①] 索绪尔提到过"黏合"(agglutination)的概念,所指现象与本书讨论的词汇化相似。索绪尔在其《普通语言学教程》一书中指出,"在新单位的产生中,除类比以外,还有另一个因素,那就是黏合","黏合是指两个或者几个原来分开的但常在句子内部的句段里相遇的要素互相熔合成为一个绝对的或者难于分析的单位"。(参看索绪尔《普通语言学教程》,高名凯译,商务印书馆,1983年,第248页。)

cave."这个英语句子中,"运动"和"方式"两个要素合并后显现为一个动词 float,而"路径"要素由 out of 来表达。(2)动词框架语言:这类语言中"运动"和"路径"常常结合在一起词汇化为一个独立词位,但"方式"要用其他形式来表达。西班牙语、法语、日语等就是这样的语言。比如西班牙语对应于上举英语句子的动词是 salió(相当于英语的 exited),其词汇化方式是将"运动"和"路径"两个要素合并在一起,而"方式"要素是单独由 flotando(相当于英语中的 floating)来表达的。

　　在形式语法的框架中,词汇化有时可以用来指将功能范畴(functional category)用语音手段体现出来从而变为显性(visible)形式的过程。还有一种用法是从语言生成或合成的角度,将根据表达意图对合适的词的选择称为"词汇化",等等。

　　本书不讨论这类从共时角度定义的词汇化。

　　另一类词汇化是从历时即语言演变的角度定义的,这是本书所要讨论的。在语言变化领域使用的词汇化,不同的人也有不同的用法。在与语法化(grammaticalization)对举时,词汇化有时专指从语法成分变为词汇成分的变化(Ramat 1992,2001;Hopper & Traugott 1993;Moreno Cabrera 1998;van der Auwera 2002 等),如英语的介词 up 发展出动词的用法,但其实这种狭义的理解是有问题的(Lehmann 1995[1982],2002;Himmelmann 2004;Brinton & Traugott 2005 等),因为词汇化并不总是与语法化对立,词汇化和语法化在变化的机制与过程上有很多相似之处,这一点已逐渐被越来越多的学者认识到。本书中"词汇化"的定义涵盖的范围比较大,是指从非词汇单位变为词汇单位的过程。

　　有人可能会觉得"词汇"是指词语的总汇,是个集合概念,说"词汇化"不如说"词化"更合适。而且,"词化"是双音节,更符合汉语复合词的构词主流。笔者主张采用"词汇化"这一术语，现在这一术语也逐渐被越来越多的人所接受。我们采用"词汇化"这个术语，不是仅仅为了从音节数量和内部构造上对应于"语法化"这一概念，而是也有意义上的考虑。正像语法化是指非语法性的（non-grammatical）成分变为语法性的（grammatical）成分或从语法性较低的成分变为语法性较高的成分，词汇化指的是非词汇性的（non-lexical）成分变为词汇性的（lexical）成分或者词汇性较低的成分变为词汇性较高的成分。在语法化和词汇化这两类过程中发生变化的是某个形式（或范畴的）语法性或词汇性的程度，因此"语法化"（grammaticalize/ grammaticalization）和"词汇化"（lexicalize/ lexicalization）这两个术语中的"语法"（grammatical）和"词汇"（lexical）都是形容词性的词基（base）①，词缀"化"（对应于英文的-ize或-ization）的作用是使一个形容词变为动词或进一步使该动词变为名词。而且，用"词汇化"这一术语比用"词化"还有一个优势，就是可以涵盖习语化（idiomize/idiomization）这样的现象，即由短语等非词汇单位变成习语（idiom）的变化。习语不是词，但却是具有词汇性的单位。很多词汇化过程的第一步或说初级阶段就是习语化，即先由自由短语变为固定短语，然后再进一步向词发展。因此，用"词汇化"这一术语在指称上更为准确全面。

所谓双音词，是指语音形式为两音节的词，但这里所讨论的双音词不包括双音节的联绵词和音译词。之所以不干脆说本书的研究对象是双音合成词，是因为不同类型的词之间的界限并不总是很清楚。按照目前大家公认的定义，合成词指由两个或两个以上语素构成的

---

① 词基是词法学中的术语，指词缀加上去之前的形式，或者说是词缀所附着的部分，这个部分本身可以是包含词缀的。

词,包括复合词和派生词两种类型。复合词的特性在于其构成成分都是不定位语素(即在与其他语素结合时位置自由的语素),而派生词则包含定位语素(词缀)。单纯词与合成词对立,指只包含一个语素的词。表面看来,上述区分是很清晰的,但是词在历史上的发展变化可能会使其内部形式变得模糊,从而造成定性上的困难。

一方面,复合词可能会在发展过程中变得类似于单纯词。这又可以分为两种情况。一种情况是复合词构成成分的语素义由于时间久远而对语言使用者来说逐渐变得模糊甚至丧失,与单纯词之间的界限也因之变得不太分明。这样,在共时状态下,不同的人就可能因为文化程度的不同而对同一个双音形式有着不同的语感。比如"滥觞",相信了解这个词的语源的人不会太多①。由于这个词的两个组成部分的意义都比较古老,而且都早已变成黏着语素,不可以单用了,因而就会出现下列情形:在知道"滥觞"的语源的人的语感中,它是一个复合词;对于那些只知道"滥觞"的整体含义,而不知道"滥"和"觞"的具体含义的人来说,"滥觞"很可能就是一个单纯词了:其中的组成成分不再负载单独的语义。另一种情况是复合词中一个组成成分的意义在发展过程中脱落,而另外一个成分的意义仍比较清晰,因而也变得类似于单纯词。如"窗户",本是"窗和门"的意思,后来"户"(门)的意思脱落了(详细分析见第二章第一节)②。

---

① "滥觞"语出《荀子·子道》:"昔者江出于岷山,其始出也,其源可以滥觞","滥"是浮起的意思,"觞"是一种小酒杯,"滥觞"最初指江河发源的地方水流极浅小,只能浮起一个小酒杯,后来引申指事物的开始。

② 从只包含一个语素这一点上,这类词就可以算作是单纯词了。但这类词与汉语中典型的复音单纯词还有一些不同,那就是词中还有一个组成成分是有意义的,而一般所认为的复音单纯词中的每个组成成分单独看都没有意义,只有组合起来才有意义。这可能就是语言研究者不愿说这类词是单纯词的原因。对这类词的传统命名是"偏义复词"(参看周秉钧1981),这种定名是基于这类词原本都是由有意义的形式组成的这一事实,很大程度上是从语源的角度出发的,而不是完全着眼于这类词在现代汉语共时平面的表现。

另一方面，派生词可能会因为在发展过程中词缀功能的消失而变得类似单纯词。当一个历史上曾经存在过的词缀的构词功能消失之后，由其构成的派生词大多也随之消失了，但有些会作为固定的形式保留在词汇系统中。那些保留下来的词中原有的派生关系已经模糊或根本看不出来了，因而就可能被语言使用者看作单纯词或不明内部关系的复合词。由中古时期使用过的时间词后缀"来"组成的词"近来""向来"就是这样的例子（在第五章第二节我们会对此详加讨论），很多语言使用者已经不清楚这些词中"来"的含义或者对"来"的含义有误解，因此也就搞不清楚这些词最初的词法结构，从共时的平面来看，对这类词的认识就会因人而异了。一般语言研究者对这样的例子的态度就是回避，所以在很多有关词汇的教材或论著中解释词的类型时都避免举这些"不听话"的例子。

由于以上两方面现象的存在，在共时状态下对某些词的定性就可能存在分歧。从历时角度看，很多双音词在发展过程中都经历了一个从非词的分立的句法层面的单位到凝固的单一的词汇单位的词汇化过程（这一过程本书会详细论述）。一个形式在成词之后，词汇化的进程还可能继续，本书称之为"进一步词汇化"，表现为：词的组成成分之间的依附性进一步增强，内部形式变得模糊，其中某个成分的意义变得模糊甚至失落，从而使得语言使用者有可能将一个合成词重新理解为单纯词。不少在普通人看来是混沌不可分的双音单纯词实际上就是合成词进一步词汇化的结果。可见，词汇化是一个可以连续进行的过程。共时状态下复合词和派生词在有些情况下与单纯词的界限模糊正是由历时连续进行的词汇化过程造成的[①]。有鉴

[①] 这也证明了共时状态下的范畴是历时变化的结果，共时的分析不能完全脱离开历时的调查。对于这个问题下文还要谈到。

于此,本书采用"双音词"这一名称来涵盖从语源上来看组成成分有意义的所有双音节词,这样不仅减少了定义上的很多纠缠,而且使这里的研究结论有更大的概括性。

联绵词和音译词不在我们的讨论之列。这是因为联绵词是一种遵循特定语音模式构成的词,其产生途径和发展变化都与其他双音词不同,不涉及一个从非词汇单位到词汇单位的范畴改变过程[①];音译词则是纯粹利用汉语音节来记录外来词的结果[②],本来就不是汉语固有的词,与其他双音词的产生方式自然是完全不同的。从数量上来讲,联绵词和音译词只占汉语整个词汇系统很小的一部分,而且其产生途径也不是汉语造词方式的主流,汉语的主要造词方式是复合,其次是派生。以下我们再提到双音词,都是指不包括联绵词和音译词在内的语音形式上是两音节的词。

2. 研究意义

2.1 双音节是汉语词的基本形态

在现代汉语的词汇系统里,双音词是最多的。根据周荐(1999)的统计,双字组合占《现代汉语词典》(中国社会科学院语言研究所词典编辑室编,商务印书馆1996年修订本,以下简称《现汉》)收录条目总数的67.625%。这一事实不是偶然的,而是由汉语的韵律(prosody)特征所决定的。

[①] 周法高(1962)把重言式联绵词看作全部重叠,把双声、叠韵联绵词看作部分重叠。可见,这些联绵词的语音形式是在单音节基础上的完全或不完全的扩展。对于单音词与联绵词的关系,以往的训诂学者认为是"急言为一(字),缓言为二(字)"。根据这些论述,徐通锵(1997)提出联绵词的二音节是由单音节分化出来的。

[②] 有些音译词在选择汉字时兼顾意义,如"引得"(对译英文的 index)。但即使是这样的词,其成词方式也与汉语史中的词汇化过程完全不同,其中也不包含一个从非词到词的范畴改变过程。

韵律是语言的形式特征之一,有着生理和心理的基础,属于语言的普遍现象(language universal)。不同的语言有着不尽相同的韵律特征,这又是语言个性的一个方面。韵律与语言的词法、句法等层面相互作用,共同决定了一个语言的面貌①。在词汇方面,研究已经发现,每个语言中的词在语音形式上都有着由韵律决定的特定规则。近年来兴起的韵律构词学(Prosodic Morphology)就是研究韵律对于构词的制约的(McCarthy & Prince 1993 等)。这一理论中用到的韵律词(prosodic word)的概念是从韵律角度定义的最小的能够自由运用的语言单位,它是在音步(foot)中实现的,一个韵律词必须至少是一个音步。不同语言中音步的构成模式不同,因而不同语言韵律词的构成也就不同,这就决定了不同语言中的词汇在语音形式上的不同样态。

冯胜利(1995,1996a)将韵律构词理论引入汉语,并根据汉语的实际情况做了发展②。他认为汉语中一个标准的音步是由两个音节构成的,有时三音节可构成一个"超音步"(super foot),但超音步不是汉语的基本音步,而是一种再生的产物。一个标准的汉语韵律词是由标准音步即由两个音节构成的。韵律对汉语构词的制约表现为:复合词必须首先是一个韵律词,因而也就必须是两个音节。这就

---

① 王洪君(1994)根据韵律音系学(prosodic phonology)的理论,提出汉语中的"字"不同于英语中的 morpheme,是汉语中语音单位和语法单位的交汇点,在汉语中占据着特殊的地位,而英语中语音单位与语法单位的交汇点则是词(word)。

② 在西方,韵律构词理论主要是在分析重叠等词法现象上比较成功。冯胜利把韵律构词理论应用在对汉语复合词的研究上,并对音步的方向性等问题做了开创性的分析。端木三(1999,2000)也采用了韵律理论分析汉语,但其观点不同于冯胜利,主张汉语的音步有重音,重音应落在辅助词上。王洪君(2000)进一步讨论了韵律词与韵律短语,指出韵律词是只能顺向连调的稳定单音步或凝固复二步,而韵律短语则可能逆向连调,是多音步或可选多音步。这一分析使韵律词与韵律短语的区分具有了比较容易把握的形式标准。关于汉语音步的特点等问题,还值得进一步探讨。

是在汉语中双音节词占词汇系统的主体地位的原因。因此可以说，双音节是汉语词的基本形态。汉语中虽然也存在一些超过两音节的复合词，但数量不多，而且是在双音复合词的基础上构成的，因而双音复合词是汉语词汇系统的核心与关键。

双音节是汉语里一个形式成词的必要条件，但不是充分条件，双音节的不一定都是词，也不一定都可能成词。从历时角度看，哪些双音形式可能成词？对这个问题以往还没有研究，而这正是本书所要回答的问题之一。

2.2 对双音词的研究在主体上是对复合词的研究

据周荐（1999）对《现汉》的统计，双语素合成词占两字组的98.625%。由于汉语构词主要使用复合法，词缀数量少，派生法很不发达，因而双语素合成词中大部分是复合词。研究汉语词汇，就应该针对汉语词汇系统的特点，把主要精力放到对复合词的研究中去。

根据汉语史的研究，汉语大规模的双音化进程开始于汉代。发展至今，许多原来的单音词都变为了黏着语素，在数量上十分庞大。这些语素虽然不能单独成词，但能产性却很高，构词时位置不固定，既可以出现在另一个语素前又可以出现在另一个语素后。如"民"不能单用[①]，却非常能产。根据《现汉》与《倒序现代汉语词典》（中国社会科学院语言研究所词典编辑室编，商务印书馆，1987），现代汉语中由"民"参与构成的双音词共有 80 个，其中出现在双音词词首的有 47 个，如"民主、民族、民众、民工、民谣、民兵、民俗"等；出现在双音词词尾的有 33 个，如"人民、选民、农民、难民、国民、公民"等。与英

[①] "民"在个别情况下可以单用，如"民以食为天"，但这是出现在一个习惯性的说法中，属于古语的残留。

语相比,可以说上述的词根复合方式是汉语构词的一个特点。Packard(2000)指出,像汉语这样,一个不自由词根可以出现在不同位置以构成复合词的构词法实际上在英文中基本上是不存在的[①]。英文中的复合词(compound)大都是由可以独立运用的词组成的结构,如classroom(教室)、blackboard(黑板)、typewriter(打字机)等,因而英文中的复合词采用的主要是词复合而不是词根复合的方式。对于汉语复合词上述特性的历史来源与性质,我们将在第二章中加以讨论。

从共时角度来看,汉语复合词与句法结构具有明显的同构性,复合词的五种主要结构方式正对应于短语的五种主要类型:并列、偏正、动宾、主谓、述补。从历时角度考察,复合词在来源上与句法结构有着密切关系。因而,复合词可以说是词法与句法的一个界面(interface),搞清复合词的产生方式也有利于增进我们对汉语整体面貌的认识。

2.3 双音词的历时研究的必要性

汉语词汇系统以双音词为主的面貌不是自古而然的。在上古汉语里,单音词在词汇系统中占压倒性多数。据周荐(1999)的统计,在赵诚(1988)的《甲骨文简明词典——卜辞分类读本》中,单音词占77.51%,这与现代汉语的情况形成了鲜明的对照。研究表明,殷商时代语言的词汇系统本质上是单音节的,复音化的各种构词法萌芽于西周早期,发达于春秋战国。春秋战国时期复音词的数量增加很

---

① 英语中有一个类似于汉语的不自由且不定位的词根"-log-"(义为"词语"或"文本"),这个词根不能单独作为一个词出现(因而是黏着语素),但比较能产,表示一种词汇性的而非功能性的信息,可以出现在词首,如:logogram, logograph, logotype, logorrhea 等;也可以出现在词尾,如 monolog(ue), dialog(ue), travelog(ue) 等(Packard 2000)。

大,成为汉语复音化迅速发展的第一个时期(马真 1980/1981,郭锡良 1994)。双音化的步伐从东汉开始大大加快(程湘清 1992b,方一新 1996 等)。到了唐代,双音词为主的词汇系统已经建立,双音化的程度在近代汉语得到进一步的提高(程湘清 1992d 等)。现代汉语中,双音词完全取代了单音词在词汇系统中的主体地位。从以单音词为主过渡到以双音词为主,这是汉语内部的一个发展趋势(这一点已被自高本汉、王力以来很多研究古汉语的学者注意到,并已成为汉语语言学界的共识)①,这使得汉语词汇系统的面貌发生了巨大的改观,确为汉语史上的一件大事,其重要性是显而易见的。

然而,尽管这一事实已被语言研究者们所知晓,但时至今日,我们对这一变动的具体过程和细节还所知甚少,这与双音词在汉语词汇系统中的重要地位极不相称。这一情形的出现不难理解,词汇内部的系统性和规整性远远比不上语音和句法,在词汇系统内,双音词家族成员众多,个体之间存在着比较大的差异性,再加上双音词在汉语悠久的历史发展过程中经历了不尽相同的多个阶段的变化,这就使得研究双音词的衍生发展成为一件头绪繁杂的任务,要想理出一个清晰的线索来绝非易事。因而,这一领域中还有很多重要的工作需要去做。如果说很多问题都已被前辈学者注意到了,那么留给后来者的重要任务之一就是把这些问题的研究推向深入。

从历时角度来看,双音形式是怎么变成词的?词汇化背后的机制是什么?制约双音形式词汇化的因素有哪些?这些都是我们要回

---

① 戴庆厦先生(私人交流)向笔者指出,双音化趋势在汉藏语的其他语言中也有反映(参看戴庆厦 1993、1997;李泽然 1997 等)。而且,汉语的亲属语言出现双音化趋势的原因与汉语也是类似的。藏缅语语音发展的研究成果已经证明:古代藏缅语的声韵母比较发达,后来出现了简化的趋势(戴庆厦 1993),这一语音简化趋势可能就是导致词汇双音化的原因。双音化可能是汉藏语言发展的一个共同趋势。这从一个方面也说明,有亲属关系的语言即使是在分化之后,也仍然可能出现同样的发展趋势。

答的问题。

汉语史研究发展到今天,我们不能只满足于对一些变化事实做粗线条的勾勒,而应对隐藏于演变事实背后的演变动因、制约演变的条件以及演变所经历的具体过程等问题做出分析和解释,只有这样,汉语史研究才有可能走向深入、更上一层楼。这就是笔者选择了这一课题以希求继往开来而没有去设法找一块未开垦的处女地的原因。

3. 双音词的研究概况[①]

3.1 古代训诂学对双音词的研究

从整体上来看,古代训诂学对词语的解释是以解释单音词为主的。由于对双音词的性质认识不够,在古代注释中,常常把双音词分成两个单音词来解释(参看朱庆之 1986)。这一方面反映了单音词在古人心目中的牢固地位,另一方面也反映了在成词之初双音词的内部形式的清晰性。古代注释中的确也有一些对双音词的语义解释,但所占比重比较小,与对单音词的解释相比,显得非常薄弱(参看冯浩菲 1995 等)。

在从汉代至清代的有代表性的辞书中,如《尔雅》、《方言》、《广雅》、《一切经音义》等,都有少量对双音词的解释,明代方以智的《通雅》中收录的双音词较前举诸书为多。从汉到清也出现了一些研究俗语的专书。这里所谓俗语,指的是口头上的通俗用语(colloquialism),是与古雅的书面用语相对而言的,包括词、习用的词组、谚语和成语等。这类俗语专书中也收集了不少双音词,比较重要的有宋代佚名的《释常谈》和龚颐正的《续释常谈》,明代杨慎的《俗言》,清代钱

---

① 本节的撰写主要参考了符淮青(1993)。

大昕的《恒言录》和钱大昭的《迩言》等。

训诂学中双音词研究的缺乏,在一定程度上是由训诂学以通经为目的的实用研究取向所决定的。训诂学要解释的经典一般是先秦文献,其中的双音词确实不多。虽然双音词在汉代以后得到了很大的发展,但中国古代的小学家们始终未把双音词纳入他们研究的中心,这可能是由于很多双音词的意义都可以从其组成成分中推知,不会成为阅读的太大的障碍,因此也就不会成为训诂学家所关心的对象。而且双音词是后起的,不那么古雅,而训诂学家是致力于解释古雅的经典语言的。

3.2 从"五四"时期到建国前对双音词的研究

在 20 世纪初,汉语的研究开始进入一个新的阶段。这个时期的学者已经接触到了一些西方的语言学理论,尝试用理论的眼光来看汉语事实。

章士钊 1907 年出版的《中等国文典》第一次清楚地区分了今天使用的"字"和"词"的概念,认识到"一字可为一词,而一词不必为一字"。后来王力、黎锦熙、吕叔湘等都对词下了定义并提出了鉴别词的标准。这些讨论都涉及到了双音词。

胡以鲁的《国语学草创》(商务印书馆,1923 年)最早明确地总结了汉语词语的复音化趋势,可谓眼光敏锐。

对于汉语构词法的研究也开始兴起。在《马氏文通》以后的一些语法学著作中都不同程度地分析了汉语的构词法,其中包括对汉语双音词的结构方式的分类,只是所分出的类与现在的分类不太相同。这方面的代表性的论著有薛祥绥刊于《国故》月刊 1919 年第 4 期的《中国言语文字说略》和胡以鲁的《国语学草创》等。

值得特别提出的是赵元任(Chao 1948),他首次用句法关系概念比如主谓、动宾、动补等来分析复合词的构成,这在当时普遍用语义关系来描写复合词内部结构的情况下显得格外突出。

3.3 建国后对双音词的研究

在词汇学理论和现代汉语词汇研究方面,建国后有不少专著问世。这些著作涉及到双音词,但并不是关于双音词的专著。概括起来看,涉及双音词的主要包括这样一些问题:

一是构词方式,周祖谟(1959)、陆志韦等(1957)、赵元任(Chao 1968)、任学良(1981)、刘叔新(1990)等对此集中进行了探讨。其中陆志韦等(1957)的《汉语的构词法》和赵元任(Chao 1968)的《汉语口语语法》(*A Grammar of Spoken Chinese*)值得特别注意。陆志韦等(1957)对词整体的词性类别与词的构成成分的词性类别都做了细致分析。赵元任的《汉语口语语法》用了几章的篇幅来谈词的性质与词的构成成分,其中一章谈不同语素的组合可能性,还有一章专门谈复合词的构成。在这部著作中,赵元任讨论了界定汉语词的几种方法,引进了自由语素与黏着语素的概念。这是一部里程碑式的著作,其中的一些观点被广泛引用。

二是词与词组的划界问题,如曹伯韩(1954)、林汉达(1955)、吕叔湘(1955)、张世禄(1956)、陆志韦等(1957)等对此都有讨论。其中,双音词与词组的纠葛又是问题的症结所在。Packard(1998)认为陆志韦等的《汉语的构词法》是关于汉语构词法的最早的转换生成性的分析,因为其中使用了与生成语法的短语结构描述在精神上一致的扩展法来鉴别词与非词。不过,不同的学者虽然提出了很多划分标准,注意到既考虑形式又考虑意义,但这一问题并未得到很好的解决。王洪君(1994)谈到了二字组中词与短语的划界问题,针对不同类型的结构方式提出了各种形式鉴别手段以区分二字组合中成词性、类词性的高低,分析具有理论高度,将这个问题的研究引向了深入。王洪君(2000)以连读变调的方向、内部停延与外部停延的长短对比为标准,讨论了词、类词短语与自由短语的不同。冯胜利(1996,2001等)从韵律的角度对汉语中词与短语的分界问题也提出了一些新见解,颇富启发性。

三是词的"内部形式"即构词的理据(motivation),在这一方面的探讨有张永言(1981,1982,1999)、刘叔新(1990)等。

四是对词汇系统的结构以及词汇系统中不同的聚合群如同义词、反义词等的研究,这方面的论著有刘叔新(1964,1988)、石安石和詹人凤(1981)、谢文庆(1985)、杨书忠(1983)、周荐(1988)等。

在历时领域,研究汉语词汇发展的历史,是汉语史研究的一个重要方面。王力的《汉语史稿》(下册)(1956)和《汉语词汇史》(1992)对此做了初步的勾勒(后者可以看作是前者的增补修订本)。赵克勤的《古汉语词汇概要》(1987)、蒋绍愚的《古汉语词汇纲要》(1989)、史存直的《汉语词汇史纲要》(1989)、潘允中的《汉语词汇史概要》(1989)、许威汉的《汉语词汇学引论》(1990)和向熹的《简明汉语史》(词汇部分)(1993)等都对古汉语词汇的各个方面做了描写和分析。这些都是对古汉语词汇的通论性著作,其中也涉及到双音词的产生和发展问题,但所占比重不大。

再有,就是较为晚近的时候出现的对于属于同一语义场内的词汇的研究。既有对于某一特定历史时期属于某一语义场的词汇的共时研究,也有对某一特定语义场内的成员兴替演变的历时研究(汪维辉 2003、2010;谭代龙 2008 等)。但是这些研究中涉及的主要是单音词,双音词只是偶有涉及。

另外,还有一批研究专书或断代词汇的著作问世。再就是不同类型词典的编纂,包括历史词典、断代词典和专书词典。这些著作基本都是词义方面的研究。

概括起来看,汉语史领域中涉及双音词的研究大致包括这样几个方面:一是双音词产生的原因,在这方面的探讨已有不少,出现了很多不同的观点,如张世禄(1930)、王力(1958)、马真(1980/1981)、朱庆之(1990)、黄志强和杨剑桥(1990)、程湘清(1992a)、徐通锵(1997)、冯胜利(1998,2000)、洪波(1999)等。二是各个历史时期双音词的构造类型与数量比例,在这方面已有一些切实的统计数字。这些大多出现在专书或断代词汇研究中,这方面的研究特色是可以做到对有限语料的穷尽性的分析。如程湘清(1992)的系列研究等。三是对双音词的语义解释,多散见于各种词语汇释类的著作中,其他一些非专论语义的断代或专书语言研究著作中也时有涉及。如王锳(1986)、朱庆之(1990)、蔡镜浩(1990)、袁宾(1990)、王云路和方一新(1992)、董志翘(1997)、江蓝生(1998a)等。

对于汉语词汇史研究的更详尽的介绍,可参看符淮青(1993)、周荐(1995)、许威汉(2000)等。

4. 双音词研究中存在的不足及新的研究课题的提出

双音词的研究到目前为止,已发现了不少语言事实,也有一定的理论探讨,在构词方式及语义方面的研究成果尤为突出。但是综观历来的双音词研究,一个明显的不足是分析和解释不够。就历时研究而言,很多关于双音词的论著只是对某一时期或某一专书里的双音词做了简单分类和抽样式的列举,并没有能从语言演变的角度对其做出阐释。而且研究双音词的模式和方法缺乏创新,一些研究不同专书词汇的著作看起来似乎只是把不同的材料填入了相同的框架,所发现的事实颇多重复之处,因此给人雷同的感觉。

古汉语的词汇研究到目前为止,研究手段还是比较传统的,很大程度上仍囿于语文学(philology)的范域。研究方法的保守直接导致了研究成果的不尽如人意。古代汉语中丰富的语料仍未能在当代语言学理论的指导下得到充分合理的分析和解释,这不能不说是令人遗憾的。

王力(1943)在《中国现代语法》一书的自序中说:"中国语法学者须有两种修养:第一是中国语史学(Chinese philology);第二是普通语言学(general linguistics)。缺一不可。若只精于中国语史学(如所谓'小学'),而不精于普通语言学,就只知道从古书中大事搜罗,把若干单词按照英语的词类区分,成为一部'新经传释词'。若只精于普通语言学,而不精于中国语史学,就只知道运用若干术语,把中国的语法事实硬凑上去,成为别开生面的'削足适履'。"这段话虽然是就语法研究说的,但也同样适合于词汇研究。王力在这里强调的是语言研究者应该将现代语言学理论与语言事实相结合,这在过去由于客观的和主观的各种原因,一直没能做得很好。

王力先生所提到的第一方面的弊病在汉语史研究中尤为突出。不少著作虽然对材料的搜集罗列用力甚勤,但对材料中所反映的语言演变事实则缺乏恰当的描写与概括,从理论高度进行的阐释就更少。汉语史从学科性质上看,应该属于历史语言学,然而已有的一些研究还缺乏语言学研究的特质,这一点在汉语词汇史领域表现得更为严重。比如,不少人把主要甚至全部精力放在对疑难词语的训释或寻找某一语言形式的更早用例上,尽管这些都是重要的语言事实,对这些语言事实的揭示也能增加人们古代汉语方面的知识,但这些并不是历史语言学所关心的唯一课题,甚至也不是历史语言学所关心的主要课题。在语言的历时研究中,对所发现的语言演变事实做出概括和分析,找出其中存在的规律,探讨语言演变背后的机制和动因,无疑是更为重要的一个方面。

汪维辉(1997)、董秀芳(2000a)指出汉语史研究中理论探讨的不足有一定客观原因。研究者的精力有限,而搜集资料的工作在完全依靠手工操作的情况下,要耗费大量的时间,这就严重束缚了研究者的手脚。不少研究者在资料收集工作上投入了研究时间的绝大多数,而留给研读语言学理论著作和对语料做深入分析的时间却很不够。以词汇史的研究为例,近年来在定性研究的同时,越来越强调定量分析。比如注重统计某词在某一时期或某一专书中的使用频率、统计新旧成分在不同历史时期消长变化的比例,以期揭示语言变化的真实情况。这一工作很有意义,但在手工处理语料的情况下,这一工作的完成费时费力,而且容易出现错漏。不少研究者由于把大量的时间和精力耗费在语料处理上,所以不得不满足于材料的获得与初步整理,无力再做进一步的探讨。

令人鼓舞的是,在计算机技术日益发达的今天,大型的语料库已经建立,并在不断完善,以后材料的获得将会变得相对容易,这给研究者带来了挑战,也带来了希望。一方面,以后理论的探讨会变得更为重要,仅以材料取胜的路子将会行不通;另一方面,研究者由于可以在很大程度上摆脱机械、简单的收集材料的手工劳动,因而可以把精力集中到更高层次的研究上去。这就为理论与材料的更好结合创造了条件,王力先生所指出的两种弊病将有望得到克服。

当然,电脑不能代替人脑,并不是有了语料库就解决了搜集语言事实的所有问题。首先语料库中难免有错误,使用时应慎重,核对原文的工作不容忽视;再者正确理解文意是必需的,这是进一步研究的基础,如果不能把词语和句子放在语境中来正确理解,仅靠机器检索而断章取义,就必然会影响研究质量。因此,必要的文献知识以及在大量阅读基础上所获得的对古汉语的感性认识仍是高水平的汉语史研究所不可缺少的。另外,语料库毕竟只是一个工具,要把它利用好,使用者还必须具备相当的素质,尤其需要具备理论的素养,因为如果没有理论的指导,就不会提出有价值的假设,也就不知道应该到语料库中去搜寻哪些材料。

需要指出的是,对于以往汉语词汇史研究中存在的训诂学取向以及由此造成的种种局限性,一些学者已经注意到并力图改变,提出了词汇史应该着力研究的一些新课题。如蒋绍愚(1989b,1999)提出研究词义系统的演变,包括研究不同历史阶段义位的有无及结合情况、词的聚合关系、词的组合关系以及词的亲属关系在历时发展中的变化等。蒋绍愚(1993,1994a)论及常用词演变的研究问题,有理论也有实践。张永言、汪维辉(1995)深入阐述了研究常用词的重要性,并具体分析了一些常用词的历时替换的实例,描写了替换的具体过程。此后一批研究常用词更替的文章与专著相继出现,如李宗江(1997,1998,1999)、汪维辉(1997)等。在这一领域所做的工作是极有意义的,不过这些对常用词的替换研究只集中在单音词上,没有涉及双音词。

无论是词义系统的变化研究还是常用词的替换研究中都有"史"的观念,注意描写语言的演变,而且触及的是词汇系统中的关键要素和核心成员,因而应该成为词汇史研究中的重要课题。

双音词既然是现代汉语词汇系统的主体,使用频率很高,自然不少也属于常用词。而且,双音词的产生在不少情况下涉及到范畴性质的很大改变(比如由短语变为词)。双音词的产生和发展引起了汉语词汇系统的本质性的变动,改变了词汇系统的整体面貌,即由以单音词为主发展到以双音词为主,这一变动也影响到汉语的句法(这一方面的情况也值得研究,但不在本书的讨论范围之内),因此是关乎汉语全局的,所以双音词的演变尤其值得花大力气研究。

然而对双音词的产生和发展进行研究所面临的困难很大,需要做的工作具有很大挑战性。双音词的衍生和发展既涉及词汇也涉及语法,情况是很复杂的,而且在这一领域以往的研究基础十分薄弱。以往的研究主要集中于对双音词的语义描写或不同阶段不同类型双音词的数量比较,但对于双音词的历史来源、产生过程与条件这些问题却没有太多关注。单音词在语言系统中一出现就具有词的身份,但最初的双音词却一般是从非词的结构演变来的。当然,在后来的阶段,双音词可按复合构词法直接创造出来。虽然有些双音词的历史源头及演变过程已不可考,这或者是由于其成词过程很早就已完成,或者是因为我们所能看到的文献材料具有局限性,没能反映出其成词的具体演变环节,但不管怎样,都不能否认汉语双音词作为词汇系统中一类后起的成员,其衍生经历了一个词汇化的过程,其中存在的规律需要加以认真研究,而本书就是在这一领域所做的一个探索。

5. 本书的研究目标及研究方法

本书的研究目标是要达到对双音词的产生与发展的较为深入的认识。本书试图回答以下几个问题:(1)双音词的历史来源与产生途径;(2)双音词的发展过程与词汇化程度;(3)双音词成词的条件限制;(4)双音词在发展过程中句法和语义特性的变化。笔者认为这些问题的澄清将对理解汉语词汇系统发展演变的性质与规律有相当重要的意义。

本书采用共时与历时相结合的方法①,将共时分析和历时调查的结果比照验证。越来越多的研究者注意到,语言研究中共时和历时分析不可截然分离,这主要是因为以下两点:

首先,对共时状况的分析与解释不能完全脱离对历时情况的调

---

① 本书的共时分析主要限于对现代汉语普通话的分析。

查研究。近年来语法化(grammaticalization)研究的兴起十分强调共时与历时研究的紧密相关性,客观上这是因为语法化的过程不仅体现在历时的发展阶段中,也反映在共时的语言系统里:一个形式在语法化过程中所经历的各个阶段的用法可以在共时状态下并存(Hopper & Traugott 1993)。比如,从历时角度看,汉语的介词是由动词经语法化而来的,从共时角度看,在现代汉语中一个形式可以同时具有动词和介词的用法。联系介词来源于动词的历时事实,就能更好地理解共时状态中同一形式兼有动词和介词用法的现象。再比如,语言学家曾试图给主语下一个跨语言有效的定义,但遇到的一个障碍是,在许多语言中"主语"是一个与动词仅有很松弛的关系的名词短语,这样的"主语"实际上是话题。主语和话题有一系列不同的特征,如主语和动词之间可能会有一致标记,而话题和动词之间没有一致标记;有时主语可以被一个反身代词指称,但话题不能被反身代词指称等。研究还发现在一些语言中,主语的观念很清晰,话题很少或没有;而在另外一些语言里,话题却起着重要的作用。对主语和话题两个范畴的研究一度成为共时研究中的一个重要问题,引出了很多不同的观点。Li & Thompson(1976)从历时角度对主语和话题进行了研究,揭示了这两个范畴在历史上的关联性,指出主语实际是由话题语法化而来的,二者的差别只是语法化程度的不同而已。这一研究的影响很大,它表明语言共时状态下的一些句法范畴与结构是历时不断进行的语法化的结果,因而历时研究不是只给共时层面的事实提供一个有趣的历史性评论,而是与共时语言现象的分析与解释紧密相关,因为共时的"事实"本身是无法完全从它们经历了的或正在经历的历时演变"过程"中分离出来的(Hopper & Traugott 1993)。

第二,历时的研究也离不开共时的分析。在历时的领域中,我们不能依赖语感(intuition)，不能靠对比可以接受的形式与不可接受的形式来得出或验证某种结论。这使得语言的历时研究受到很大限制，因此很多情况下不得不依赖对共时状态的分析来推测历史上所发生的变化过程。

历史语言学中研究语音变化的历史比较法(historical comparison)与内部拟测法(internal reconstruction)(又称"内部构拟法")在实质上都是通过对共时状态下的语音状况的分析去推测重建(reconstruct)原始母语(proto-language)的音系构成。只不过历史比较法是通过对几种亲属语言(或方言)之间成系统的语音对应的分析，重建共同母语中的始原形式；而内部拟测法则是完全限制在一个特定的语言系统之内，根据音系结构中的不平衡性，比如异常的分布、空格、不规则的形态变化等去探索语音的发展及其所从出的始原结构(参看徐通锵 1996)①。我们知道，历史语音学是历史语言学中研究得最为充分、发展得最为成熟的一个分支，可见，从共时分析入手推测历时演变是一个行之有效的方法。历史语音学中的研究方法应该也可以作为历史语言学其他分支领域的借鉴。

Labov(1974)和 Romaine(1982)认为语言的规则类型和演变方式有着跨语言和跨时间的一致性，这可以称为"古今一致主义原则"(uniformitarian principle)。根据这一原则，在今天的语言中可以证明的演变动因应该与历史上同类现象背后的演变动因一致。这一原则已被大多数历史语言学论著所采用(Hopper & Traugott 1993 等)。

---

① 虽然在汉语音韵学的研究中可以利用韵书或韵图，这是古人对音系构成的研究成果，可以为古音的拟测提供重要的依据，但是从这些韵书或韵图中只能归纳出音类，而不能得出确定的音值，要想拟测音值，还是离不开对活着的汉语方言的语音系统的对比研究或在一个方言系统内部所进行的内部拟测。

综上所述,在历时和共时任一领域的发现都可能会对另一领域的研究具有启发作用。要理解语言的共时状况,离不开对历时演变过程的调查和分析;在解释历时变化规律时,也不能不把共时平面的情况作为一个参照系以提出合理的推测。

在汉语词汇的研究中,历时与共时相结合的方法尤为必要。

一方面,要更清楚地认识现代汉语的词汇面貌,离不开对汉语词汇史的调查研究。现代汉语中的词汇是历史的积淀,除了一些新造词之外,大部分都是从不同时期的古汉语中有选择地继承下来的。一个明显的证据是,现代汉语的双音词中往往包含着古义和古代句法结构方式,要对其有深入了解就必须知道古汉语中的一些情况。仅就确定双音词的结构形式这一看似简单的问题而言,如果不了解双音词的各组成成分的意义就不可能得出正确的结论,而确定各成分的意义有时必须联系历时情况。也只有弄清楚各成分的最初意义之后,才能理解这个词的构词理据。现代汉语中双音词与短语在划界上的困难重重也有着历史根源,因为很多双音词是从短语脱胎而来的(下文对这一点会做详细论述),所以这两个范畴之间边界十分模糊就是意料之中的事了。对这两个范畴的认识,在了解了双音词的历时发展情况后可能会更为清晰一些。

另一方面,现代汉语中的双音词是汉语史中所发生的词汇化的结果,这一结果是可以直接观察到的,是我们正在使用的东西。但其来源与变化渠道却往往是隐蔽的,常常难于直接观察。然而结果中必然会透露出来源的信息,发生词汇化的条件、不同类型的短语以及同一短语内部的不同类别在词汇化过程中的不平衡性等问题,都可以通过分析现代汉语中双音词构成成分的句法特征和语义特征而得到启示。而且,词汇化过程还可以在现时的语言中观察到,在其中起作用的因素与在历史上已完成了的相似的变化是一致的。

由于考虑到共时与历时的相关性，本书所选择的双音词一般都是在现代汉语中还存在的，那些只在历史上的某个阶段中出现，但后来又从词汇系统中消失，未能在现代汉语中保留下来的双音词，基本不在本书的研究范围之内，只是在个别情况下，顾及到类型的全面性，才偶尔涉及这类词。这样做并不是因为那一类历史上出现过又消失了的双音词是不重要的，实际上，对这一类双音词进行研究对于全面了解汉语双音词的发展轨迹也是有帮助的。只是因为篇幅有限，笔者的精力也有限，所以只能缩小研究对象的范围，选择更有代表性的例子。以现代汉语中仍在使用的双音词为例的好处在于可以从历时演变和现代汉语共时状态下的表现两个角度同时对其加以研究。本书所选双音词基本以《现汉》所收录词条为范围，但所做的并不是一个穷尽性的研究，而是选择了《现汉》中一部分可以从文献中找到比较确凿的词汇化证据的双音词。

笔者在对古汉语材料的分析中，尝试吸收和采用了一些当代语言学理论与方法，不仅对语言演变事实进行描述，而且也尽量对演变规律、动因、机制与条件等做出一些解释。

第一章 汉语双音词的主要衍生方式

本章首先概括讨论双音词的主要产生渠道。双音词有三个主要历史来源：一是从短语变来，这是双音词的最主要的来源；二是从由语法性成分参与组成的句法结构固化而来；三是由本不在同一句法层次上而只是在线性顺序上相邻接的成分变来。在接下去的三章中我们会对双音词的这三类不同的产生渠道做详细的分析。双音词的衍生从性质上看，主要是属于词汇化，有一些情况也牵涉到语法化。本章还将讨论不同来源的双音词在成词过程中所共同受到的条件限制，并对在词汇化中普遍起作用的认知机制做一些分析。

第一节 汉语双音词的主要来源

1. 双音词的出生地

蒋绍愚(1994b)在论及近代汉语的词语考释时指出，要对一个词语有更深的了解，就不仅要弄清其意义，还要推求其语源。推求语源包括两个方面：(1)弄清某个词语的历史来源；(2)弄清某个词语的"得名之由"（或者叫"内部形式"）。我们这里做的研究不是个案性的词语考释，不是仅着眼于单个形式的历史，而更关心的是双音词这样一个范畴的源头与发展变化问题。

双音词是从哪里来的？这是我们要回答的一个问题。以往的语言学家们似乎没有专门讨论过双音词的出生地问题，但对于复合词的出生地多有论列。由于这里所研究的双音词在主体上是复合词，所以对复合词性质的讨论与我们的研究是直接相关的。

对于复合词的出生地，以下两种看法颇具代表性：一种认为复合词产生于句法，另一种则认为复合词产生于词法（参看黄月圆1995）。这两种看法都能在共时语言系统中找到一定的证据。但从历时角度看，汉语最早的复合词是来源于句法的，在那时还没有复合构词法；当复合词不断地从句法中衍生出来之后，复合构词法就产生了，这以后复合词就可以不通过句法而被语言使用者独立地创造出来了。把范围定在双音词，情况也是如此。如果考虑双音词最初产生时的情况的话，就可以说大量双音词来源于句法。

2. 双音词的鉴定与衍生关系的确立

要研究汉语双音词的衍生过程，首先就会面临这样两个问题：(1)如何确定一个形式是词而不是其他句法单位；(2)如何确定一个双音词与其同形形式之间具有衍生关系而不是独立发展出来的，即如何确定一个双音词的源头。这两个问题都不是容易回答的。

Bloomfield(1933)指出语言之间词法上的差异大于句法上的差异。复合词的语法特性也因语言而异，因此复合词与短语的分界，不是一个容易一言以蔽之的问题。从普通语言学的角度，语言学家们于今为止提出的一些区分复合词与短语的标准有这样一些（参看黄月圆 1995）：

(1)语音上，复合词的重音模式不同于短语。但这条标准在汉语中起不了多少作用。汉语中有无重音是一个有争论的问题，这主要是由于汉语是声调语言，音高起了区别语义的作用，这样重音就很不明显,语言使用者一般听不出来①。

(2)语义上,复合词语义专门化。但有些短语,如惯用语,意义也是专门化的。因此这条标准没有足够的排他性。而且,语义是主观的东西,不是一个容易把握的标准。

(3)语法上,复合词组成部分不可分离,内部不允许句法操作,要符合"词汇完整性原则"(Lexical Integrity Hypothesis, Postal 1969等)。这表现在以下几个方面:

A.词的组成部分不能单独受修饰语修饰。比如,"马路"是一个复合词,如果在其前加一个修饰语"小",那么这个"小"只能修饰整个复合词,而不能仅修饰"马"。"小马路"只能表示"小的马路",而不能表示"小马的路"。"黑板"是一个复合词,"黑"是词内的一个组成成分,不能被单独修饰,因而"很黑板"的说法不合法,"很"无法理解为整个复合词的修饰语,因为整个复合词是名词性的,不能被副词修饰②。

B.复合词的中间不能插入其他成分③。

C.词的组成部分不能单独与其他成分组成并列结构。比如"汽车"是一个复合词,我们不能说"汽和火车",只能说"汽车和火车"。

D.句法规则不涉及词的内部结构,也就是说词的组成成分不能

---

① 一些实验语音学的研究证明,重音在汉语中的表现,在非轻声与轻声之间是较长的时长,在非轻声之间是较宽的声调音域(指声调最高点和最低点的差值)。另外,一些方言中的文白异读也可在一定程度上分别短语和复合词。文读一般是复合词,而白读一般是短语。如闽南方言中"山水"san 1-sui 2(风景)为文读、soan1 chui(山里的水)为白读(参看连金发 2000)。

② 所有的词都符合这一标准,不符合这条标准的一定不是词,但是符合这一标准的不一定都是词。因为短语,比如由黏合式定语与中心词构成的偏正短语也符合这条标准。如"大树"一般被认为是短语而不是词(不过,也有人认为"大树"是句法上的复合词),但是我们不能说"很大树"。这一点在第二章第三节中还会提到。

③ 有些词比如离合词可以做有限的扩展,但扩展以后就不能再称之为词了,而只能是短语。

参与句法层面的操作。比如,词内成分不能与词外成分互相照应,换句话说,词的组成成分不能做代词的先行语(antecedent)。对比下面这两个句子:

  a. * 我看到了一辆马$_i$车,它$_i$全身的毛都是白的。(* 表示句子不可接受,下同)

  b. 我看到了一辆马车$_i$,它$_i$朝我直冲过来。

i 是下标,下标相同的名词性成分具有相同的所指。"马"是复合词"马车"中的一个成分,不能做代词"它"的先行语,因而 a 句不合法。b 句中"它"的先行语是"马车",句子就是可以接受的了。

在一些西方语言中,词和短语之间的区别是比较显而易见的,有重音模式、形态变化等一些易于把握的形式标准来鉴别这两类范畴。由于缺乏必要的形式标志,汉语词与非词的划界始终是一个老大难的问题。困难主要存在于双音形式的词和短语的区分上。语言学家们现已提出的一些检验标准都只有部分的适用性,不能概括所有的情况。比如,能不能扩展被认为是区分词与短语的一个有效的标准,但汉语中为数不少的离合词对这条标准来讲就是明显的例外。

造成这种划界困难的一个重要原因是大部分双音词都是从短语演变而来的。在一些双音词的身上可能还带着或深或浅的短语的烙印,它们还处在由短语向词的转变过程中,尚未完全固化,因而难以与短语截然分开。王洪君(1994)提出,在汉语中应该从字组中字与字的结合关系出发,先找出字与字自由组合的短语规则,再以排除法确定词。在对词的直接定义困难比较大的情况下,这是一条比较可行的途径。

词与短语的划界问题在汉语中特别突出,这与汉语书写体系的性质也有一定关系。在一些使用拼音文字的语言中,当一个句法成分发生词汇化之后,其书写形式常常会随之发生一定的变化,如原来各词的间隙被取消,某些字母被省略等等。如英语的 welcome(欢迎)是由短语 well come 变来的,当其成为一个词后,原来各词的间隙被取消了,而且 well 的一个字母 l 也被省去了。再如法语的 voilà(这是)一词是由词组 Vois là!(看那)变来的,Vois(动词"看"的第二人称单数形式)中的"s"在由短语演变到词的过程中失落了①。古法语 Au jour d'hui(当下这一天)变为现代法语 aujourd'hui(今天),从短语变为了词,原来短语中词与词之间的分界被取消了。再如索绪尔在《普通语言学教程中》中举到的法语中的其他例子:ce ci→ceci"这个"、tous jours→toujours"时常"、dès jà→déjà"已经"、vert jus→verjus"酸葡萄汁"等。但汉语不像其他语言那样实行分词连写,当一个短语降格为词后,外部书写形式没有任何变化,而且汉字记录的基本是语素(在古代汉语中记录的基本是词),不能反映出语音的变化,这就为在历时发展过程中区分短语和词造成了更多的困难。所以说,汉语史中的词汇化缺乏外部明显的形式标志②,我们在分析时应该尽量寻找来自句法组配的证据。

为讨论问题的方便起见,本书在综合考虑各种词的鉴别标准后尽可能选择较为典型的不会引起太多争议的例子。

对于第二个问题,本书采用以下两个标准:

(1)能够找到非词形式在时间上早于或至少不晚于同形的作为

---

① 当然,书写形式的变化反映的也是实际读音的变化,正是实际读音中的停顿和弱化等语音变化造成了书写形式的相应改变。

② 江蓝生(1999a)通过历史文献和方言材料证明了汉语实词虚化的过程伴随着一个连续渐进的语音弱化的过程。据此推测,当一个短语变为词后在语音形式上可能也是有变化的,但由于汉字不是表音文字,因而掩盖住了不少语音变化的轨迹。从现代汉语中仍然存活着的同形短语和双音词来看,一个双音短语变为双音词之后,后一个音节往往会发生轻化。如"利害"在"权衡利害"中是一个并列短语,"害"不轻读;但在"让他知道知道我的利害"中,"利害"是一个双音词,"害"轻读。目前我们对于历史上发生的短语词汇化过程中所包含的语音弱化现象还所知甚少,有待于以后的研究。

双音词的形式的例证。这里没有强调一定要发现非词形式早于同形双音词的例证,这是因为在历时领域,我们只能依赖文献材料,但文献材料有很大的局限性,不可能反映语言的全貌,一些演变的环节很可能并未在文献中保留下来(同时也不能排除研究者的能力限制和由此造成的疏漏)。这样,我们所看到的某一形式在文献上有记载的最早例证与这一形式实际出现的年代之间就可能存在差异。因而有可能一个形式早就在语言中出现了,只是我们现在所看到的文献未能记载它的早期使用情况而已。所以在判断衍生关系时,我们更看重的是内部证据,即我们马上要谈到的第二条标准。

(2)非词形式与词形式必须有足够的相关性。这里的相关性主要是指语义上的关联。当一个非词形式词汇化以后,它实际经历了一个范畴改变的过程,在这一过程中必然伴随着语义的或大或小的改变。要确定两个不同意义的同形形式不只是偶然同形而是有着历史同源关系,就必须能够发现这两者语义之间差别的可解释性。当然这其中没有一定的硬性标准,因为词汇成员的特点就是其个体差异性很强,所以很难用一条简单的规则来做一个全面有效的概括。不过这里我们可以提出一个大致的原则,即如果可以找到从同形的非词形式的语义到词形式的语义的过渡途径,那么它们在形式上的相同就不能认为是偶合。比如,"寻常"在上古汉语中作为一个短语和后来作为一个双音词的意义就是密切相关的。"寻常"作为短语的例子如:

其察色也,不过墨丈寻常之间。(《国语·周语下》)三国吴·韦昭注:五尺为墨,倍墨为丈,八尺为寻,倍寻为常。

以舟之可行於水也而求推之於陆,则没世不行寻常。(《庄子·天运》)

布帛寻常,庸人不释;铄金百溢,盗跖不掇。(《韩非子·五

蠹》)

　　甚雾之朝,可以细书,而不可以远望寻常之外。(《淮南子·说林》)

　　彼寻常之污渎兮,岂能容乎吞舟之鱼?(汉·贾谊《吊屈原赋》)

　　目视昏花,寻常间便不分人颜色。(唐·韩愈《与崔群书》)

以上例中的"寻常"是一个并列短语。根据第一例中韦昭的注可知,"寻"和"常"是古代的两个长度单位①。"寻"字单用的例子如:

　　是断是度,是寻是尺。(《诗·鲁颂·閟宫》)汉·郑玄笺:八尺曰寻。

　　千寻铁锁沉江底,一片降幡出石头。(唐·刘禹锡《西塞山怀古》诗)

"常"字单用的例子如:

　　庐人为庐器,戈柲六尺有六寸,殳长寻有四尺,车戟常,酋矛常有四尺,夷矛三寻。(《周礼·考工记·庐人》)汉·郑玄注:八尺曰寻,倍寻曰常。

　　孙权用吴,诸葛亮用蜀,终不能得中国一寻一常地,卒之并吴蜀者,晋也。(宋·宋祁《宋景文公笔记·考古》)

六朝以后,"寻常"变为一个双音词,意思是"普通,一般"。如:

　　父之遗书,母之杯圈,感其手口之泽,不忍读用。政为常所讲习,仇校缮写,及偏加服用,有迹可思者耳。若寻常坟典,为生

---

① 按照韦昭的说法,八尺是一寻,两寻即十六尺是一常。但也有认为"寻"是六尺或七尺的,如《广韵·下平声·侵韵》:"六尺曰寻";清·朱骏声《说文通训定声·临部》:"程氏瑶田云:度广曰寻,度深曰仞,皆伸两臂为度,度广则身平臂直,而适得八尺;度深则身臂曲,而仅得七尺。其说精覈。寻、仞皆以两臂度之,故仞亦或言八尺,寻亦或言七尺也。"这里的说法分歧对我们的论述影响不大,对我们来讲重要的事实是"寻"和"常"在上古汉语中是两个并立的单位而不是一个词。

什物,安可悉废之乎?(北齐·颜之推《颜氏家训·风操》)

为之者,赵王伦、梁王肜、成都王颖、南阳王保、王敦、王导之徒,皆非复寻常人臣之职。(《晋书·职官志》)

仲文惧忤生变,因谓之曰:"丞相宽仁大度,明识有馀,苟能竭诚,必心无贰。仲文在京三日,频见三善,以此为观,非寻常人也。"(《隋书·于仲文传》)

即今飘泊干戈际,屡貌寻常行路人。(唐·杜甫《丹青引赠曹将军霸》诗)

旧时王谢堂前燕,飞入寻常百姓家。(唐·刘禹锡《金陵五题·乌衣巷》诗)

"寻常"作为词的意义与其作为短语的意义之间是可以很容易地挂起钩来的。从"寻常"作为短语的例子来看,"寻常"作为一种长度,经常被认为是小的、普通的、不足道。从短语义到词义的语义演变是由于隐喻(metaphor),即语义由长度认知域的普通、微小、不足道投射到品格、特性等其他更为抽象的认知域。这种变化符合人们从个别到一般、从具体到抽象的认知模式。"长处""短处"指人的优点和缺点,也与从长度域到品格域的隐喻引申相关。

与此相对照,"方案"则是一个短语与词偶然同形的例子:

如今方案,隋长局,足高三寸。(《礼记·礼器》汉·郑玄注)

宝舆方案,绯罗销金云龙案衣,绯罗销金蒙衬复,案傍有金涂铁鞠四,龙头竿结绶二副之。(《元史·舆服志》)

以上例中的"方案"是一个偏正短语,义为"长方形的案桌"。到现代汉语中,"方案"义为"工作计划"。如:

前者在积极的求出国家民族永久生命之源泉,为全部历史所由推动之精神所寄;后者在消极的指出国家民族最近病痛之证候,为改进当前之方案所本。(钱穆《国史大纲》)

这一作为词的"方案"与作为短语的"方案"在意义上风马牛不相及,因而尽管作为短语使用的"方案"出现时间远远早于作为词使用的"方案",这两者之间却并没有任何历史衍生关系。据刘正埮等(1984),表示"计划"的"方案"一词源于日语(方案 hō an),是对英语plan(计划)的意译。

再如,"北面"在上古汉语中可以作为一个动宾短语,义为"使面朝北":

> 为坛于南方,北面,周公立焉。植璧秉,乃告太王、王季、文王。(《尚书·周书·金縢》)
>
> 正朝仪之位,辨其贵贱之等。王南向,三公北面东上。(《周礼·夏官·司士》)
>
> 舜南面而立,尧帅诸侯北面而朝之。(《孟子·万章上》)
>
> 主人升,西面。宾升,北面,奠雁,再拜稽首,降,出。(《仪礼·士昏礼》)

"北面"在中古时可以是一个词,指方位。如:

> 四月丙辰,北面有流星大如二升器,白色,北行六尺而没。(《南齐书·天文志》)

这里短语与词的同形是由于"面"的多义而造成的,二者之间并无衍生关系。但《汉语大词典》把这两个意思都列为"北面"的义项("面向北"列为义项1,"方位词。谓位置在北"列为义项4),显然是不科学的。

再如"民主"一词,在古代汉语中指"人民之主",是一个偏正形式,指的是君王或官吏。如:

> 天惟时求民主,乃大降显休命于成汤,刑殄有夏。(《尚书·多方》)
>
> 齐君之语偷。臧文仲有言曰:"民主偷,必死。"(《左传·文

公十七年》)

夫势为民主,直与民为仇,殃咎若此!(汉·贾谊《新书·连语》)

仆为民主,当以法率下。(《三国志·吴志·钟离牧传》)

进入20世纪之后,在西方文化的影响下,"democracy"一词进入汉语,对其意译的形式就是"民主",这一"民主"与原来的"民主"的意义完全不相干,指的是"人民有参与国事或对国事有自由发表意见的权利"。这一词是主谓形式的,与古汉语中原来有的"民主"在结构上也不相同,完全是用"民"和"主"这两个语素重新造的词,只是恰巧与原先存在的一个形式同形而已。《汉语大词典》把"民主"的这两个意思作为同一个词条的两个义项,处理欠妥。

以上例子证明,在汉语词汇史的研究中,判定具有不同意义的相同形式之间是否具有同一性是一个重要的工作,只有先判定了两个意义属于同一结构形式,而不是属于不相干的偶尔同形的两个形式,才能进一步讨论其中的发展规律。

在以下的讨论中,为避免不必要的争论,在对词汇化现象进行分析时,笔者尽可能选择那些非词形式与词的形式在语义上的联系可以比较明显地看出来的例子。

3. 汉语双音词最主要的历史来源:从短语演变为双音词

在本书中要区分"短语"和"结构"这样两个术语,前者指全部由词汇性成分组成的句法单位;后者指有语法性成分参与其间的句法单位,即语法性单位与词汇性单位的组合,如"的"字结构,"所"字结构等。之所以要做这种区分,是因为它们代表了双音词的两个不同的源头:有些双音词是由短语发展来的,有些双音词则是由某些特定的句法结构衍生出的。这两种双音词的产生方式具有不同的特点，因而需要加以区分。

短语是双音词最主要的历史来源。历史文献中的材料证明，汉语中五种基本的短语类型，即并列、偏正、动宾、主谓和述补短语，都有可能降格为词。由短语发展而来的双音词，在词性上可以是多种多样的，未必保持原有的语法特性。这就是说，从体词性短语发展来的词可能仍然是体词性的，也可能变成谓词性的；从谓词性短语发展来的词可能仍是谓词性的，也可能会变成体词性的。另外，源自不同类型的短语的词的数量也不同，这反映了不同类型的短语发生词汇化的难易程度的不等。短语的词汇化要受到来自语音、句法和语义方面的条件制约，这就造成了同一短语内部的不同类型在词汇化方面的不同可能性及在发展次序上的不平衡性。具体的讨论请参看第二章。

4. 由句法结构变为双音词

一些由语法性成分和词汇性成分组成的句法结构在后来变成了词，这往往是由于原来的语法性成分的功能在发展过程中逐渐弱化甚至丧失，或者从一种必有成分变为一种可选成分，这样它与实词性成分的组合能力也就萎缩了，原有的一些高频率的组合就可能成为这种句法结构的遗迹而固化为词。比如，一些由名词化标记"所"与其后谓词性成分组成的"所"字结构，就是由于"所"字语法功能的衰落而固化为词的。对于句法结构的词汇化，我们将在第三章详细讨论。

5. 由跨层结构变为双音词

所谓跨层结构，是指不构成一对直接成分而是分属不同句法层次但在线性顺序上邻接的两个成分组成的序列(吴竞存、梁伯枢1992)。有一些双音词,主要是虚词,是由跨层结构衍生来的。

如"可以"就是一个由跨层结构形成的双音词。王力(1958)认为:"'可以'是两个词,是'可以之'(能凭着这个)的意思。……后来'可以'凝结为一个单词,表示在某种情况下可以做到的事。"按照王力先生的分析,"可"和"以"本来不构成一对直接成分,"可"是一个助动词,"以"是一个介词。"可"是以其后的整个动词短语为其次范畴化(subcategorized)成分的,"以"与其宾语构成的介宾结构是"可"后动词短语的一部分,"可"和"以"不构成一个独立的句法单位。也就是说,"可"和"以"一般是出现在下面这样的句法环境中:可＋以＋NP＋VP。"以"与其后的 NP 是一对直接成分。只是由于"可"和"以"在线性顺序上邻近,常常同现的结果就使得二者有被看作一体的倾向。再加上在古汉语中,介词的宾语常常可以因为在语境中不言自明或在上文中已出现而被省略,"以"后的 NP 就经常以零形式出现。"以"的支配对象的经常空缺,促使"以"前附于"可",以至二者最终黏合为词[①]。

跨层结构的词汇化,是从一个非语言单位的形式变为一个语言单位,具体说是词汇单位。这样的一种变化是较为特殊的。经由这种渠道产生的复合词的内部形式十分隐蔽,在共时状态下很难分析。对于这一类复合词的来源我们将在第四章详细讨论。

[①] 据刘利(1994),"可以"在先秦汉语中既有"可＋以(O)"的用法(即我们这里所说的跨层结构),也有作为双音助动词的用法。笔者认为,在先秦汉语中两类"可以"的并存只是说明了"可以"的词汇化完成的时间很早,但并不足以否定二者之间具有衍生关系。

第二节 双音词衍生的性质

汉语历史上双音词的产生所体现的由句法到词法的变化实际上是一种类似于语法化的语言形式的理据性减弱的变化过程。

从事语法化研究的学者大都认为,构词造句的规则并不是任意的,而是有理可据的。只是由于时间的推移,现今的语法规则,有一些"理据"(motivation)已变得模糊不清,甚至难以追寻,但不能否认最初的确是有理据的。语法化的研究就是要弄清各种语法范畴和语法形式是如何产生的。语法化按照一般认为的定义,是指有实在意义的词逐渐演变为意义虚灵的语法成分或由一个虚化程度较低的语法成分变为一个虚化程度更高的语法成分(如由虚词变为屈折词缀)的过程(Heine et al. 1991)。

双音词的衍生属于一种词汇化现象,即短语等非词单位逐渐凝固或变得紧凑而形成单词的过程。词汇化与语法化这两种过程的相似性表现在二者都是原先独立的成分变得越来越依附于其邻近成分,从而造成语言形式的理据性减弱以至变得难于索解(参看沈家煊1998)。

语法化研究是近年来国际历史语言学界研究的一个热门课题,对汉语的语法化研究也已取得了很多成果,如解惠全(1987)、刘坚(Liu 1993)、刘坚、曹广顺、吴福祥(1995)、孙朝奋(Sun 1996)、李讷、石毓智(1997a、1997b、1998a)、石毓智、李讷(1998)、洪波(1997、1998)、李宗江(1998)、曹广顺(2000)、张谊生(2000)等。但无论是在国内还是在国外,对词汇化现象的专门性的研究都很少,国外谈词汇化问题较集中的第一部重要专著是 Brinton & Traugott(2005)。前辈学者,如王力(1958)等,已经注意到了在汉语史上存在由短语演变为词的事实,但未详加描写,也未从理论上加以概括。汉语中词汇化的材料很丰富,值得认真发掘,其中反映的语言演变规律也有待探讨,因而在词汇化方面的研究有大量的工作要做。

汉语双音词的历史源头大多是理据性非常直观的短语或句法结构,在发展过程中词与词之间的界限逐渐变得模糊,理据性也就相应地弱化甚至消失了①。本书主要讨论词汇化现象,所研究的双音词大部分是实词;但在一些地方也涉及到语法化问题,因为短语、句法结构或跨层结构也可能会变成虚词,由于虚词是一种语法性成分,所以这一变化过程就同时也可看作是语法化了②。可以说,双音词的衍生过程既涉及到词汇化,也涉及到语法化。需要指出的是,语法化与词汇化之间的界限不总是很清楚的。一些语言学家试图区分语法化与词汇化,但是仁者见仁,智者见智,不同学者之间存在着比较多的分歧。一般学者认为,当一个形式从一个相对开放词类的成员变为一个相对封闭词类的成员就可以看作是语法化了,按照这种观点,

---

① 词汇化过程中的理据模糊化与词的得名原由的模糊化不同。有些形式在语言系统中一出现时就是词,没有经过一个词汇化的过程,这类词的理据就是其得名之由。如"蚯蚓"得名于它的行动特点,李时珍《本草纲目》云:"蚓之行也,引而后伸,其缕如丘,故名丘蚓。"这是说蚯蚓在爬行时要靠身子的一收一缩往前牵引,在身子缩起时,背部隆起呈丘状,因此得名。在这里,我们假定这一关于"蚯蚓"的得名之由的解说是正确的(但实际上我们不敢完全断定),后来这一理据已不为一般的语言使用者所了解了。但是这种理据的模糊化并不引起句法范畴的改变,因为这一形式一直都是词。词的得名可以纯粹根据语义,如"桌"与"卓"(高)为同源词,这是通过一个词的语义分化而造成新词的"语义学构词法"(参看张永言1981),不少这样的词的理据也在发展过程中模糊化了,但这样的理据变化也不造成范畴的改变。短语和句法结构的理据性则是由结构意义与组成成分的语义共同赋予的,其中结构方式起着很重要的作用。短语和句法结构的词汇化过程中的理据模糊化主要是伴随结构关系的模糊化而出现的,其结果会导致一个形式的句法范畴发生改变,使一个非词形式变为词。

② 本书所界定的词汇化意义比较宽泛,这一类语法化现象在本书中也被算作是词汇化的一种形式,即由非词形式变为虚词的过程。

名词变为副词就可以看作是语法化;但 Anttila(1972)认为这种变化是词汇化,因为当一个名词变为副词之后,就必须被单独学习和记忆,就成了一个新的词汇单位(参看 Heine et al.1991)。由于副词属于实词还是虚词本身是个有争议的问题,所以变为副词的变化属于词汇化还是语法化就很难非常明确地断定。在本书中,笔者将由短语或其他非词形式变为副词的现象处理为词汇化现象,而不同时作为语法化对待。

词汇化与语法化的不同除了它们在演变类型(一个是变为词汇性成分,一个是变为语法性成分)上的差别之外,还有一个不同就是语法化一般发生在特定语境中,如从动词演变到介词的语法化是发生在多动词的句法结构中的,但我们却很难找到具有规律性的诱发词汇化的特定句法环境。因此词汇化的变化轨迹比语法化更难追寻,要深入考察句法和语义等多个方面才有可能搞清其演变中的一些普遍倾向。

双音词的产生和发展是汉语史中一个关系汉语词汇系统面貌的根本性变化。语法化理论的一个重要假设是"句法到词法"的演变,这在一些印欧语言中主要表现为独立的词变为附着形式(clitics),进而演变为词缀、屈折成分。而在汉语中词缀一直不发达,屈折成分更是几近于无(古汉语中的变调构词法可以算作一种内部屈折[①],但在现代汉语普通话中变调构词方式已经成了一种历史的遗迹,不再发挥作用),句法到词法的变化主要以双音句法单位演变为双音词的形式反映出来,这是汉语作为孤立语的特性所在,孤立语的语言类型决定了汉语中不可能发展出屈折成分。由于汉语中的词汇化现象

---

① 古汉语中最系统的声调对立与意义差别的对应出现在去声和非去声之间。王力(1958)认为非去声是基本形式,去声是派生形式,但未做明确解释。Downer(1959)支持这一观点,并提出了几条证据。孙玉文(1997)对汉语的变调构词有比较详细的研究。

与汉语的类型特点紧密相关,其中的规律值得认真研究。

第三节 双音词衍生的基本条件和特点

上节所述的双音词的三种主要的衍生方式共同表现出以下几个基本的条件限制:

(1)语音条件限制。原来的句法单位或跨层结构中的两个分立的组成成分都必须是单音节的,二者必须构成一个双音节音步(foot)。这一条件好像是不言自明的,在这里把这一条件单列出来,目的是要强调指出这个条件反映了制约汉语词汇构成的韵律机制。

冯胜利(1996a,1996b)指出,汉语中两音节构成一个音步,一个韵律词(prosodic word)必须满足一个音步的要求,即汉语中的韵律词是由两个音节构成的,而一个复合词必须首先是一个韵律词。从历史上看,只有双音的句法单位才有可能词汇化,三音节词是在双音词基础上再生的产物。这正反映出了汉语构词在韵律上的这一制约。

冯胜利(1996a,1996b,2000a)认为汉语中双音节音步的形成有一个历史过程,它的建立大约是在汉代。在那一时期,上古汉语的复杂的音节结构已经得到了显著的简化,音节的韵律强度(prosodic weight)变轻了,音步不能再像上古汉语那样在单音节中实现,因而双音节音步应运而生[①]。这给汉语词汇的构造带来了深刻的影响:

---

① 程湘清(1992a)认为双音化产生在前,语音简化在后。双音化的出现是由于社会的发展,需要有更多的词来表达新生事物,语音造词法不能适应这种需要,所以语法造词增多,从而出现双音化倾向。这使原来的适用于区分单音节词的复杂的音系结构变得不必要,因而导致语音发生简化。笔者不赞成这种解释,因为这种解释不能说明为什么汉语没有继续走向多音化,而是停留在双音化的阶段,多音节词不但没有随着社会文明的进一步发展而继续增多,有些反而以简缩的方式变成了双音节。

不仅促使大量的并列式双音词产生出来,而且双音化的趋势也作用于语言中原有的短语。当短语是双音节时,就满足了一个音步的要求,构成一个韵律词,具备了造词的形式基础。由于音步是在语音上结合最为紧密的自由单位,处在同一音步中的短语组成成分之间的距离就被拉近了,在反复的使用中它们之间的句法关系可能逐渐变得模糊,最终变为一个在句法上无须再做分析的单纯的单位,韵律词就发展为词汇系统中的词。

当然有不少多音节的短语经简缩后变成了双音词,这一类现象不在本书的讨论范围之内。一方面是因为这类现象是后起的,即是在汉语的双音化比较成熟以后才出现的;另一方面也是因为这类简缩过程是语言使用者有意识的创造,其衍生过程完全不同于历史上发生的词汇化现象。对于词汇化发生过程中的不经意性,我们在下文还要谈到。

(2)原有的两个分立成分必须在线性顺序上邻近。虽然两个分立的成分可以不在句法上发生关系,不构成一对直接成分(如跨层结构的词汇化),但一般应在表层语音结构中彼此相邻[①]。

---

① 在汉语史中有一些特定的句法搭配似乎也可以词汇化。
表示"怎么办"的"如何"有可能来源于"如……何"这一格式,后者义为"拿……怎么办"。如(先举分用形式的例子,后举合用形式的例子,下同):
　　析薪如之何?匪斧不克。(《诗·齐风·南山》)
　　宾吊者升自西阶,曰:"如之何!"(《仪礼·既夕礼》)
　　《象》曰:"飞鸟以凶",不可如何也。(《易·小过卦》)
　　伐柯如何,匪斧不克。(《诗·豳风·伐柯》)
义为"怎么样、怎么办"的"奈何"可能是从义为"对……怎么样、拿……怎么办"的"奈……何"的句法格式中衍生出来的,如:
　　韩魏能奈我何?(《韩非子·难三》)
　　虞兮,虞兮,奈若何?(《史记·项羽本纪》)
　　人或毁之曰:"不疑状貌甚美,然特毋奈其善盗嫂何也。"(《汉书·直不疑传》)
　　孝公问公孙鞅曰:"法令以当时立之者,明旦欲使天下之吏民皆明知而用之,如一

(3)语义上要有一定改造。有些形式在词汇化过程中的意义变化是很大的,而另外一些语义变化则不太显著。在语义变化中,最常见的两种形式是:A.部分语义弱化或脱落;B.语义发生了隐喻(metaphor)引申或转喻(metonymy)引申①。这些语义变化都使得形式与意义之间的关系由直接变得迂曲,因而使得双音词的理据性大大低于作为其源头的同形短语,甚至有些双音词的内部形式已经很难索解,由复合词进一步向单纯词演化。

(4)使用频率高。只有两个成分经常在一起出现,才有固化成词的可能性。这一要求在跨层结构的词汇化中尤其突出。

而无私,奈何?"(《商君书·定分》)

　　天下人相知者少,又以此痛惜,奈何,奈何!(三国魏·曹操《与荀彧书追伤郭嘉》)

义为"干什么"的"用为"可能是从义为"用……来干什么"的"用……为"格式发展出来的,如:

　　归休乎君,予无所用天下为!(《庄子·逍遥游》)

　　甥告女曰:"用为牵衣,可捉我臂。"(晋·竺法护译《生经》卷二)

另外,"除外"也可能与"除……外"这一格式有关(这个例子是陆丙甫先生在与笔者通信交流时提到的)。

以上所列举的成词形式与相应的句法格式在意义上的联系是很紧密的,因而有理由推测二者之间存在衍生关系。但考察文献可以发现,二者在使用的年代上有时没有明显的先后差异。这样就出现了一个棘手的问题:谁是源,谁是流?考虑到演变的一般类型,两个分立的单位经常变为依附的不可分离的单位,但相反方向的变化却很罕见,即一个单位不太可能分裂为两个可以单用的单位,虽然这不是绝对不可能。如现代汉语中的"幽他一默""慷他人之慨"等就是将一个单纯词拆作两个单位使用,但这种用法实际上是出于追求某种新奇的修辞效果的偶发的言语活动,分用的单位不能构成一种能产的模式,也不可能成为语言演变中具有规律性的东西。(据赵元任(Chao 1968),只有属于轻重模式的双音形式才能做这种拆分。)因而笔者认为,由句法格式固化为词的可能性远远大于由词拆散而成为句法格式的可能性,但这个问题还有待于更进一步的考察,因此在本书中不讨论这种情形。

① 词汇化过程中有时会出现转类(conversion)现象,即不改变外部形式而由一种词类变为另一种词类。词汇化过程中由转类而引起的语义变化也属于转喻。

第四节 双音词衍生的机制

1. 语言演变是有意识的还是无意识的？

胡以鲁在其《国语学草创》中指出:"吾国语之初发展也,以单节或双声叠韵之二节为其范围,作意义之引申,为语言之分化,其差甚少,其辨甚微,……同音异义、同义异语,……语言不能精确指概念则语言失其作用,……无已则惟加订正耳。不废旧语之资料,使之分担专其职,或加以限定素以定其适用之范围,扩延之使其概念明确而丰富,……此品词分业而外二节复合或形式部附加之所以适用也。今者二节语日甚普遍,学术语词且有进向三节以上之倾矣。"(第四篇:国语后天发展之心理观)胡以鲁在这里从功能角度解释了汉语复音化的原因,认为单音词的语义负荷太重,从而造成表义的含糊,因而有必要靠变单音为双音来分化语义,限定单音词的语义范围,减少同音词出现的概率。

这种解释从表义清晰的需要揭示了双音词形成的动因,听起来颇有道理,后来的很多学者也持类似的观点。如程湘清(1992a)就认为由于社会的发展和人的认识的发展,"单音节这种词的物质结构(交际手段)就不再有效地承担新的交际任务了",因而汉语从以单音节的语音造词法为主变为以双音节的语法造词法为主。然而,如果接受这种解释,那么下一步的推论就会是:语言的演变是语言使用者的自主的有意识的选择。因为表义明确与否是由语言使用者的语感确定的,如果完全是出于表义需要,那么语言的变化将是有目的的,是语言使用者在自觉地改变他们所使用的语言①。

但语言的变化是否真是语言使用者的有意识的自主选择？这很值得怀疑。语言随时都在发生着细微的变化，语言的演变从整体上来讲是不被语言使用者所察觉的。语言使用者从生下来就面对一个他们无法选择的语言环境，语言的习得也是在一种近于不自觉的情况下完成的，因而语言使用者从根本上就缺乏试图改变语言的动机和能力。虽然在词汇方面的创新随时都会出现，但新词的增加和旧词的新义的出现都不触及语言系统，不会引起系统的改变。

语法化的研究表明，很多情况下语法化都是在语言使用者无意识的情况下发生的，比如说重新分析（reanalysis）这一在语言演变中经常出现的情况，就完全是在语言使用者不加审察的环境中进行的，直到变化的最后阶段，当新的功能扩展了的形式出现在原有的形式所不能出现的环境中时，变化了的功能与旧有的形式之间的矛盾才显露出来，变化才变得表面化了。后代的人们对比变化后和变化前的同一形式，才会意识到某一语言形式在历史上发生了质变。

例如英语的 be going to 结构中的 go 从一个包括具体位移过程的动作动词演变为一个表示未来时的助动词，其中就经过了一个重新分析的过程。重新分析发生在目的性的方向结构（purposive directional constructions）中，如：I am going to marry Bill（我要去和比尔结婚），这句话最初的意思相当于 I am leaving / traveling to marry Bill（我要离开（这里）/到（那里）去和比尔结婚），其中的 go 还

---

① 正如 Bybee(1985)所指出的，交际需要不是导致语法化的一个令人信服的原因（Hopper & Traugott 1993 同意 Bybee 的这个观点）。如果认为一个旧的系统被一个新的系统所代替是由于前者在一定程度上不能满足交际需要，这样就要假想出一个并不存在的交际功能有缺陷的语言阶段，这样的阶段得不到语言材料的支持，并且违反了古今一致原则（uniformitarian principle）。因而，我们不赞成语言的演变是有目的性的。

是一个实义动词。但在这种结构的目的性语义中已经蕴含了未来时的意思,因为人们行为的目的都是目前还没有实现的:如果我要离开这里到那里去和比尔结婚,那么自然就可以推论出婚礼是将来的事。这就有了重新分析的可能。但重新分析的过程是隐蔽的,因为在发生重新分析的语境中有一种表面的意思,也同时有一种推论义(inference),而这两种意思都寄生在同一个结构中。当推论义被后代的语言使用者理解为某个语言形式本身的意思时,重新分析就完成了(Hopper & Traugott 1993)。这一变化实例是很典型的,它表明了语言使用者并不是在有意识地改变语言,变化的发生恰恰是在语言使用者的意识之外的。

　　如果对在语法化中表现出的变化的不经意性的观察是正确的话,那么我们就有理由猜测汉语史中的词汇化过程也是在一种不经意中完成的,而本书的具体研究将证明这一点。不论是短语的词汇化,还是句法结构或跨层结构的词汇化,都不是语言使用者有意识发起的革新。

　　虽然语言演变是在语言使用者的意识控制之外的,但语言演变却表现出惊人的规整性,发生在不同语言中的演变类型和演变规律具有很大的一致性。这是因为语言虽不是语言使用者有意识地改变的,却无疑是由于语言使用者的使用而改变的,而由语言使用者的认知能力和认知方式所决定的语言运用模式是有着很大的一致性的,这就决定了语言演变具有一些跨语言的共性。

　　当然,双音词的产生和发展过程中也可能有人为的推动因素。比如并列式双音词在汉代以后的大量出现很可能就包含了语言使用者为取得某种风格上的效果而做出的有意识的选择。《马氏文通》中提到:"古籍中诸名,往往取双字同义者,或两字对待者,较单辞只字,其辞气稍觉浑厚。双字同义者,如规模、威仪、形容……之类;其对待之名,率假借于动静诸字,如古今、是非、升沉……之属。"有些双音词和单音词之间并无表义功能的差别,只是"辞气稍觉浑厚",可见这些双音词是作为同义单音词的风格变体而存在的,具有一定的修辞功能,语言使用者可以在具体的语境中根据需要选择使用①。另外,朱庆之(1990)认为翻译佛经中大量使用双音词语的现象与佛典的译者为了信众便于记诵而大量使用四字格的语言形式有关,这一译经语言中的现象也很可能对中土文献中的词汇面貌造成影响;再有一个因素就是仿译,佛典原文中有不少复合词包含两个语素,出于忠实于原典的目的,译者仿照原词的构造逐字对译,结果就会创造出一个全新的双音复合词。这些属于汉语双音化中的外因。

我们不妨假设,双音词的衍生过程基本是在语言使用者无意识的状态下进行的,语言使用者的自主选择只是在双音化的趋势变得比较明显时进一步促进了这一变化。

2. 双音词衍生的认知机制:组块的心理过程

双音词的衍生在很大程度上是一个从句法层面单位到词汇层面单位的转变过程,这种转变不是孤立发生的,而是在语句环境中实现的。人脑理解语句是一种信息加工过程,这一过程极大地依赖于短时记忆:一个句子没有结束之前,听话者必须尽量地暂时记住前面所听到的语词。但是,听者如果一心记住前面说过的语词,那么要记住的词会很快超过人脑短时记忆能力的限度——七个左右。为了减少

---

① 但是即使是这些表面看来是由风格决定的单双音节的选择,实际上背后也有着由语言系统所决定的内部原因。冯胜利(Feng1995)从韵律构词学的角度解释了汉代同义复合的双音词大量出现的现象。他认为大量的同义双音词的出现是为了满足在汉代新建立的双音节音步的韵律需要。人们有可能是有意识地用这些韵律上构成完好的双音词来替换单音词,但是如果要追问这其中的根据,为什么单音词和双音词会有风格的差异,这又不是能用人为因素的作用来解释的了。

记忆负担,人在理解语句时,都是一边听一边及时处理,把能够组合在一起的就尽量组合在一起,这种处理方式就是认知心理学中所说的"组块"(chunking)(Miller 1956,陆丙甫 1986)。

　　心理实验表明,人们对于越熟悉的事物,对其细节忽略得越多,出现"视而不见"的情况。比如,当一个人阅读用母语写的东西时,往往可以以很快的速度浏览,所谓的"一目十行"形容的就是这种情形。在这种情况下,大脑是以短语甚或句子作为短时记忆中的组块(chunk),而不是以词作为组块。相比之下,人们对于不太熟悉的外语读物,就比较难以做到快速浏览,有时还必须一个词一个词地去分析。

　　句法单位变为复合词的过程实际上可以看作是一个由心理组块造成的重新分析过程。当构成一个句法单位或者虽不构成一个句法单位但在线性顺序上邻接的两个词由于某种原因经常在一起出现时,语言使用者就有可能把它们看作一体来加以整体处理,而不再对其内部结构做分析,这样就使得二者之间原有的语法距离缩短或消失,最终导致双音词从旧有的句法构造中脱胎出来。由此可见,高的使用频率是句法结构演变为双音词的一个先决条件。

　　组块的心理过程在本书所谈到的双音词的三种主要产生渠道中都起着作用,对于跨层结构的黏合成词尤其具有解释力。这在第四章的分析中可以看得更清楚。

　　在句法结构变为词之后,这种组块的心理过程仍然可以继续起作用,从而引起词的内部形式的进一步模糊化,导致有些复合词被重新分析为单纯词。

　　赵元任(1956/1981)对现代汉语中存在的所谓"形态与意义的脱节现象"进行了细致的观察和描写,他把"既然这样"一类的羡余现象看作是形态与意义脱节的一个表现。这种所谓的"脱节",其实际原因在于当"既然"由短语变为词后,"既"和"然"之间原有的语义和句法关系模糊化了,对一般语言使用者来说,"既然"已成为一个不能再做进一步分析的词汇单位,他们是在整体上记忆其词义的。这样就使他们可以接受"既然这样"的表达,而感觉不到"然"最初的语义与"这样"的重复。而一些仍对"然"的最初意义敏感的人,就不太能接受这种累赘的语言表达。当词汇化过程进行得很彻底时,原短语中各成分意义的独立性就完全丧失了,语言使用者中就不会再有这种分歧的认识。

又如"凯旋"本是"胜利归来"的意思,在古汉语中最初是一个短语,后来词汇化为一个与原来短语同构的复合词,再后来它的内部形式被渐渐忽略,以至于现在很多人已不知道"凯"和"旋"各自的意义,因而出现了叠床架屋式的"胜利凯旋"或"凯旋归来"的说法。这是一个很典型的复合词被重新分析为单纯词的例子。

类似的例子还有"国际"。"际"的意思是"边际,之间","国际"就是"国与国之间"的意思。但由于一些人对"际"的意思不了解,因而也就不知道"国际"这个词的内部形式,所以又出现了"国际间"的说法。

总之,心理上的组块过程使得原来分立的单位变得互相依赖,相应地,原结构的较为清晰的理据性逐渐变得模糊甚至最终消失,因而促成了词汇化的发生。

如果说变化的发生往往是由某些认知机制决定的,(如这里谈到的在词汇化的全局中普遍起作用的组块心理过程,以及后文要提到的隐喻和转喻的思维方式等),那么人同此心,心同此理,不管是发生过的变化还是正在发生的变化都应该遵循大致相同的规律(沈家煊1998,1999)。这就是笔者尝试采用共时与历时相结合的方法来研究词汇化问题的一个重要原因。

第二章 由短语词汇化而成的双音词

短语词汇化以后所形成的词在词类上是多种多样的。本章第一节首先将对五种类型的短语形成的不同类的词做举例说明,然后分析在词汇化过程中经常出现的一些现象。接下去的五节则将分别对五种类型的短语的词汇化做具体分析。五节中所涉及的问题不完全相同,这一方面是因为不同类型短语的词汇化虽然有很多共性,但也有不少特性;另一方面,如果在某一节中对某一特定短语类型的词汇化所做的分析也适用于其他短语类型,那么在另外的章节就不再就这一问题进行分析。比如,在讨论并列短语的词汇化时,我们分析了动词性并列式复合词的历时发展阶段与词汇化程度等级,由于所得结论基本上也适用于其他类型短语的词汇化,因而在第三至第六节中没有对由其他类型的短语变来的双音词的词汇化程度问题再做讨论。

第一节 概述:不同类型的短语的词汇化

1. 汉语词法构造与句法构造一致性的历史来源

词法构造与句法构造的一致性是学者们经常提到的汉语的一个

特点(张世禄1956,Chao 1968等)。Selkirk(1982)认为词法结构具有与句法结构同样的一般形式要件,甚至由同样的规律系统所衍生。Baker(1985)提出互映原则(the Mirror Principle)来主张词语结构的衍生必须反映句法结构的衍生,而句法结构的衍生也必须反映词语结构的衍生。汤廷池从生成语法的角度多次论述了汉语词法与句法的一致性。他认为汉语的句法结构与词法结构在阶层组织与线性次序上极为相似,几乎是受同样原则与同样参数的支配(汤廷池1991、1992,Tang1994)。汤廷池(1991)指出:"我们承认在汉语中词语结构与词汇部门的存在,但我们并不主张词汇部门的完全自律,而主张词语结构与其他句法表显层次(如深层结构、表层结构、逻辑形式)同受原则系统的支配。"这些学者的主张的相同之处在于都强调了句法层面与词汇层面的密切关系。

词法与句法的平行性有着深刻的历史原因。Givón(1971)提出了一个著名的观点:今天的词法曾是昨天的句法。汉语词汇的发展情况证明了这一点:汉语的双音词很多是由短语凝固而来的。从短语变成双音词是双音词产生的一个最主要的方式。Langacker(1977)在谈到结构层次变化的类型时指出了这样三种情况:(1)取消分界(boundary loss);(2)改变分界(boundary shift);(3)增加分界(boundary creation)(转引自沈家煊1994)。索绪尔所定义的黏合(agglutination)现象就属于取消分界这种结构变化,这种取消分界的结构变化有可能使得一个句法结构变为一个词汇结构。

汉语复合词的五种基本结构方式,即并列式、偏正式、动宾式、主谓式、述补式,正对应于基本的汉语短语结构分类。历时的考察可以发现,所有这五种短语类型都可以降格为词。虽然学者们对于这一演变事实并不陌生,王力(1957)就明确指出仂语(也就是今天所说的短语)的凝固化是复音词产生的主要方式,但是对于这一从句法发展到词法的具体过程,还未有过详细深入的论述。我们在下文将对不同类型的短语的词汇化做一个较为细致的分析。

2. 由不同类型的短语词汇化而成的双音词举例

下面将分类列举一些短语在历时过程中演变为词的例子。每种类型的短语都可以词汇化为不同类的词,因此在举例时,本书尽量列举不同类型的演变结果的例证。

作为短语的用例列举得会较多一些,对于已经成词的用例,笔者虽尽力去找最早的例子,但由于文献众多,笔者所见有限,很可能做不到这一点。但这并不在实质上影响本书的讨论,因为本书的侧重点是在分析词汇化的过程、机制与条件,而不是仅在于发掘个别词出现的最早用例,虽然这也是需要搞清的事实,但却不是本书的用力点所在。如果所知最早例证是现代汉语时期的,有时就不引书证而只给出释义。

通过考察可以发现,当一个形式成词之后,其作为短语的用法可以继续存在,这在以下许多例子中都有表现。

(1) 并列短语→双音词
a. 变为名词

窗户

若为三尺之户,二尺之窗,窗户之间,裁盈一尺。(后魏·李谧《明堂制度论》,《全后魏文》卷三十三)

达乡者,达,通也。乡谓窗牖,每室四户八窗,窗户皆相对,以牖户通达,故曰达乡也。(《礼记·明堂位》"达乡"唐·孔颖达疏)(此例引自董志翘、张意馨 1992)

以上例中的"窗户"是并列性名词短语,指"窗和门"。在"窗户"

出现的上文中,"窗"和"户"都单用,这证明"窗户"是一个短语,而不是词。

  帝观书处,窗户玲珑相望,金铺玉观,辉映溢日,号为闪电窗。(旧题唐·冯贽《云仙杂记》)(此例引自董志翘、张意馨1992)

  这个例子中的"窗户"变成了一个名词,指墙壁上通气透光的装置。从最后一个分句中单用"窗"字即知"窗户"成词以后相当于原来短语中"窗"的意义,而"户"的意义则失落了。从短语义到词义的变化途径是很清楚的,我们可以列出一个语义变化公式:

  短语义-其中一个成分的意义=词义

  因而,作为短语的"窗户"和作为词的"窗户"的语义关联是很密切的,二者之间的衍生关系是可以毫无疑问地确认的。

牺牲(此条参看董志翘、张意馨1992)

  凡祭祀,共其牺牲。(《周礼·地官·牧人》)

  公曰:"牺牲玉帛,弗敢加也,必以信。"(《左传·庄公十年》)

  汤使人问之曰:"何为不祀?"曰:"无以供牺牲也。"(《孟子·离娄上》)

  牺牲驹犊,举书其数。(《礼记·月令》)

以上例中"牺牲"是一个并列式名词短语,指"牺"和"牲"两样东西。古时祭祀用的牛羊等家畜,色纯的叫"牺",体完全的叫"牲"。"牺"单用的例子如:

  享以骍牺,是飨是宜。(《诗·鲁颂·閟宫》)

  宋公肉袒执牺。(《吕氏春秋·行论》)

"牲"单用的例子如:

  亨,利贞,用大牲吉。(《易·萃卦》)

  于是荐三牲,效五牲。(汉·班固《东都赋》)

后来"牺牲"在意义上发生了隐喻引申,指受到损害的人或事物。同时,也发生了转喻引申,从指称特定的事物变为指与特定事物相关联的动作行为,反映在词性上,就是发生了转类,从名词变为动词。"牺牲"在现代汉语中名词用法与动词用法并存(做动词比做名词更普遍),作为动词,指放弃或损害一方的利益,或特指为正义而捐弃生命。

规矩

离娄之明,公输子之巧,不以规矩,不能成方员。(《孟子·离娄上》)

礼之于正国也,犹衡之于轻重也,绳墨之于曲直也,规矩之于方圆也。(《礼记·经解》)

规矩诚错,则不可欺以方员;君子审礼,则不可欺以诈伪。(《史记·礼书》)唐·司马贞索隐:错,置也;规,车也;矩,曲尺也。

以上例中的"规矩"指"规"和"矩"这两种器具,是个并列短语。其中"规"指圆规,"矩"指画方形或直角的用具,即曲尺。从上举三例中都可看出"规矩"是用在具体的意义上的,第一例中"方员"(即"方圆")分承"规矩",证明了"规矩"的短语性。后来"规矩"成为一个名词,指一定的标准、法则或习惯,如:

且为真人具说天之规矩大要,秘文诀会。(《太平经》卷六十九)

准绳

圣人既竭目力焉,继之以规矩准绳,以为方员平直,不可胜用也。(《孟子·离娄上》)宋·朱熹集注:准,所以为平;绳,所以为直。

准者,所以揆平取正也。绳者,上下端直,经纬四通也。准

绳连体,衡权合德,百工繇焉,以定法式,辅弼执玉,以翼天子。(《汉书·律历志》)

考试犹准绳也,未有舍准绳而意正曲直,废黜陟而空论能否也。(《三国志·魏志·徐胡二王传》)

以上例中的"准绳"是并列短语,指两样东西。"准"和"绳"是测定物体平直的器具。后来"准绳"通过隐喻引申变为一个名词,义为"言论、行动等所依据的原则或标准"。

名者所以别同异,明是非,道义之门,政化之准绳也。(《晋书·隐逸传》)

消息

日中则昃,月盈则食,天地盈虚,与时消息,而况于人乎?况于鬼神乎?(《易·丰卦》)

消息盈虚,终则有始。(《庄子·秋水》)

合散消息兮,安有常则?(汉·贾谊《鵩鸟赋》)

以上例中的"消息"是一个动词性并列短语,义为"减少和增长"。在第一例和第二例中"消息"与"盈虚"并举;在第三例中"消息"与"合散"并举。"盈虚"与"合散"都是反义动词性并列短语,因而"消息"也应具有同样的构造,可见"消"和"息"是两个分立的成分。以下两例中"消息"已变成一个名词,指关于人或事物情况的报道:

有客从外来,闻之常欢喜。迎问其消息,辄复非乡里。(《后汉书·董祀妻传》载汉·蔡琰《悲愤诗》)

昔诸葛恪围合肥新城,城中遣士刘整出围传消息。(《三国志·魏志·齐王芳传》)

对于"消息"的语义演变的详细分析可参看朱庆之(1989)。"消息"的短语义和词义之间的联系是很紧密的,二者之间的共通性在于"变化"。"减少和增长"是一种变化,"关于人和事物的报道"也包含着"变化",因此这两者语义之间的差别是由基于相似性的隐喻引申与根源于转喻的从动词到名词的转类所引起的相应的语义变化造成的,因而"消息"的短语义与词义之间的衍生关系是可以确定的。这一例的语义转变同时包括了隐喻和转喻的作用。

b. 变为动词

鼓舞(此条参看董志翘、张意馨 1992)。

孔某盛容修饰以蛊世,弦歌鼓舞以聚徒。(《墨子·非儒下》)(此例引自董志翘、张意馨 1992)

刘尹在郡,临终绵惙,闻阁下祠神鼓舞,正色曰:"莫得淫祀!"(南朝宋·刘义庆《世说新语·德行》)

狱卒在上,如童男像,手执白拂,鼓舞而至。(南朝梁·宝唱《经律异相》卷五十)

以上例中的"鼓舞"是个动词性并列短语,义为"击鼓跳舞"。这个动词短语是由两个不及物动词组成的,其后不能带宾语。

鼓舞万物者,雷风乎?鼓舞万民者,号令乎?(汉·扬雄《法言·先知》)

此例中"鼓舞"发生了隐喻引申,词汇化为一个及物动词,其后带上了宾语,义为"激发、鼓动、使振作"。

c. 变为形容词

聪明

巽而耳目聪明,柔进而上行,得中而应乎刚,是以元亨。(《易·鼎卦》)

蔽晦君之聪明兮,虚惑误又以欺。(《楚辞·九章·惜往日》)(此例引自董志翘、张意馨 1992)

耳目聪明,血气和平,移风易俗,天下皆宁。(《礼记·乐记》)

所谓察之者,非专用耳目之聪明而私听于一人之口也。(宋·王安石《上皇帝万言书》)

以上例中"聪明"是一个形容词性并列短语,指"听觉和视觉灵敏"。在"耳目聪明"中,"聪"和"明"分承其前名词性并列短语中的"耳"和"目",做其叙述语。

"聪"和"明"在这一意义上单用的例子如:

人主者,非目若离娄乃为明也;非耳若师旷乃为聪也。(《韩非子·奸劫弑臣》)

可以见之,明不离目;可以听之,聪不离耳。(《荀子·性恶》)

后来"聪明"变为一个形容词,指"智力强、天资高",如:

奉少聪明,自为儿童及长,凡所经履,莫不暗记。(《后汉书·应奉传》)

我今当还波罗奈城,彼有大臣王子,聪明智德,我当问之。(东晋·佛陀跋陀罗共法显译《摩诃僧祇律》卷一)

"聪明"从短语变为词,其意义发生了隐喻引申,即由较为具体的感知域引申到较为抽象的思维域。

孤独

有不理者如豪末,则虽孤独鳏寡必不加焉。(《荀子·王霸》)

论孤独,恤长老。(《管子·四时》)

恤孤独,以逮不足。(《礼记·王制》)

高年者,人所尊敬;鳏寡孤独者,人所哀怜也。(汉·荀悦《汉纪·景帝纪》)

以上例中"孤"指"幼而无父的人";"独"指"老而无子的人"。后来"孤独"词汇化为一个形容词,指"独自一个人,孤单"。如:

详问是谁,答云:"向所道孤独妪也。"(旧题晋·陶潜《搜神后记》卷六)

"孤独"作为短语的意义和作为词的意义之间的联系也是比较明显的:从表示一类人变为表示这类人所具有的突出的性质。在这里发生的是一个基于相关性的转喻引申。

体面

体面多尘垢,不知善恶语。(西晋·竺法护译《修行道地经》卷二)

足下无履,体面汗出。(同上,卷四)

体面妖娆,精神抖擞。(元·马致远《青杏子·姻缘》)

以上例子中的"体面"是一个名词性的并列短语,"体"是指"躯体","面"指"脸面"。由于躯体和脸面是人的外形中最突显的部位,是代表人的形象的地方,据此可以判断出人的外表的美丑,甚至身份、地位的高低,人们往往也很注意头部和身上的修饰,所以后来"体面"发展出形容词的用法,指"好看""美丽"或"光荣""光彩"。这也是属于一种转喻性质的引申。如:

鲁公公原是殷公公的门下,哥哥何不去见见他,挂个名儿,在府里也体面些,外人也不敢忽略你。(明·佚名《明珠缘》九回)

贾珍笑道:"所以他们庄家老实人,外明不知里暗的事。黄柏木作磐槌子——外头体面里头苦。"(清·曹雪芹《红楼梦》五十三回)

堂房

然则自尸祝以下知义如此者,以兄弟受献於堂上,主妇内宾受献於房中。尸出之后,堂房无事。(《仪礼·特牲馈食礼》"彻庶羞设于西序下"唐·贾公彦疏)

长者忽于一夜,大小匆忙,扫洒堂房,修治院宇,香泥涂饰,异种精华。(《敦煌变文集新书·降魔变文》)

以上例中,"堂房"指堂和房。堂,指正房;房,指偏房。旧时的封建大家庭各自成家的兄弟经常生活在一栋宅院中,因此后来"堂房"发生了转喻引申,可以表示同宗而非嫡亲的(亲属)、叔伯的,在性质上属于非谓形容词(或称区别词)。如:

这是我的堂房兄弟,就是上回荐给你在上海管事情的。(清·李宝嘉《官场现形记》第五十一回)

d. 变为副词

一再(此条参看董志翘、张意馨1992)

一再则宥,三则不赦。(《国语·齐语》)

相如辞谢,为鼓一再行。(《史记·司马相如列传》)唐·司马贞索隐:乐府长歌行、短歌行,行者曲也。此言"鼓一再行",谓一两曲。

师旷能鼓《清角》,必有所受,非能质性生出之也。其初受学之时,宿昔习弄,非直一再奏也。(汉·王充《论衡·感虚》)

以上例中的"一再"是并列短语,义为:一次和两次,一次以后再加一次。在功能上可以是体词性的,如上举第一例和第二例;也可以做副词性修饰语,如上举第三例。

读书一览辄不忘,至《论语》"贤贤易色",一再诵之。(《新唐书·章怀太子传》)

以上例中的"一再"变为了一个副词,义为"反复、屡次"。"一再"变为副词的句法环境是出现在一个动词之前,而这正是副词出现的典型位置。"一再"在发生转类的同时,语义上也发生了变化:从表示有定的数量变为泛指较多的数量。"一"这个数量可能被理解为少,但再加一次,就可以表示多了,因为在"二"里面蕴含了反复之义。从具体数量变为泛指的数量,这种类型的语义变化在语言中是很常见的,如汉语中的"四分五裂、五光十色、万紫千红",英文中的"hundreds and thousands"等,其中的数字都不是表示确定的数目,而是泛指数量多。这样看来,"一再"从短语义到词义的语义变化是符合常规、具有可解释性的,因而可以确定"一再"的短语义与词义之间有衍生关系。

(2) 偏正短语→双音词

偏正短语又可分为定中式和状中式两类,前者以名词性成分为中心词,后者以动词性成分为中心词。在下文的分类举例中,我们先举定中式短语词汇化的例子,后举状中式短语词汇化的例子。

a. 变成名词

首饰

　　副者,后、夫人之首饰,编发为之。(《诗·鄘风·君子偕老》"副笄六珈"毛传)

　　百岁之母,孩提之子,同时断斩,悬头竿杪,珠珥在耳,首饰犹存,为计若此,岂不诬哉?(《汉书·王莽传》)

　　且夫沐去头垢,冠为首饰。浴除身垢,衣卫体寒。(汉·王充《论衡·讥日》)

　　戴金翠之首饰,缀明珠以耀躯。(三国魏·曹植《洛神赋》)

以上例中"首饰"是一个定中式短语,其中"首"是名词性定语,"饰"是一个名词,指"装饰品"。"首饰"作为短语,义为"头上的装饰品"。到现代汉语中"首饰"已变为一个名词,指女人身上戴的各种装饰品,不单指头上的装饰品,也包括身体其他部位的装饰品。在从短语到词的转变中,"首"的语义丢失了。

天气
　　是月也,天气下降,地气上腾。(《礼记·月令》)
　　东济大河,天气清静,神鱼舞河。(《汉书·宣帝纪》)
　　五侯封日,天气赤黄,丁、傅复然。(《汉书·五行志》)
　　夫雷,天气也,盛夏击折,折木破山,时暴杀人。(汉·王充《论衡·难岁》)
　　将残吏未胜,狱多冤结,元元愁恨,感动天气乎?(《后汉书·光武帝纪》)
以上例中,"天气"是一个偏正短语,义为"天之气"。第一例中"天气"与"地气"相对,可证"天气"是一个定中结构。"天"和"气"分用的例子如:
　　是日也,天朗气清,惠风和畅。(晋·王羲之《三月三日兰亭诗序》)
后来"天气"转变为一个名词,指在一定区域和时间内大气中发生的各种气象变化。如:
　　秋风萧瑟天气凉,草木摇落露为霜。(三国魏·曹丕《燕歌行》)
　　今日天气佳,清吹与鸣弹。(晋·陶渊明《诸人共游周家墓柏下》诗)
以上是定中短语变为名词的例子。
先驱
　　百夫荷罕旗以先驱。(《史记·周本纪》)
　　负弩矢先驱。(《汉书·霍光传》)唐·颜师古注:先驱者,导其路也。
　　大军北出,便欲率将兵马,奋戈先驱。(《三国志·蜀志·后主传》)

以上例中"先驱"是一个偏正短语,"先"是状语,"驱"是动词中心词。"先驱"在很早的时候就变为一个名词,指走在前面开路或传令的人。如:

> 天子先驱至,不得入。先驱曰:"天子且至!"(《史记·绛侯周勃世家》)

后来名词"先驱"的意义抽象化了,指在某一事业或运动中起开创作用的人。

以上是状中式短语变为名词的例子。

b.变为动词

后悔

> 作而后悔,亦无及也。(《左传·哀公六年》)
> 无忌曰:今不制,后悔也。(《史记·楚世家》)
> 不深念远虑,后悔何冀?(《韩诗外传》卷九)

如果不仔细分析,以上例中的"后悔"好像与现代汉语中的"后悔"是一样的,但实际上以上例中的"后悔"还是一个状中式偏正短语,其中"后"是一个时间副词,充当状语,义为"后来,以后";"悔"是一个动词,义为"悔恨"。"后"和"悔"之间可以插入其他成分,如:

> 不我以,其后也悔。(《诗·召南·江有汜》)
> 赢缩转化,后将悔之。(《国语·越语下》)①
> 今不灭越,后必悔之。(《史记·越王勾践世家》)

这就证明"后悔"是一个短语,因为词的内部是不允许插入其他成分的。词汇化后"后悔"义为"悔恨",如:

> 夫机事不先,鲜不后悔,自求多福,唯将军图之。(《晋书·孔坦传》)

---

① 此例引自李丽《〈国语·韦注〉复音词研究》,四川大学中文系硕士学位论文,2001年。

上例中,"后悔"前有否定词"不"字,这可以证明"后悔"是一个词。如果"后"与"悔"是两个分立的成分,"后"是一个时间词,充当"悔"的状语,否定词"不"就只能出现在"后"之后,而不能出现在"后"之前①。以下的例子都证明"不"在一般情况下应比时间词更靠近动词中心语(有下划线的为时间词):

　　梗阳人有狱,将不胜。(《国语·晋语九》)
　　今不为人用,臧获虽贱,不托其足焉已。(《韩非子·外储说》)
　　向不怒而今怒,向虚而今实也。(《淮南子·诠言》)
　　一举而欺之,后不可复用也。(《淮南子·人间》)

由上举最后一例可以更清楚地看出,在句法层面上"后"应出现在"不"之前。只有当"后悔"成为一个动词后,"不"才有可能出现在"后"之前,因为在这种情况下"后"已成为词的组成部分,不再是句法层面上的一个时间状语了。

在"后悔"成词之后,"后"的语义虽然没有完全消失,但已不像原来在短语中那样独立,可以说其语义已融合在整个词义之中了。

品尝

　　膳夫授祭,品尝食,王乃食。(《周礼·天官·冢宰》)汉·郑玄注:品者,每物皆尝之。
　　君命之羞,羞近者,命之品尝之,然后唯所欲。(《礼记·玉藻》)

以上例中"品尝"是一个偏正短语,"品"是一个名词充当的状语。"品尝"义为"一样一样地尝""遍尝"。后来"品尝"变为一个动词,义

---

① 注意,"机事不先"中的"先"是动词,不是时间词,所以可以出现在否定词"不"之后。

为"仔细地辨别,尝试(滋味)"。如:

  诸酒肆结彩欢门,遊人随处品尝,追欢买笑,倍于常时。(宋·吴自牧《梦粱录》卷二)

臆断

  但兆幽微,非可臆断,故《五行》、《符瑞》两存之。(《宋书·五行志》)

  大略状人形貌,比诸龟鱼禽兽,目视臆断,咸造其理。(《旧五代史·唐书·周玄豹传》)

以上例中"臆断"虽然与现代汉语中的"臆断"从意义上看没有太大差别,但是从当时的语言系统看,"臆断"是一个名词做状语构成的偏正短语,这一点可以从以下例子的存在得到证明:

  乃知天下之事,不可尽知,而以臆断之,不可任也。(《抱朴子内篇·论仙》)

  咸通之时,累遇大飨,耳目相接,岁代未遥,人皆见闻,事可询访,非敢以臆断也。(《旧唐书·礼仪志》)

以上例中,名词"臆"与介词"以"组成介宾短语,充当"断"的状语,显见"臆"和"断"是两个分立的句法成分。

后来"臆断"凝固成了一个词,义为"凭臆测来断定",而且到了现代,还出现了带宾语的用例。如:

  叙述当妇人觉得自己怀孕时,她应做什么,妊孕中,她应如何用心预备或守禁忌,其夫应顾及什么,以何方法臆断未生子的性属,安产所做的事物,等等。(《民俗》第九期,杨成志译《民俗学问题格》)

"臆断"也可以做名词使用,指"没有经过事实调查的主观任意的判断"。

以上是状中式短语变为动词的例子。

c. 变为形容词

固执

　　诚之者,择善而固执之者也。(《礼记·中庸》)

　　国有四时,固执王事。(《管子·四时》)

　　是故为人君者,固守其德,以附其民,固执其权,以正其臣。(汉·董仲舒《春秋繁露保位权》)

　　窦太后怒,以切责棱,棱固执其议。(《后汉书·韩棱传》)

以上例中,"固执"中的"执"为一个及物动词,义为"把握、执行、坚持";"固"为副词,做状语,义为"坚定地、顽固地"。"固执"后来发生了词汇化,成为一个不及物动词,指"坚持己见,不变通",如:

　　尔朱荣之入洛阳,启庄帝欲迁都晋阳。帝以问谌,争之以为不可。荣怒曰:"何关君而固执也! 且河阴之役,君应之。"(《北史·赵郡王传》)

在"固执"成词之初,一般还是用在指某人对某事或某想法的特别坚持的态度上,到后来,就变成对某人性格的一般性的说明,成为了形容词,其前可用一些程度副词来修饰。如:

　　鲁侯见宋公十分固执,怏怏而罢。(明·冯梦龙《东周列国志》第十一回)

武断

　　当此之时,网疏而民富,役财骄溢,或至兼并豪党之徒,以武断於乡曲。(《史记·平准书》)唐·司马贞索隐:谓乡曲豪富无官位,而以威势主断曲直,故曰武断也。

上例中的"武断"还不是一个短语,"武"与介词"以"组成介宾短语充当动词"断"的方式状语,"断"是动词。

"武断"连用时,最初是一个偏正短语,"武"是名词直接充当的状语。"武断"义为以武力专断。如:

其到雁门也,先惠训而后武断,清静之政成,恺悌之化流,鳏孤遂安,奸盗讫息。(《全唐文》卷五百四十三,令狐楚"李公神道碑铭")

野有群行之盗,里多武断之豪。(宋·曾巩《襄州到任表》)

隆兴府惟分宁县产茶,他县无茶,而豪民武断者乃请引,穷索一乡,使认茶租,非便。(《宋史·食货志》)

凭武力专断往往会得出不正确的认识,在发展过程中,人们把导致不正确认识的只凭主观加以判断的行为也称为"武断"。这样,"武断"就词汇化为一个动词。如:

那著书的既不曾秉笔直书,我说书的便无从悬空武断。(清·文康《儿女英雄传》第三一回)

到了现代,"武断"从动词进一步变为形容词,其前可以出现程度副词,如可以说"很武断""有点武断"。

深入

毛嫱丽姬,人之所美也,鱼见之深入,鸟见之高飞,麋鹿见之决骤。(《庄子·齐物论》)

楚师深入,战於鸿门。(《史记·秦始皇本纪》)

今将卷甲轻举,深入长驱,难以为功。(《汉书·韩安国传》)

故五月渡泸,深入不毛。(三国蜀·诸葛亮《出师表》)

贼若乘船浮海,深入远岛,攻之未易也。(《后汉书·法雄传》)

以上例中,"深入"为偏正短语,"深"充当动词中心语"入"的状语。"深入"发生词汇化之后,变为一个形容词,义为"深刻、透彻"。如:

弟子尼惠操,又其兄子也,故探其义味,最为深入。(《全唐文》卷五百一,权德舆"唐故东京安国寺契微和尚塔铭")

但"深入"原来的短语义并没有完全消失,与词义共同存在于现代汉语中。

以上都是状中式短语变为形容词的例子。

d. 变为副词

已经

薄冷,足下沈痼,已经岁月,岂宜触此寒耶?(晋·王献之杂帖,《全晋文》卷二十七)

上手诏譬之曰:"尚书左仆射,卿已经此任,东宫詹事,用人虽美,职次正可比中书令耳。……"(《宋书·王景文传》)

前已经至难,而谓今不能济其易,又所疑也。(《晋书·蔡谟传》)

以上例中"已经"是一个偏正短语,"已"是一个时间副词,意义相当于现代汉语中的"已经";"经"是一个动词,义为"经过,经历"。后来"已经"变为了一个时间副词,表示事情完成或时间过去。如:

其拜墓,五年一假十日,并除程,若已经还家者,计还后给。(晋·范甯《启断众公受假故事》,《全晋文》卷一百二十五)

康皇之世,已经遵用。宋氏因循,未遑厘革。(《南齐书·礼志》)①

"已经"的词汇化环境像其他变成副词的短语一样也是在动词前。成词后的"已经"相当于原来短语中"已"的意思,因为"已"在古代汉语中单独使用就可以表示现代汉语中"已经"的意思,如:

老父已去,高祖适从旁舍来。(《史记·高祖本纪》)

而"经"原有的语义则在"已经"成词后脱落了。

---

① 杨永龙(2002)认为,"已经"在宋代时成词,如:
要之,当时史官收诗时,已各有编次,但到孔子时已经散失,故孔子重新整理一番,未见得删与不删。(《朱子语类》856页)

与"已经"的词汇化很类似的例子还有"曾经":
曾经

  曾经新代过,那恶故迎新?(南朝陈·徐陵《走笔戏书应令》诗)

  曾经沧海难为水,除却巫山不是云。(唐·元稹《离思》诗之四)

  自从挥剑事高皇,大战曾经数十场。(《敦煌变文集·汉将王陵变》)

以上例中"曾经"是一个偏正短语,"曾"是一个时间副词,"经"是一个动词,义为"经历"。"曾经"作为短语,义为"曾经经历"。因为"经"是一个及物动词,所以"曾经"后面接的是充当"经"的宾语的名词性成分。下例中"曾经"已词汇化为一个时间副词了:

  借问吹箫向紫烟,曾经学舞度芳年。(唐·卢照邻《长安古意》诗)

  九月癸丑,太皇太后冯氏崩。诏听藩镇曾经内侍者,前后奔赴。(《北史·魏本纪》)

注意,作为副词的例子并不比某些作为短语的用例出现的时期更晚。这种情况是正常的,因为在发生了词汇化之后,原来的短语用法往往并不马上停止使用,而有可能和词的用法并存一段时间。

以上都是状中式短语变为副词的例子。

(3) 动宾短语→双音词

a. 变为动词

责备

  是故君不责备於一人。(《淮南子·氾论》)

  天不以疑责备於人也。(汉·王充《论衡·感类》)

然君子不责备于一人,譬之朱漆,虽无桢干,其为光泽亦壮观也。(《三国志·魏志·王粲传》南朝宋·裴松之注引鱼豢)

然《春秋》之法,常责备於贤者。(《新唐书·太宗纪赞》)

以上例中,"责备"是动宾短语,"责"是一个动词,义为"要求";"备"在这里是一个抽象名词,义为"完备"。整个短语义为"要求完备"。

鲁学曾道:"小姐立在帘内,只责备小人来迟误事,……"(明·冯梦龙《喻世明言·陈御史巧勘金钗钿》)

上例中"责备"已词汇化成一个动词,义为"谴责、批评"。

成功

万物作焉而不辞,生而不有,为而不恃,成功而不居。(《老子·道经》)

由此观之,无贤佐俊士,能成功立名,安危继绝者,未之有也。(汉·贾谊《新书·胎教》)

夫论德而授官者,成功之君也;量能而受爵者,毕命之臣也。(三国魏·曹植《求自试表》)

以上例中,"成功"是一个动宾短语,义为"建立功业"。后来"成功"成为一个动词,可以做谓语和状语,如"他成功了""他成功地解决了这个问题"。

同意

道者,令民与上同意也。(《孙子·计篇》)

乐与天地同意,得万国之欢心,故天下治也。(《史记·乐书》)

义已定立,决卜以筮,示不专己,明与鬼神同意共指,欲令众下信用不疑。(汉·王充《论衡·辨祟》)

艳、彪皆坐自杀,温宿与艳、彪同意……即罪温。(《三国

志·吴志·张温传》)

上下同意,誓必死守。(宋·叶适《潼川府修城记》)

以上例中,"同意"为动宾短语①,义为"具有相同的意旨",古汉语中的"同"在语义上相当于英文中的动词 share。后来"同意"变为一个及物动词,指"对某种主张表示相同的意见;赞成、准许"。如:我同意你的看法。

同情(此条参看董志翘、张意馨 1992)

同恶相助,同好相留,同情相成,同欲相趋。(《史记·吴王濞列传》)

四海已定,兆民同情。(《后汉书·马援传》)

边州远守,或难听审,皆上下同情,迭相掩没。(《魏书·北海王传》)

以上例中的"同情"作为一个动宾短语,义为"具有同样的想法"②。后来,"同情"词汇化了,指"对别人的遭遇或行动发生共鸣或表示赞成",如:

至于兄等这回的大举,精神上,我们当然表同情。(清·曾朴《孽海花》第二十九回)

到现代汉语中,"同情"成为一个及物动词,其后可以带上宾语。

b.变为名词

冠军

当阳君黥布为楚将,常冠军,故立布为九江王,都六。(《史记·项羽本纪》)

---

① 感谢张一舟先生和汪维辉先生指出这一点。
② "同情"作为短语还可以表示"同一情况"。如:
参名异事,通一同情。(《韩非子·扬权》)
凡同类、同情者,其天官之意物也同。(《荀子·正名》)

父操,轻侠有胆气,孙策初兴,每从征伐,常冠军履锋。(《三国志·吴志·凌统传》)

勇则冠军,威能振敌。(唐·李德裕《授石雄晋绛行营节度使制》)

以上例中的"冠军"为动宾短语①,义为"冠于军中",即在军中数第一。第二例中的"冠军"与"履锋"对举,第三例中的"冠军"与"振敌"对举,更能证明"冠军"是动宾短语。后来"冠军"发生了词汇化,成为一个名词,指"第一名"。如:

父命灵出应童子试,辄以冠军补弟子员。(清·黄周星《补张灵崔莹合传》)

"冠军"到现代汉语中变为专指"比赛中的第一名"。

提纲(此条参看董志翘、张意馨1992)

臣闻举网提纲,振裘持领,纲领既理,毛目自张。(《南齐书·顾欢传》)

芟芜刈楚,振领提纲,去其繁杂,撮其指要,勒成一家。(《隋书·潘徽传》)

以上例中的"提纲"是一个动宾短语,义为"提起渔网上的大绳"。后来意义抽象化了,成为一个动词。如:

王者立此五刑,所以宝君子而逼小人,故为敕慎之经,皆拟《易》有变通之体焉。欲令提纲而大道清,举略而王法齐。(《晋书·刑法志》)

---

① 有人也许认为"冠军"相当于"冠于军",因而不是动宾短语,而是述补短语。但考虑到古汉语中的动宾结构里动词与宾语之间语义关系的多样性,不妨把"冠军"视为动宾结构。在区分古汉语中的动宾短语与述补短语时,我们的主要原则是看有无形式标志,如果有介词"於"或"于"出现在动名之间,就可以认为该短语是述补短语,否则就可以看作动宾短语。

庶各司其局,免致紊黩,宰相提纲,永存事体。(《旧唐书·哀帝本纪》)

以上例中的"提纲"义为"领导全局、掌握大要"。再后来,"提纲"发生了转类,变为一个名词,指"文章、书籍等的概要",这是现代汉语中保留的用法。如:

不著时代、撰人《毛诗草虫经》一卷,《毛诗提纲》一卷。(《清史稿·艺文志》)

表情

人所以相拜者何?所以表情见意,屈节卑体,尊重人者也。(《白虎通·姓名》)

于以表情,爰著斯诗。(晋·张华《太康六年三月三日后园会诗》)

先民有则,称诗表情。(晋·王讚《梨树颂》,《全晋文》卷八十六)

此乃服不称丧,容不称服,非所谓圣人缘恩表情制礼之义也。(《隋书·帝纪·高祖下》)

宋江答道:"山僻村野,绝无罕物,但送些小微物,表情而已,何劳花魁娘子致谢。"(元·施耐庵、明·罗贯中《水浒传》第七十二回)

勘遂称病笃,表情益切,金主不怿,从之。(《续资治通鉴·宋纪·绍兴二十年》)

以上例中,"表情"是一个动宾短语,义为"表达情感,表示情意"或"表明情况"。第一例中"表情"与"见意"对举,可证"表"与"情"之间是动宾关系。以上例中的"表情"是动宾短语的另一个证据是"情"可以与其他成分并列,如:

不如待之以上宾之礼,严兵卫之,密表情状,听敕而后图之。

(《资治通鉴·晋纪·烈宗孝武皇帝》)

以上例中,"情"与"状"组成并列结构充当"表"的宾语。我们在本章第一节讨论词的鉴定标准时提到词的组成成分不能单独与其他成分组成并列结构,由此可以判断"情"不是一个词内组成成分,"表情"应是两个分立的成分。

后来,"表情"变为一个名词,指"表现在面部或姿态上的情感"。

对策

太常令所征儒士各对策,百余人,弘第居下。策奏,天子擢弘对为第一。(《史记·平津侯主父列传》)

诸生对策,殊路同归。(汉·桓宽《盐铁论·利议》)

武帝即位,举贤良文学之士前后百数,而仲舒以贤良对策焉。(《汉书·董仲舒传》)

孝武之时,诏百官对策,董仲舒策文最善。(汉·王充《论衡·佚文》)

对策者,应诏而陈政也。(南朝梁·刘勰《文心雕龙·议对》)

以上例中,"对策"是一个动宾结构。"对"义为"回答";"策"指"策问",即皇帝举行选拔人才的考试时事先写在简策或书面上的问题。后来"对策"成为一个名词,义为"对付的策略或办法"。

c.变为形容词

虚心

丘少而修学,以至於今,六十九岁矣,无所得闻至教,敢不虚心。(《庄子·渔父》)

故去喜去恶,虚心以为道舍。(《韩非子·扬权》)

安徐而静,柔节先定。虚心平意以待须。(《管子·九守》)(唐·房玄龄注曰:虚其心,平其意,以待臣之谏说。)

以上例中"虚心"为动宾短语,"虚"为使动用法,"虚心"义为"使心虚""使心空"(以接纳知识、意见等)。以下例子中"心"前有一个定语"其",更可证"虚心"是一个动宾短语,而不是词,因为词的组成成分是不能单独被修饰的(参看本章第一节)

> 圣人治:虚其心,实其腹,弱其志,强其骨。(《老子·道经》)

汉代以后,"虚心"的使用逐渐多起来。由于出现频率比较高,逐渐由短语词汇化为一个动词,意思仍基本保持不变。到了近代,"虚心"在意思上又发生了一些变化,变成一个形容词,指人的一种态度,义为"不骄傲,不自以为是"[①],原来的"使心空"的字面含义已经看不出来了。如:

> 那位绷公是苦于不解事,不虚心,以致违式犯贴,也罢了。(清·文康《儿女英雄传》第三十五回)

d. 变为副词

随时(此条参看曹广顺 1984)

> 大亨贞,无咎,而天下随时。(《易·随卦》)

> 夫圣人随时以行,是为守时。(《国语·越语下》)

> 随时制法,因事制礼。(《史记·赵世家》)

> 随时而动静,因况而立功。(《淮南子·氾论》)

以上例中,"随"为动词,义为"根据、依照";"时"为名词,义为"时候、时势、时宜",二者构成一个动宾短语。后来,"随时"词汇化为一个副词,义为"任何时候,不拘何时"。如:

> 随处随时有吉祥,不言此界与他方。(《敦煌变文集·维摩诘经讲经文》)

[①] "虚心"在近代还可以表示"心虚"的意思,指心里不踏实。这种用法没有沿用至现代汉语。

设法

故圣君置仪设法而固守之。(《管子·任法》)

畅追恨之,更为设法,诸受臧二千万以上不自首实者,尽入财物。(《后汉书·王龚传》)

古者设法而不犯,刑错而不用,非可刑而不刑也。(《淮南子·泰族》)

今若设法未尽当,则宜改之。(《晋书·刑法志》)

往者天下未平,威权须应机而作;今四方既定,设法须与人共之。(《旧唐书·孙伏伽传》)

以上例子中的"设法"都是动宾短语,意为"制定法规"。后来"设法"变为一个副词,义为"想办法(去做某事)"。如:

我们跟去,打听一个真信,好设法救他。(清·孔尚任《桃花扇·逮社》)

河在东省固不能无害,但得设法维持,尚不至为大患。(《清史稿·河渠一》)

从动宾短语到副词的转变是发生在连动结构中的,下面是一个处于转变中的例子:

袁州之俗,男女隶於人者,逾约则没入出钱之家。愈至,设法赎其所没男女,归其父母。(《旧唐书·韩愈传》)

但需要注意的是,作为词的"设法"可能不是从"制定法规"义的动宾短语"设法"直接变来的,因为二者在语义上的关联不够密切。"法"是一个多义词,除表示"法度、法规"之外,还可以表示"方法"。如:

凡学问之法,不为无才,难於距师,核道实义,证定是非也。(汉·王充《论衡·问孔》)

其法:用胶泥刻字,薄如钱唇,每字为一印。(宋·沈括《梦

溪笔谈·技艺》)

这种意义的"法"与动词"设"也可以组成动宾短语,如:

王早,勃海南皮人也。明阴阳九宫及兵法,尤善风角。太宗时,丧乱之后,多相杀害。有人诣早求问胜术,早为设法,令各无咎。(《魏书·王早传》)

以上例中,"设法"作为动宾短语,义为"出主意、想办法"。和义为"制定法规"的"设法"相比,与副词"设法"的意义联系更紧密一些,可能是副词"设法"的直接源头。

依旧

公表天子,申明旧制,依旧策试。(《宋书·武帝本纪》)

惟此二字依旧。(唐·封演《封氏闻见记》卷十)

江东江西山中,多有枫木人,于枫树下生,似人形,长三四尺。夜雷雨,即长与树齐,见人即缩依旧。(《太平广记》卷四〇七,"枫生人"条,出《朝野佥载》)

以上例中的"依旧"是动宾短语,"依"是动词,"旧"是名化的形容词,充当宾语。下例中"依旧"变成了一个副词,其变化环境是出现在动词短语前:

梦里几回富贵,觉来依旧凄惶。(唐·郑繁《开天传信记》)

仍旧

今欲断诸北语,一从正音。年三十以上,习性已久,容或不可卒革;三十以下,见在朝廷之人,语音不听仍旧。(《魏书·咸阳王禧传》)

诏曰:"社实一神,而相袭二位,众议不同,何必改作,其使仍旧,一如魏制。"(《宋书·礼志》)

庾蔚之昔已有此议,后徐爰、周景远并不同,仍旧不改。

(《南齐书·礼志》)

后来"仍旧"词汇化为一个副词,以下是一个过渡中的可以两解的例子:

其元年应改为宝应元年,建巳月改为四月,其馀月并为常数,仍旧以正月一日为岁首。(《全唐文》卷四十五,唐肃宗"改元宝应赦文")

之所以我们把以上例子看作过渡性的例子,除了意义上的两解之外,还有一个证据,就是在唐代的大量文献中,"仍旧"绝大部分都是在原有的意义上使用,不过由于出现了一些用于连动结构中的例子,"仍旧"具有了重新分析的可能。以下是真正成词的例子:

忠是不分破底,怨是分破出来底,仍旧只是这一个。(《朱子语类》卷二十七)

肆意

人臣肆意陈欲曰侠,人主肆意陈欲曰乱。(《韩非子·八说》)

愿大国肆意于秦。(《战国纵横家书》)

凡所为贵有天下者,得肆意极欲,主重明法,下不敢为非,以制御海内矣。(《史记·秦始皇本纪》)

以上例中,"肆意"是一个动宾短语,义为"放纵心意"。在连动结构的前项位置,"肆意"发生了词汇化,变为一个副词,义为"不顾一切,由着自己的性子"。如:

定哀之时,政皆自大夫出,鲁有三家,晋有六卿,齐有田氏,宋有华向,被他肆意做,终春秋之世,更没奈何。(《朱子语类》卷八十三)

(4) 主谓短语→双音词

a. 变为名词

政治(此条参看董志翘、张意馨 1992)

  道洽政治,泽润生民。(《尚书·周书·毕命》)

  子墨子曰:古者圣王,皆以鬼神为神明,而为祸福,执有祥不祥。是以政治而国安也。自桀纣以下,……,是以政乱而国危也。(《墨子·公孟》)

  有道,然后教也;有教,然后政治也;政治,然后民劝之;民劝之,然后国丰富也。(汉·贾谊《新书·大政下》)

以上例中的"政治"是一个主谓短语,意思是"政事处理得当、政治安定"。其中"政"是一个名词,做主语,义为"政事、政策";"治"是一个形容词,义为"安定、井井有条",与"乱"相对。"治"单用的例子如:

  治则强,乱则弱。(《商君书·弱民》)

  治乱非天也。(《荀子·天论》)

"政"和"治"之间可以插入"不",这充分证明上古汉语中的"政治"还不是一个词,看下例:

  教不善则政不治,一再则宥,三则不赦。(《国语·齐语》)

后来"政治"词汇化为一个名词,义为"治理国家所施行的一切措施"。《论衡》中"政治"出现很多次,都是此义。如:

  夫政治之有灾异也,犹烹酿之有恶味也。(汉·王充《论衡·谴告》)

  乃言以赏罚感动皇天,天为寒温以应政治乎?(汉·王充《论衡·变动》)

从上面的分析可以看出,"政治"词汇化后,"治"的意思脱落了。

b. 变为动词

符合

　　与阶门吏为符,符合入。(《墨子·号令》)

　　阳城君令守於国,毁璜以为符,约曰:符合,听之。(《吕氏春秋·上德》)

　　铜虎符第一至第五,国家当发兵,遣使者至郡合符,符合乃听受之。(《史记·孝文本纪》南朝宋·裴骃集解引汉·应劭)

以上例中,"符"是一个名词,指古代传达命令、征调兵将等用的凭证,用竹、木、玉、铜制成,上刻文字,分为两半,双方各执一半,合之以验真假。"合"是一个动词,义为"相合、吻合"。因此"符合"是一个主谓短语,义为"符令相合"。由于"符"还可以表示符命,所以"符合"还有另外一个意思,就是"符命相合"。如:

　　时议郎耿育上疏言……陛下圣德盛茂,所以符合於皇天也。(《汉书·外戚传下·孝成赵皇后》)

　　圣讳豫睹,推揆期验,符合数至,若此非一。(《三国志·蜀志·先主传》)

　　周文猎渭滨,遂载吕望归。符合如影响,先天天不违。(《晋书·乐志下》)

"符合"后来词汇化为一个动词,指"事物两相一致"。如:

　　粗而言之,似如可通,考诸正典,未为符合。(《魏书·礼志》)

　　若以道邪,道固符合矣;若以俗邪,俗则大乖矣。(《南齐书·高逸传·顾欢》)

(5) 述补短语→双音词

从述补短语到双音词的变化发生得较晚,这是因为述补短语本身在汉语中出现的时间就比较晚①。从述补短语到双音词,词义上变化不显著,不容易确定其成词过程。而且一个双音节的述补结构是短语还是词,可能在很大程度上是由其使用频率决定的。有些述补短语一开始不能带宾语,后来可以带宾语了,这可以看作是从短语到词的一个证据②。因为当述补结构是短语时,其后不可能再带一个宾语,只有当其成词以后,其后才可能出现宾语。如果不带宾语的述补形式本身可看作词,那么起码也可以说带宾语之后其词汇化程度提高了。请看下面的一个例子:

改善

烈曰:"盗惧吾闻其过,是有耻恶之心。既怀耻恶,必能改善,故以此激之。"(《后汉书·独行列传·王烈》)

忠曰:"伊尹非有周公之亲而功济一代,太甲乱德,放於桐宫,思愆改善,然后复之。使主无怨言,臣无流谤,道存社稷,美溢来今,臣谓伊尹之勋有高周旦。"(《晋书·慕容盛传》)

以上例中的"改善"指德行上的变好,其后不能带宾语,可以认为

---

① 对于述补短语的产生时间,学者们有不同的看法。余健萍(1957)和杨建国(1959)认为述补结构在先秦就已萌芽了。周迟明(1957)认为起源于殷代。王力(1957)认为"使成式产生于汉代,逐渐扩展于南北朝,普遍应用于唐代"。志村良治(1984)认为使成复合动词产生于中古时期(魏晋南北朝到唐末),梅祖麟(1991)也持这种看法。太田辰夫(1958)认为使成复合动词至迟是在唐代产生的。诸家所认为的述补结构的产生时间差距很大,这种分歧产生的主要原因在于对述补短语的界定标准的认识不一致。更进一步的讨论可参看蒋绍愚(1994)。

② 述补结构带上宾语之后在句法上就是一个词了(董秀芳1998b),但是由于述语和补语之间的组合十分自由,且内部结构关系很明显,因此很多带宾的双音述补结构又不太像词汇词,如"打断、敲碎、扭弯"等都不给人以词的感觉,一般词典中也不收这一类组合。因此二音节的及物性述补结构在是否为词上存在着句法标准与语义标准的不相匹配(mismatch)的问题。按句法标准衡量,它们是词;但按语义标准衡量,有不少形式的词的资格又很值得怀疑。董秀芳(1998b)把这一类形式看作是在句法结构中临时构造的词,它们还不是大脑词库(mental lexicon)中的成员,不必要单独记忆。

还是短语或词汇化程度不高的词。后来"改善"在语义上泛化了,不仅指德行方面,也可以指其他方面的朝好的方向的改变。如:

蒙学宗旨,在於改良私塾,故章程规定,颇注重教授法之改善。(《清史稿·学校二》)

后来"改善"变为一个及物动词,其词汇化程度就大大提高了:

柔嘉要姑母喜欢自己的丈夫,常教鸿渐替陆太太牵狗出去撒尿拉屎,这并不能改善鸿渐对狗的感情。(钱钟书《围城》第九章)

以上例中,"改善"带上了宾语,义为"使变得更好"。

打破

打破鸡子四枚,泻中,如瀹鸡子法。(北魏·贾思勰《齐民要术·蒸缹法》)

汝若会,打破汝头。(宋·惠洪《禅林僧宝传》卷五"潭州石霜诸禅师")

师曰:"打破镜来,与汝相见。"(宋·释普济《五灯会元》卷四)

天色暄热,打破了我这脚,我慢慢的行波。(元·马致远《荐福碑》第二折)

以上例中的"打破"是一个从述补短语变来的动词,其后可以带宾语了,义为"使物体破坏、损伤"。后来其意义发生了隐喻引申,义为"突破原有的例规、习惯、状况等"。如:

然世之作伪假真者,往往窃持敬之名,盖不肖之实……识者病之,至有效前辈打破一敬字以为讪侮者。(宋·罗大经《鹤林玉露》卷十三)

除了这些主要的短语类型之外,其他一些短语类型也可能发生词汇化。以下是一个连动短语词汇化的例子。

企及

先王之制礼也,过之者俯而就之,不至焉者,跂(企)而及之。(《礼记·檀弓上》)

"跂(企)而及之"义为"抬起脚可以够到"。"跂(企)"和"及"之间是连动关系。后代"企"与"及"的连用与《礼记》中的这个用法关系密切,可以说在很大程度上是对经典中用法的模仿。

圣人制礼,贤者俯就,不肖企及。(《后汉书·陈王传》)

盖世人之所为载驰企及,而达者之所为寒心而凄怆者也。(《抱朴子·畅玄》)

时人虽不肖者,莫不企及自勉,而今人乃自取如此,何其相去之辽缅乎!(《抱朴子·讥惑》)

以上例中,"企及"仍可看作一个连动短语,只是表示结构关系的连词没有出现,"企"和"及"的意义仍是可以分析的,不过已有了词汇化倾向。唐代以后,"企及"成为一个动词,义为"盼望达到;希望赶上",其内部结构模糊化了。"企及"的词汇化说明后代文人的用典在一些词汇化的发生中起着重要的作用。

以上举例说明了由不同类型的短语词汇化而来的各类双音词的基本情况。虽然我们尽可能选用了一些较为典型的例子,但仍可能出现这种情况:有人也许会认为这里作为短语对待的形式是词。冯胜利(1997)曾提出汉语复合词如下的发展模式:短语韵律词→固化韵律词→词化韵律词。最初的双音短语是自由使用的"短语韵律词",韵律词中的两个成分如果反复出现,则久居不分,于是变成"固化韵律词"。固化韵律词虽然仍是短语(可以拆开使用),但它却是通向"词化韵律词"(成为词汇单位,不能再拆开使用)的重要环节。这一复合词的发展模式与历史事实是相符的。短语变为词应该有一个由自由短语变为习语性成分或称固定短语(也就是冯胜利所说的"固化韵律词")的中间阶段。这一过程主要是在反复使用中实现的,是隐性的,不容易直接观察到。对于固化韵律词这一中间阶段,不同的人可能就会有不同的判断,这正反映了其过渡的性质。不排除这种可能:我们所能找到的一个双音形式的早期用例可能已经处于固化韵律词的阶段,而不是完全自由的短语了,因此在一定程度上也可以算作词,只是词汇化程度不高,在历史发展过程中其词汇化程度逐渐提高,最终变成了词汇词。然而下面这一点却是不争的事实:这里所谈到的形式在历史上经历了一个内部成分之间的关系由分立到依附的过程。这有点类似句法研究中的情况:不同的人对同一个句子的合法性判断往往会出现分歧,但是对比两个句子,哪一个句子更好或更坏,大家的语感判断却是很一致的。不管我们如何为一个形式的早期表现与晚期表现定性,这一变化现象的实质是不变的,是需要加以解释的。这样看来,可能存在的对短语和词的界定分歧,实际上对本书的整体论述并没有太大的影响。

3. 双音词源头短语确定中的问题

古汉语中由于一词多义非常普遍,而且单音词的转类现象也比较多,这样就造成了一些形式完全相同但结构类型和意义却不同的短语,这时就有必要分辨哪一种短语是后代出现的同形双音词的来源。

比如"疾病",由于"病"的不同语义,可以是主谓短语或并列短语。当"病"做动词表示"疾病加重"时,"疾病"是主谓短语,如:

有疾,疾者齐,养者皆齐,彻琴瑟。疾病,外内皆扫。(《仪礼·既夕礼》)汉·郑玄注:为有宾客来问也。疾甚曰病。

初,魏武子有嬖妾,无子。武子疾,命颗曰:"必嫁是。"疾病,则曰:"必以为殉。"及卒,颗嫁之,曰:"疾病则乱,吾从其治也。"

(《左传·宣公十五年》)

　　晋侯有疾。……晋侯梦大厉,被发及地,搏膺而踊,曰:"杀余孙,不义。余得请於帝矣!"坏大门及寝门而入。公惧,入于室。又坏户。公觉,召桑田巫。巫言如梦。公曰:"何如?"曰:"不食新矣。"公疾病,求医于秦。(《左传·成公十年》)

　　齐侯疾,崔杼微逆光。疾病,而立之。(《左传·襄公十九年》)

"疾病"作为并列短语时,"疾"指小病,"病"指重病,合在一起泛指各种病①。如:

　　掌养万民之疾病。(《周礼·天官·疾医》)

　　笔者认为,"疾病"作为一个名词是从同形的并列短语变来的而不是从主谓短语变来的。如果名词"疾病"是从主谓短语变来的,其中就必须包含一个作为谓语的"病"的语义脱落的过程。这样的一个过程虽然是可能的,但其难度要比从并列短语变为并列式词大得多。从语义上看,作为词的"疾病"与作为并列短语的"疾病"的关联更为紧密一些。而且,从整体上看,主谓短语成词的也比并列短语成词的少得多。综合上述考虑,可以确定双音词"疾病"的源头是并列短语。

　　下面看一个更为复杂的例子。"理解"在古汉语中作为短语,可以是主谓短语,也可以是并列短语,还可以是偏正短语。作为主谓短语,"理"是一个名词,指"节理、纹理";"解"是一个动词,指"松散、离散"。例如:

---

① 文献中,"疾病"作为并列短语的例子与作为复合词的例子其实不容易分清楚。但是我们相信,由于"疾"经常单用,"疾"与"病"最初并列时各自的意义应该都很清楚,经常并列出现以后才成为一个密不可分的单位。有没有可能"疾"和"病"最初并列时就是复合词呢?这种可能性虽然不能完全排除,但是我们认为在上古汉语的系统里,由于词汇系统是以单音词为主,所以复合法应该还没有发展出来。因此我们倾向于认为,并列式复合词还是存在一个词汇化的过程,虽然有些词的词汇化过程不明显。

谓寒露之后十日,阳气尽,草木之枝节皆理解也。(《国语·周语中》三国吴·韦昭注)

外坚中虚,肤密理解。偶与物斗,胁漏内槁,弃于路隅,瓦砾所笑。(宋·苏辙《缸砚赋》,《栾城集》卷十七)

"理解"作为并列短语,"理"和"解"都是名词,指"关节、脉络、纹理"等。如:

屠牛坦一朝解十二牛,而芒刃不顿者,所排击剥割,皆众理解也。(《汉书·贾谊传》)

虽欲游刃,理解终迷,空慕落尘,未全识曲。(南朝陈·姚最《续画品》,《全陈文》卷十二)

"理解"作为偏正短语,"理"是名词充当的状语,"解"是动词中心词。整个短语义为"顺着纹理来分解"。如:

庖丁之理解,郢人之斲鼻,信矣。(宋·苏轼《众妙堂记》)

纷纭蜂舞,未易缕析而理解者。(元·刘将孙《登仕郎赣州路同知宁都州事萧公行状》)

后来,"理解"发生了词汇化,义为"懂,了解",可以做动词,也可以做名词。如:

然未尝著书,惟口授学者,使之心通理解。(《宋史·儒林传·林光朝》)

六合之内,固无奇不有,而此则尤难理解者矣。(清·百一居士《壶天录》卷上)

作为词的"理解"是从同形的哪一类短语变来的呢?从语义关联上看,作为词的"理解"与偏正短语"理解"的关系最密切,而与同形的主谓短语、并列短语的关系都比较远,因而笔者认为,偏正短语是双音词"理解"的源头短语。从短语义到词义经历了一个隐喻引申的过程:从指分解具体的事物变为指通过分析明白抽象的事理。

从上面的分析可以看出,当一个形式作为短语可以有不同的内部结构与语义时,分析这一形式的词汇化就变得比较复杂了。在确定一个词与同形的不同类型的短语的同源关系时,值得考虑的一般有以下几个方面:语义关联的紧密度、词汇化可能性的高低、作为短语时的使用频率等。与同形词在语义上的关联越紧密、词汇化的可能性越大、使用频率越高的短语越可能是同形词的源头。

4. 短语的词汇化与词典的释义及义项排列

在原则上,词典应收录词,有时也会收入一些固定短语,因为固定短语在语义凝固这一点上与词相同,但自由短语不在收录之列。大多数双音词的源头是同形的自由短语,《汉语大词典》(以下简称《大词典》)中对于一些从短语变来的复合词,也同时收了其短语义,但未能指出那是短语的意义,可能编者在主观上把最初的短语的意义也看作了词义。如:(括号中第一个数字指词典的卷数,第二个数字指页码。括号外数字表示义项序号,这里只引了相关义项。)

利害(2/638)

1. 利益与损害。引例有:《易·系辞下》:"情伪相感而利害生。"韩康伯注:"情以感物则得利,伪以感物则致害也。"《史记·龟策列传》:"先知利害,察於祸福。"宋·吴曾《能改斋漫录·事实》:"容到彼亲看利害,方敢奏陈。"3.厉害。引例有:元·王实甫《西厢记》第五本第一折:"往常也曾不快,将息便可,不似这一场清减得十分利害。"《警世通言·玉堂春落难逢夫》:"玉姐素知虔婆利害。"清·吴趼人《二十年目睹之怪现状》第九九回:"此刻我的水不过泼在他轿子上,并没有泼湿他的身,他便把我打得这么利害!"

上例中义项1是短语义,义项3是词义。词义是从短语义演变而来的,但《大词典》将这两个义项平列,也未指出这两个义项在句法性质上的不同,处理明显不当。

《大词典》有时还将作为短语的用例与作为词的用例列在同一义项之下,如:

受性(2/883)

犹赋性,生性。《诗·大雅·桑柔》:"维此良人,作为式谷;维彼不顺,征以中垢。"汉·郑玄笺:"受性於天,不可变也。"《后汉书·列女传·曹世叔妻》:"鄙人愚暗,受性不敏。"宋·苏轼《乞加张方平恩礼札子》:"仁宗皇帝眷遇至重,特以受性刚简,论高寡合,故龃龉於世。"清·曾国藩《随州李君墓表》:"惟君受性刚介,於事无所不敢。"

以上所举第一例书证中的"受性"还是一个短语,其中"受"是动词,义为"接受、承受","性"是名词,义为"禀性"。"受性"作为短语是动宾结构,这从其后跟有介宾短语"于天"这一点上就可以得到证明。其余例子中的"受性"才是词。"受性"从短语到词有一个词汇化的过程,但《大词典》未加区分,将短语与词的用法统统放在一条解释之下,实属欠妥。

《大词典》在对双音形式的处理上不能区分短语义与词义而造成的失误如上举各例的情况是很普遍的,可以说比比皆是。本书所分析的词汇化的例子(包括本章及以下各章中所谈到的不同来源的双音词),《大词典》在释义上几乎都处理不当,往往是把词汇化前的意义与词汇化后的意义混为一谈,要么不加说明地平列,要么放在同一义项下处理。这种情况的出现与《大词典》在总体上不注重揭示词的句法功能这个显著缺陷有关,这从《大词典》不给实词标注词性,因而造成释义不确这一事实就可看出。

其实,词的句法功能是一个词的词汇特征中的重要信息。当一个人掌握了一门语言,在其大脑中就储存了这个语言中的词的信息,可以说,在其大脑里有一部内化了(internalized)的心理词典。在这个词典的词汇项目中不仅包括了词的词汇意义,而且也包括了词在句法中的功能信息。不知道词的句法功能,就无法正确地对词进行运用,因而词的句法功能特征是人脑的语言知识(具体讲是词汇知识)中不可或缺的一个组成部分。

作为一部历史词典,可以收一个形式的语源义,哪怕这个语源是个短语而不是词,因而《大词典》中收入了一些短语义是可以接受的。但是在收入短语义时,需要注明其语法范畴,指出那是短语的意义,如可在释义前加标"[短语]"或"[语源]"记号,并在"凡例"中做出说明。只有这样,才能使词典使用者了解一个形式的语义在历史上的发展演变。而且在排列义项时应注意科学性,要尽量按语义间的衍生关系与发展顺序来安排义项的次序。在这方面,《大词典》需要做很多改进工作。比如下面这个例子的义项排列顺序就不合理:

不遇(1/450)

1.不得志,不被赏识。引例有:《孟子·梁惠王下》:"吾之不遇鲁侯,天也;臧氏之子焉能使予不遇哉?"2.没碰到。引例有:《后汉书·孔融传》:"俭与融兄褒有旧,亡抵于褒,不遇。"

在第一个义项下,"不遇"是词,显然这一义项是从第二个义项经隐喻引申而来的,不应放在第二个义项之前。在第二个义项下"不遇"还不是词,而是一个由否定词参与组成的句法结构(我们在第三章会详细讨论这一类结构的词汇化),《大词典》即使要收录这个意义,也应作为语源义来收,并指出其句法性质。

《大词典》在词的句法功能标注上的缺陷及相关问题与其他学者经常指出的一些问题如词条失收、释义不确或书证滞后等不同,后者只是局部问题,而前者则是一个大的原则上的问题,在一定程度上涉及到历史词典的编纂方针。笔者认为,一部好的历史词典,不仅应该能够作为一般读者读古书用的工具书,还应该有一个更高的目标,那就是要反映历史词汇学的研究成果,同时也能作为语言研究者尤其是词汇史研究者利用起来得心应手的工具。要达到这个目标,就要在词条的义项安排中尽量反映出词义发展的信息,而不能把不同性质的义项混在一起。笔者认为,深入细致的词汇化研究对于编纂或修订汉语的历史词典是有实用参考价值的。

5. 从短语到双音词的演变中表现出的特点

5.1 成词难易程度不等

从现代汉语中不同结构方式的双音词的数量来看,由五种主要结构方式所构成的双音词在双音词总体中所占的比例是很不平衡的。周荐(1991)对《现汉》(1983年版)中的双音复合词的统计结果是:偏正式占 50.72%,并列式占 25.7%,动宾式占 15.6%,主谓式占 1.17%,述补式占 0.93%。卞成林(2000)对《现汉》(1996年版)中双音复合词的统计结果是:偏正式占 52.75%,动宾式占 20.18%,并列式占 19.31%(包括连动式),述补式占 2.62%,主谓式占 1.39%。共时状态下不同类型的双音词的数量不平衡性在一定程度上反映了不同类型短语词汇化的难易差异:有些短语类型比另一些短语类型更难成词。笔者将在以下各节中讨论不同类型短语在成词过程中所受的条件限制。

从本节举的例子可以看出,词汇化发生的时间跨度是不等的。有些短语形式和词的形式的出现时间相隔很近,有的则相隔很远。这似乎表明有些短语的词汇化费时很长,而有些则费时较短。这再次证明了词汇成员之间的差异性的巨大:每个词都有自己独特的历史。

5.2 整体句法功能可能发生转移

从前文所举的例子可以看出,短语与由其衍生出来的词在句法功能上可能是不一致的。比如,"冠军""会议"等是由动词性短语变为名词;"牺牲"等是从名词性短语变为动词。

如果一个形式从短语变为词后,句法功能发生了转移,那么它的词汇化就是一个很容易被发现的事实;如果一个形式在从短语变为词的过程中句法功能没有发生转移,有时词汇化的过程就显得比较隐蔽,不太容易被发现。

5.3 一些组成成分的意义可能脱落

在很早的时候,研究者们就发现一个特定的形式在语法化过程中会伴随一个词汇意义丧失的过程,这种现象以一种隐喻的方式被称为"语义褪色"(semantic fading)或"语义漂白"(semantic bleaching)(Gabelentz 1891, Meillet 1912)。我们发现,在汉语双音词的词汇化过程中也有类似的现象,一个组成成分的意义可能会在成词之后脱落。如上节中举到的"窗户"等例。下面再举几个这方面的例子:

(1) 并列短语词汇化中的语义脱落

缓急

御者同是车马,或以取千里或数百里者,所进退缓急异也。(《大戴礼记·盛德》)

岁有凶穰,故谷有贵贱,令有缓急,故物有轻重。(《汉书·食货志下》)注引李奇曰:上令急于求米,则民重米;缓于求米,则民轻米。

以上例中,"缓急"是一个并列性动词短语,是指"缓"和"急"两种情况。第一例中"缓急"与"进退"并举;第二例中"轻重"分承"缓急",而且从注中"缓急"的意思也可看得很清楚。而下例中的"缓急"则是一个词,义为"紧急情况","缓"的意思已消失了:

  即有缓急,周亚夫真可任将兵。(《史记·周勃世家》)

数量

  凡祭祀飨宾,制其从献脯燔之数量。(《周礼·夏官·量人》)汉·郑玄注:数,多少也;量,长短也。

  使衣服有制,宫室有度,人徒有数,丧祭械用皆有等宜,以是用挟於万物,尺寸寻丈莫得不循乎制度数量然后行。(《荀子·王霸》)①

以上例中"数量"为并列短语,"数"指的是数目,而"量"则是指长度。后来"量"的意义失落了,"数量"指事物的多少。如:

  古佛应世,已无数量,不可计也。(《六祖坛经·护法品》)

(2) 偏正短语词汇化中的语义脱落

偏正短语在词汇化的过程中其偏的成分或正的成分都有可能发生语义脱落。如"媳妇"就是一个修饰成分语义脱落的例子。"媳妇"本作"息妇","息"指子女,特指儿子。如:

  老臣贱息舒祺,最少,不肖。(《战国策·赵策四》)

"息妇"指"儿子的妻子",相当于现代汉语中的"儿媳妇",如:

  僧曰:"昨夕檀越家岂有子孙之庆乎?"翁对以息妇夜生一男。(宋·张师正《括异志》卷五)

  吾父曰:"媳妇既能笔墨,汝母家信付彼司之。"(清·沈复《浮生六记·坎坷记愁》)

---

① 王念孙《读书杂志》认为"制度数量"当作"制数度量",但即使如此,也可说明"数"和"量"是处于并列关系的,中间可以被其他并列成分隔开,"制数度量"是四个词组成的并列短语。相同的表达在《荀子·富国》中还有一例:"无制数度量则国贫。"

"息妇"做"儿媳妇"义解时,还可以有同义形式"子妇",因为"息"与"子"是同义词,因而可以在相同的位置上互相替换。

在语义的进一步发展的过程中,"息妇"在一些北方方言中变为指妻子①,本来偏的成分"息"的语义丧失了。如:

> 非是我怕媳妇,只为我母亲的遗言,有那两桩儿在他手里,不敢违拗。(元·李寿卿《伍员吹箫》第三折)

"媳"是"息"的后起字。后代的人们由于不了解"息妇"中"息"原来的意思,在类比的心理作用下,给"息"字加了一个"女"旁。

在现代汉语中,"媳妇"的"儿子的妻子"和"妻子"的意思同时都保留着。

类似的例子还有:

事情

> 公孙衍谓义渠君曰:"道远,臣不得复过矣,请谒事情。"(《战国策·秦策二》)汉·高诱注:"谒,告也。情,实也。言义渠君道里长远,不能复得相见也,请告事之情实。"

> 去无用之言,则事情得。(《汉书·公孙弘传》)

> 三公朝朔望之日,又可特延入,讲论得失,博尽事情。(《三国志·魏志·高柔传》)

以上例中,"事情"都是偏正短语,义为"事情的真实情况"。这一点从上举第一例高诱的注中就可以看得很清楚。"情"单用的例子如:

> 故错人而思天,则失万物之情。(《荀子·天论》)

---

① 当"息妇"指儿媳妇时,可以看作已经成词了,从指儿子的妻子变为指妻子是词义的进一步演变,这一词义演变使得原来清晰的结构关系变得模糊了,"息"和"妇"之间的关系由可分析变得不可分析,二者之间的距离进一步缩短了,因此可以把这一词义演变看作是进一步的词汇化。对成词后进一步词汇化的讨论详见第五章。

是犹盲而欲知黑白之情,必不几矣。(《韩非子·奸劫弑臣》)

"事情"之间还可以有结构助词"之"字,这更可证明二者之间是偏正关系:

吾未至乎事之情而既有阴阳之患矣。(《庄子·人间世》)

后来"情"的语义失落了,"事情"变为一个名词,指"人类活动中的一切活动和所遇到的一切社会现象",相当于原来短语中"事"的语义。这是一个偏正短语里的中心成分语义丧失的例子。

(3) 主谓短语词汇化中的语义脱落

学通(此条参看方一新1996)

武帝初置博士,取学通行修,博学多艺,晓古文尔雅,能属文章者为高第。(《汉旧仪补遗》卷上)

丞相故事,四科取士。一曰德行高妙,志节清白。二曰学通行修,经中博士。……(汉·光武帝《四科取士诏》,《全后汉文》卷二)

以上例中,"学通"是主谓短语,义为"学问精通"。以下例子可证其短语性质:

傅子曰:向才学俗而志忠,歆才学通而行邪。(晋·傅玄《傅子》,《全晋文》卷四十九)

质字季重,以才学通博,为五官将及诸侯所礼爱。(《三国志·魏志·王粲传》南朝宋·裴松之注引《魏略》)

以上例子中,"学"单独与"才"组成并列结构,第二例中"通"与"博"也组成并列结构,这表明"学"和"博"不是词内组成成分,因而"学通"还不是一个词,而是两个分立的成分。

后来,"学通"词汇化为一个动词,义为"精通、熟谙",如:

其高才秀达,学通一艺,太常为作品式。(汉·鲍衡《奏请公

卿将校子弟诣博士》,《全后汉文》卷九十四)

  王大将军自目高朗疏率,学通左氏。(南朝宋·刘义庆《世说新语·豪爽》)

  算术亦是六艺要事,自古儒士论天道定律历者,皆学通之。(北齐·颜之推《颜氏家训·杂艺》)

成词以后,"学"的意义脱落了。不过"学通"这个词并未能沿用至现代汉语。

  除了发生转类(即词汇化后的词性与原先的句法类属不一致)的以外,短语词汇化后,句法核心成分的意义一般得以保留而附属性成分的语义则变得模糊。比如在偏正短语中,句法核心成分是中心语,而附属性成分是修饰语(定语或状语),中心语的语义往往在词汇化后得以保留,而修饰语的意义则失落或改变了。比如,"后悔"在发生词汇化后,"悔"的意义保留,而"后"的意义模糊了;"首饰"不再是指头上的饰物,而是泛指身上的饰物;"品尝"不再指一样一样地尝,"品"原有的意义失落了;等等(董秀芳 2009b)。

  词汇化中的语义脱落使得原来有意义的一个字变成了一个不表义的单纯的语音符号。这种情况在其他语言中也普遍存在着,与研究语法化的文献中提到的"非语素化"(demorphologization)相似(Hopper & Traugott 1993 等)。比如,英语的 friend(朋友)一词中的-nd 原是日耳曼语的一个现在分词-ende(对比德语的 freuende,义同英语 enjoying"欢喜的"),但在 friend 中已不再是一个语素,而只是词的音形的一个组成部分,原来的两个分立的成分就成了一个不可分析的词汇单位。这种现象在文献中也被称为"语音发生"(phonegenesis)、"语音化"(phonologization)。

6. 导致短语词汇化的原因

6.1 隐喻和转喻在词汇化中的作用

在短语词汇化的过程中,语义方面的一个重要的特点是可能发生隐喻或转喻的变化。隐喻是基于概念结构的相似性从一个认知域到另一个认知域的投射(Levin 1977,Lakoff & Johnson 1980,Kittay 1989 等),比如,"脚"本是人体的部位,后来根据相似性将其应用于其他认知领域,于是就有"山脚"之类的说法。转喻则是基于相关性从一个认知域到另一个认知域的过渡(Goossens et al.1995),比如,"编辑"由指一种工作变为指做这种工作的人,就是由于转喻引起的语义变化,因为工作和工作的完成者在认知上是密切相关的[①]。

隐喻和转喻是人类思维的重要特征,在语言的发展演变中也起着很大作用。一些短语就是由于在语义上发生了隐喻或转喻才成为一个专门的概念,并使得形式与意义之间的对应变得迂曲,因而变成了词。我们在上节的举例中已分析过一些这样的例子。下面我们再举一些例子以集中说明这两种在词汇化中起着重要作用的认知因素。

比如,"要领"原指"腰和脖颈",是一个名词性并列短语,如:

虽身死家破,要领不属,手足异处,不难为也。(《韩非子·说疑》)

孤虽知要领不属,首足异处,四枝布裂,为天下戮,孤之志必将出焉!(《吕氏春秋·顺民》)

怀仁辅义天下悦,阿谀顺旨要领绝。(《后汉书·逸民列

[①] 笔者最初接触隐喻和转喻的概念得益于沈家煊先生的介绍,沈先生曾在 1999 年给笔者的信中专门举例谈过隐喻与转喻的区别,从那以后,笔者对隐喻和转喻发生了兴趣,阅读了一些英文的相关文献。在此谨向沈先生表示深深的谢意。

传・严光》)

"腰"和"脖颈"是人体中的关键部位,以这一点作为相似关联,从人体部位认知域投射到一般事物的认知域,就出现了"要领"的隐喻用法:指"事物的重点、关键"。在这一隐喻用法下,"要领"词汇化为一个双音词,如:

  骞从月氏至大夏,竟不能得月氏要领。(《史记・大宛列传》)

类似的例子还有"首领"。最初"首领"是指"头和脖颈",是一个并列短语①。如:

  当此之时,百姓不保其首领,豪富莫必其族姓。(汉・桓宽《盐铁论・国疾》)

  如为所败,首领无余,何财物之有?(《后汉书・光武帝纪》)

后来"首领"发生了隐喻引申,指一个集体的领导人,因为领导人在集体中的作用(指挥众人行动)就如同首领在身体中的作用(指挥身体行动)一样。如:

  黔安首领田罗驹阻清江作乱。(《隋书・郭荣传》)

下面看一个因转喻引申而发生词汇化的例子。根据董志翘、张意馨(1992)的研究,"秘书"本是一个偏正结构的短语,义为"秘藏的书籍",一般指宫禁中的藏书:

  河平中,受诏与父向领校秘书,讲六艺传记,诸子、诗赋、数术、方技,无所不究。(《汉书・楚元王传》)

后来"秘书"变为一个官名,指在朝廷掌管机要典籍、文件或起草文书的官员。如:

  上车不落则著作,体中何如则秘书。(北齐・颜之推《颜氏

---

① "首领"从"头和脖颈"的意思通过转喻引申指"生命",就变为一个名词了。

家训·勉学》)(义为:只要会写寒暄问候的书信就可做秘书。"体中何如"是当时信中问候语,犹今之"近来身体怎样"。)

"秘书"词汇化前后的语义变化是从指称一种事物变为指称这种事物的管理者,这显然是由于二者在认知域上的紧密相关性,因而属于转喻造成的语义变化。

6.2 创造性的用典

有些短语的词汇化是由于后代文人的创造性的用典。一个短语可能最早出现在上古的典籍中,由于后代文人对这些典籍比较熟悉,有时会在自己的作品中加以引用,并为原来的短语赋予与原义相近的新的含义,这样原来的短语就变成了词。比如"问津"本是一个动宾短语,最早出现在《论语》里:

长沮、桀溺耦而耕,孔子过之,使子路问津焉。(《论语·微子》)

此例中,"津"是渡口的意思,"问津"义为"询问渡口(在哪里)"。"问津"出现在后代文人的作品中是由于用典,如:

简厕徒于灵圃兮,从冯夷而问津。(晋·挚虞《思游赋》,《全晋文》卷七十六)

随长川以问津,响修声而和予。(晋·陆云《修身》,《全晋文》卷一零一)

谁斯问津,悠焉在括。(南朝宋·张畅《若耶山敬法师诔》,《全宋文》卷四十九)

披文采友,叩典问津。(《魏书·宗钦传》)

由于古代文人崇尚用典,"问津"得以在后代文献中频繁出现,后来语义上也出现了引申,从而变为一个词,义为"打听情况、关注"。如:

> 南阳刘子骥,高尚士也。闻之,欣然规往,未果,寻病终。后遂无问津者。(晋·陶潜《桃花源记》)

再比如"倒戈",这也是一个由于用典而发生了词汇化的例子。"倒戈"最早是一个动宾短语:

> 前徒倒戈,攻于后,以北。(《尚书·武成》)

后来由于文人用典的缘故,"倒戈"经常出现,语义上也凝固化,变为一个词,指在战争中投降敌人反过来打自己人。这种语义变化也可看作是转喻机制在起作用,是用一个代表性动作(掉转武器)来转指整个行为。不过,这种转喻义的产生是以用典为前提的。如:

> 自巴陵沔口以东,诸贼所聚,莫不震惧,倒戈肉袒。(《晋书·唐彬传》)

因用典而引起的词汇化不完全是语言自然发展的结果,而是包含了语言使用者的自觉选择在内。

6.3 外来语的影响

在从短语到词的变化中有一类特殊情况:有些双音词与同形的短语在意义上是有联系的,但从短语到词的词汇化过程却不是语言系统内部自然而然的发展结果,而是由于文化接触受到外来语影响而产生的,不少是意译的结果。

由于外来影响而产生的双音词在近代西方思想大量涌入中国时出现得很多,比如"经济"本来是一个动词性并列短语,指"经世济民",如:(下两例引自董志翘、张意馨 1992)

> 鲁叟谈五经,白发死章句。问以经济策,茫然坠烟雾。(唐·李白《嘲鲁儒》诗)

> 古来经济才,何事独罕有? (唐·杜甫《上水遣怀》诗)

近代日本人用"经济(keizai)"来对译英文的 economy,economics(刘正埮等 1984,马西尼 1993),中国人也接受了这种用法,这样"经济"就变成了一个词。"经济"一词虽与古汉语中作为短语的"经济"有关系,但却不是从古汉语中自然演变出来的。还有不少双音词是通过日本人的中介而形成的。1898年戊戌变法失败后,中国的文人学士把日本看成体制和教育改革的榜样。由于近代日本在接受西方思想方面是很成功的,日本人创造性地通过意译的方式引进了很多西方概念。不少情况下是日本人首先利用古汉语中已存在的某个短语来对译某个西方语词,后来中国人接受了日本人的翻译,将同形的日语词照搬进汉语中来,这样一个意义全新的双音词就产生了[①]。

需要指出的一点是,外来影响只是一个外因。由于其他文化的影响而产生的复合词之所以能够存在,是因为汉语中本已经有了从短语到词的造词模式。

7. 短语的词汇化与现代汉语复合词的性质

我们在绪论中提到,现代汉语的复合词多数是由不自由且不定位的词根组成的,内部联系比较紧密,除一些动宾式和述补式复合词中存在离合形式外,其余复合词都不能拆开使用;而英文中的复合词(compound word)是在词(有的要加上必要的形态标志)的基础上组成的[②],内部联系比较松散,有不少可以拆开使用。潘文国(1993)指

[①] 陈力卫(1994)认为现在的外来语研究将日译词的范围夸大了,有很多所谓的日译词或日本借词其实是在中国的传教士最初翻译的,日本人最早也是从"汉译洋书"(这些汉译洋书有些并不是译著,而是中国人的著作)来了解西方的,同时借用了其中的译名。因此在判定一个词是否为来自日语的借词时需要详细审核。但需要指出的是,有些词虽然不是由日本人首先创造的,但在传播流行过程中受到了来自日本的很大的影响,从而被广为接受。后世人们之所以将有些词误解为是日本人首创的,也主要是因为这个原因。

[②] 还有不少语言与英语情形相同,当然也有不少语言与汉语情形相同,我们这里只拿英语和汉语做一比较,但相信英语和汉语各自代表了一个类型。

出汉语的复合词是一次构词(由语素构成),而英语的复合词却是两次构词(由语素构成根词,再由根词合成新词),在性质上更接近汉语的词组。英语也有由词根直接合成的复合词,但数量非常之少。潘文国统计了由100个英语词根组成的2058个英语单词,发现其中直接由词根加词根组合而成的词只有15个,仅占千分之七。笔者认为,汉英复合词的上述区别是由短语词汇化程度以及汉语和英语语言系统的结构基点的不同所造成的。

不少复合词的源头是短语,其组成成分原是可以自由运用的词。词与词组合时可以有不同的词序,从而造成不同的结构和语义。在短语发生词汇化之初,词与词的组合作为一个意义整体固定下来,但是词在其他场合仍是可以自由运用的,这就是现代英语中多数复合词的情况。在历史上,汉语复合词也曾处于这种状况。如"诽谤"在复合化之初,"诽"和"谤"仍可以单用。用"诽谤"的例子如:

闻君过则诽谤。(《左传·襄公十四年》)

单用"诽"的例子如:

人主非能倍大臣之议,越民萌之诽。(《韩非子·和氏》)

单用"谤"的例子如:

近臣鉴,远臣谤。(《国语·楚语上》)

在这个阶段,汉语复合词的构成方式属于词复合。

随着词汇化程度的加深,复合词中的组成成分逐渐变为不能自由运用的成分,但其意义还是清晰可辨的,所以仍然具有很强的结合能力,在与其他语素结合时是不定位的。这就是现代汉语中多数复合词的情形。可以说,汉语复合词从古到今经历了一个由词复合到词根复合的转变。

英文中有大量的派生词,其中的词缀在历史上曾经是可以自由运用的词,但在发展过程中其独立性丧失,变成附着形式(clitic),其原有的意义变得概括化,最终成为词缀。从独立的词变为词缀中间一般要经过一个复合(compouding)的过程。Leech(1972)指出,英语中的复合词与派生词的界线不总是清晰的,一些复合词有可能向派生词转化,即复合词中的组成成分有可能进一步变为词缀,如 policeman 从书写形式上看是一个复合词,但其中 man 的发音是[mən],与 man 作为独立的单词时的发音[mæn]不同,这表明 policeman 中的 man 正在向词缀发展。但词缀在汉语中不发达,汉语的派生词很少。汉语的不少词变为黏着语素以后仍保持着一定的自由组合能力,在与其他成分组成词时前后位置不固定,因而没有进一步变为词缀。

词汇化的进一步加深,就会使语素的语义变得模糊,结合能力降低,词的内部形式也因之变得暗昧不明,结果复合词就可能被重新理解为单纯词。汉语中的一些被普通人认为是单纯词的形式其实本来就是复合词。英语中大部分单纯词也是这样。这些词的内部形式不为一般人所了解了,说英语的人一般不能像说汉语的人那样能够比较容易地分析出词中的语素来[①],但经语源分析可知,大部分现代英语的单纯词原本是有理据可言的。如动词 concentrate(集中)的源头为拉丁语 concentrum,其中包含两个语素:con(义同 with,带有)和 centrum(中心)。其中一个语素(centrum)的现代拼写方式已发生了改变。由于一般人不能切分出这个词中所包含的两个语素,因此这个词在普通人的心目中就被当作是单纯词了。还有的变化得更为彻底,拼写形式已面目全非,很难再看出原复合词的踪迹了,如 barn(谷仓)＜bere-œrn(大麦房)、lady(主妇)＜hlāf-dīge(捏面包

---

① 这只是相对而言,其实说汉语的人对语素的分辨也不总是很容易的。一个形式成词之后,人们在使用时就不会去关注其中语素的意义,因而不少语素的意义慢慢地就变得不好索解了,所以不宜夸大语素在说汉语的人的语感中的清晰度。

的)、lord(家主)＜hlāf-weard(看守面包的)等都是由复合词演变来的单纯词(转引自张永言1981)。Lipka 2002[1990]认为,一个复合的词位一旦形成,便倾向于变成一个完全单一的词汇单位。

可见,现代汉语复合词的词汇化程度高于英语复合词,但低于派生词和单纯词。如果要排一个词汇化高低的序列,那么就是:

英语类型复合词(词复合)＜汉语类型复合词(词根复合)＜派生词＜单纯词

"＜"读为"词汇化程度低于"。

为什么英语词汇系统中的大多数词会发展到派生词或单纯词的状态,而汉语中的大多数词则停留在词根复合的阶段?汉语复合词之所以处于这种状态是与汉语单音形式即"字"的性质有关的。"字"或说单音语素是汉语中语音和语法的交汇点(王洪君1994),有着稳定的语音表现,一个字就是一个音节,且有声调作为标志,而且,汉字具有顽强的表义性(徐通锵1997),这就使得字的意义不容易丧失,能始终保持较强的结合能力[①],因而汉语中复合词进一步演变为派生词或单纯词的情况相对于英文来说就少得多。英语中语音和语法的交汇点在词上,语素这一级单位和语音单位没有大致重合的关系,音形不稳定,在该语言中没有特殊的地位(王洪君1994),因而一旦词失去了自由性而变为具有黏着性的语素之后,其语义就很容易发

[①] 王宁(1997b)指出:"在单音的同义词中,口语词的构词能量往往小于文言词"。(按:实际上这里所说的文言成分在现代汉语中已不是词,而是词根。)如"纵"比"竖"的构词能力强,"失"比"丢"的构词能力强等。也就是说不自由词根往往比自由词根的结合面还要宽,因而汉语复合词大部分都是由不自由词根构成的。按王宁(1997b)的解释,这一方面是由于口语单音词还能独立使用,因而不太适合做复合词中的成分;另一方面是文言成分在汉语历史上存在时间久,历史积蕴程度深。还要补充说明的是:很多文言成分在不能单用之后,其语义对于语言使用者来讲仍是清晰的,这是其保持高的能产性的一个必要条件。

生改变,即变得模糊或丧失,这就是英语中的复合词大多都进一步词汇化为派生词或单纯词的原因。

可以说,虽然词汇化在不同语言中都起着作用,而且都是一个连续渐进的过程,但由于不同语言系统中结构基点的不同,词汇化停留点的倾向也就不同,这就造成了不同词汇系统中词汇化程度不等的成员在数量分布上的不同状态。

第二节 并列短语的词汇化[①]

在本章以下的几节中,我们将采用共时与历时相结合的方法来分析词汇化程度、不同类型的短语以及同一短语内部的不同类别在词汇化过程中所表现出的不平衡性以及各类短语词汇化的条件限制等问题。

我们将根据共时状态下存在的双音词的表现,去推测历史上所发生的词汇化的情况。在汉语历史词汇学领域采用共时与历时相结合的方法不仅是可行的,在一定程度上说,也是必须的。汉语史中的词汇化由于没有外部标记,其变化过程是很不容易看清楚的,这时就

---

① 刘承慧(2003)认为,并列复合词可能来自词组之外,也就是说这一类自始即已成词。帅志嵩(2005)也有类似主张,认为并列复合词不像其他复合词一样经历词汇化的过程。我们认为,有证据表明一些并列复合词也有短语来源。当然,我们也不排除有一些并列复合词可能从最初就直接是构词法的产物,尤其是同义并列。如果两个词的意义完全相同,似乎它们不太可能组成并列短语,因为组合以后的意义还会与组成成分的意义相等,这种情况看起来好像是缺乏句法组合的动因。但是这样的组合可能是有修辞目的,是为了强调,就比如现代汉语中可见的"现在如今眼下",这样的组合是特殊的,是为了达到特殊的表达效果。古代汉语中的"同义连文"现象值得研究,它可能是一种言语中的临时的构词现象,也有可能是为了达到某种修辞的目的而组成的同义重复式的并列短语,这还要具体情况具体分析。总之,并列形式双音词的来历还有再探索的空间。

要借助对一些更易于把握的共时材料的分析以提出假设,然后从历时的角度检验这些假设。如果根据这些假设我们能顺理成章地从源头推导出结果,那么这种假设就可以说是正确的。

1. 汉语并列式复合词的常用性

并列短语在各种语言中都很普遍,但是并不是所有的语言都有并列式复合词(dvandva compound/copulartive compound)。相反,有并列式复合词的语言是很少的,即使是德语这样一个较多使用复合词的语言,并列式复合词也很罕见(Levin 1958)[①]。英语中的并列式复合词也不多,如 bittersweet(又苦又甜),Anglo-American(英美的)等。然而,在汉语中,并列复合词的数量则非常可观,这一现象值得解释。

从历时发展来看,并列式和偏正式复合词的数量比例有一个变化的过程。程湘清(1992a)对代表东周中期语言面貌的《论语》一书中出现的复合词做了统计,其结果是偏正式复合词占总词数的37.2%,并列式复合词占总词数的26.7%,偏正式复合词的出现比例高于并列式复合词。然而,进入战国时期以后,并列式复合词的增长速度却显著加快了,在数量上超过了偏正式复合词。程湘清(1992a)对《孟子》中复合词的统计结果是:偏正式复合词占总词数的30%,而并列式复合词占总词数的34.5%。这一趋势继续发展,汉代以后并列式复合词激增,其比例大大超过了偏正式复合词。据黄建宁(1997)的统计,《太平经》中的并列式复合词是偏正式复合词的两倍多。程湘清(1992c)对《世说新语》中出现的复合词的统计结

---

① 原始印欧语中的并列式复合词比较多,但在日耳曼语言中保存下来的很少(Levin 1958)。

果是：偏正式复合词约占 26.9%；并列式复合词约占 43.6%。据魏达纯(1996)的统计，《颜氏家训》中并列式复合词占复合词总数的 65.5%，比先秦时期增长了 13.1%。可见，在魏晋南北朝时期，并列式复合词的比例已大大高于偏正式复合词。为什么并列式复合词和偏正式复合词在不同历史阶段会出现这种比例变化呢？这个问题需要回答。

在汉语词汇双音化发展之初，偏正式双音词多于并列式双音词，这并不奇怪。偏正短语的使用频率本就高于并列短语，当短语的词汇化是在自然状态下进行时，由偏正短语词汇化而成的双音词就自然多于由并列短语而来的双音词。但是当语言使用者有意地去选择使用双音形式时，情况就不同了。在第一章中我们已提到过，并列式双音词的产生有一些人为创造的因素在里面，因为当双音节音步建立以后，为满足韵律的要求，人们会自觉不自觉地把单音形式换成双音形式以达到某种辞气顺畅的效果。双音并列形式由于可以不改变原来单音形式的语义而成为一个音步，从而构成一个韵律词，因而备受语言使用者的青睐。当人们有意地去创造双音形式时，并列式双音词的数量就大大超过了偏正式双音词（参看冯胜利 1996，Feng1998）。这就解释了汉语史中所发生的并列式双音词与偏正式双音词数量比例的变化，同时也解释了汉语中并列式复合词数量较多的现象。

2. 意合并列短语与形合并列短语

并列短语可以分为两类，一类不用连词连接并列项，如"柴米油盐""调查研究"。这样的并列短语没有外部形式标志，可以称为"意合并列短语"。另一类用并列连词连接并列项，如"老师和学生""听取并且采纳"。这一类有形式标志，可以称为"形合并列短语"。

我们已经知道,并列式复合词最初是从并列短语演变而来的,但只有意合并列短语才有可能变为并列复合词,形合并列短语是不可能变为并列复合词的。这是因为形合并列短语一定长于两个音节,不可能构成一个韵律词,因而不可能词汇化。同样,由于韵律的制约,意合并列短语中也只有并列项为两项的一类才能成词。

意合并列短语的数量在古汉语中大大超过形合并列短语的数量①。据陶红印(Tao 1991)对《世说新语》的调查,其中出现的并列短语95%的都是意合型的。李玉(2000)对《尉缭子》的统计表明名词并列结构中意合的有352例,而形合的只有2例;数词并列结构都是意合的;形容词并列结构意合的有31例,而形合的只有2例;动词并列结构中意合的有96例,形合的有32例。这些统计数字都表明意合并列短语是古汉语中并列短语的基本形态。而且两项并列的也很多,这就保证了并列式复合词来源的充足。如果古汉语中多数并列结构都要使用并列连词,则并列复合词的产生就不会如此之多。以下例中的并列短语全部都是意合型的(有下划线的部分为并列短语):

子不语怪力乱神。(《论语·述而》)

匹夫匹妇有不与被尧舜之泽者,若己推而内之沟中。(《孟子·万章下》)

待孔子而后学,则世无儒墨。(汉·桓宽《盐铁论·申韩》)

虽有尧舜之美,必考於周颂;虽有桀纣之恶,必讥於版荡。

---

① 需要注意的是应把连词与介词区分开来。如下面例子中的"与"都不是连词而是介词,"与"前后的两个名词性成分不是并列关系,"与"前的名词性成分为主语,"与"后的名词性成分是与事,和"与"构成介宾短语做状语:

秦与荆人战,大破荆。(《韩非子·初见秦》)

夫镜水之与形接也,不设智故,而方圆曲直弗能逃也。(《淮南子·原道》)

(汉·王符《潜夫论·思贤》)

　　<u>色声香味触</u>,微妙可悦乐。(后秦·佛陀耶舍共竺佛念译《长阿含经》卷一)

以上是名词性意合并列短语的例子。

　　缮完葺墙,以待宾客。(《左传·襄公三十一年》)

　　姜原以为神,遂<u>收养</u>长之。(《史记·周本纪》)

　　是犹不用隐括斧斤,欲<u>挠曲直</u>枉也。(汉·桓宽《盐铁论·大论》)

　　目士见之,<u>观视省察</u>,即知不有,虚无不实,无形化尽。(汉·安世高译《五阴譬喻经》)

　　每佛<u>坐起行来出入</u>,所欲至到,当所作为,诸所教敕者,我辄如佛意。(三国吴·支谦译《阿弥陀三耶三佛萨楼佛檀过度人道经》卷上)

　　[袁尚]夜遣兵犯围,公<u>逆击破走</u>之。(《三国志·魏志·武帝纪》)

以上是动词性意合并列短语的例子。

　　并列短语的特性是,并列项在语法范畴上通常情况下必须一致,如名词性成分要和名词性成分并列,而不能和动词性成分并列。在语义上,并列项必须相近、相对或相反①。通过考察,可以发现意合并列短语与形合并列短语的并列项之间的关系是不完全相同的。总体的倾向是,意合并列短语中并列项之间的意义在概念上的距离比

---

① 意义相反的形式之所以可以并列,是因为反义词必须具有相同的上位概念,其语义上的相反或相对是在同中确定的异。如"长"和"短"是反义词,二者的上位概念都是长度;"宽"和"窄"是反义词,二者的上位概念都是宽度。"长"和"窄"不构成反义词,因为二者的上位概念不同。上位概念的相同是反义形式并列的语义根据。当并列的反义形式由于概括化而转指它们的上位概念时,并列短语就词汇化了,这一点我们在下文会谈到。

形合并列短语中的并列项之间的概念距离更近。这符合 Haiman (1985,1993)提出的"距离象似原则"。

认知语法认为,句法结构是对客观现实的临摹,具有象似性(iconicity)。Haiman(1985)将句法的象似性分为成分象似和关系象似。其中关系象似指的是句法成分之间的关系与经验结构成分之间的关系相对应。关系象似原则中有一条距离象似原则,指的是概念之间的距离跟语言成分之间的距离相对应,在客观世界中接近的概念反映在句法结构上也就比较接近(中文介绍请参看沈家煊1993,张敏 1998)。

根据这一原则,在意合并列短语中,由于并列项没被其他成分隔开,并列项之间的形式距离近,相应地,并列项所反映的概念之间的距离也应该比较近;在形合并列短语中,并列项之间的形式距离远,因为并列项是被并列连词隔开了的,并列项所反映的概念之间的距离也应该比较远。

从具体语料中可以看出,意合并列短语中的并列项在概念领域确实比形合并列短语中的并列项更贴近。

让我们先看名词性并列短语的情况。意合名词性并列短语中的并列项必须在概念上非常接近。比如,古代汉语中常用的"尧舜""老庄","尧"和"舜"都是古代圣明的君主,"老"和"庄"即老子和庄子,是古代的两位思想相近的大思想家。这两例中并列项所代表的是具有相同地位可以归为一类的人。在古汉语中,这两个并列短语中间几乎从来不用连词连接,它们差不多成了明君、道家思想的代名词。下面让我们来看形合名词性并列短语的例子:

> 比其大小与其粗良而赏罚之。(《周礼·天官·内宰》)

此例中"大小""粗良"是意合并列短语,它们的并列项之间关系密切,属于同一范畴;但"大小"和"粗良"之间却用了连接词"与",这

是因为二者的范畴不同,概念距离较远。再如以下各例中的并列短语之间也都使用了连词"与":

各以其方之色与其体辨之。(《周礼·春官·龟人》)
夫子之言性与天道,不可得而闻也。(《论语·公冶长》)
子罕言利与命与仁。(《论语·子罕》)
果且有成与亏乎哉?果且无成与亏乎哉?(《庄子·齐物论》)
臣明罪在君,虽然,可移於臣子与人民。(汉·王充《论衡·变虚》)

以上例中,并列短语的并列项之间在意义上有比较大的差异性,因而中间都使用了连词。

有时同样的两个并列项,在一些情况下采用意合方式,在另外一些情况下采用形合方式,但采用形合方式时,并列项之间的分立性大,意义上的差异更被关注,而采用意合方式时,二者的分立性小,意义上的差异不被强调。如:

富与贵,是人之所欲也,不以其道得之,不处也;贫与贱,是人之所恶也,不以其道得之,不去也。(《论语·里仁》)

此例中"富与贵"代表的是两种处境,虽然指的都是好的处境,但在含义上是有差别的,"富"是指经济状况而言,而"贵"则是指社会地位而言,二者正分别与"贫"和"贱"相对立,后二者是指经济上和社会地位上的两种不太好的处境。在这个例子中,"富"和"贵"这两个并列项是以形合的方式出现的,因而二者的分立性比较强。

其妻问所与饮食者,则尽富贵也。(《孟子·离娄下》)

上例中,"富"和"贵"这两个并列项采用的是意合的方式。"富"与"贵"的意义差别在这里不是十分被强调,"富贵"是概括指上等人。

当两个并列项的意义差异被淡化时,并列短语就有了词汇化的可能。由两个意义相近的并列项所构成的并列短语都是在意义差异被模糊化之后才成词的,这一点后文还要谈到。

名词性形合并列短语中的并列项之间的差异性大还表现在下面这一点上:在对比性的问句中,并列项之间总要使用连词。这是因为两项要做对比,就需要突出它们之间的差异。如:

子谓子贡曰:"女与回也孰愈?"(《论语·公冶长》)

任人有问屋庐子曰:"礼与食孰重?"(《孟子·告子下》)

公孙丑问曰:"脍炙与羊枣孰美?"(《孟子·尽心下》)

不为者与不能者之形何以异?(《孟子·梁惠王上》)

当句子表达的是并列项的所指在某一方面所具有的共性时,一般不用连词连接,而是采用意合方式,如:

伯夷、叔齐不念旧恶,怨是用希。(《论语·公冶长》)

仲由、冉求,可谓大臣与?(《论语·先进》)

管仲以其君霸,晏子以其君显,管仲、晏子犹不足为与?(《孟子·公孙丑上》)

在动词性并列短语中,意合一类的并列项在概念上的距离也比形合的一类更近。动词性并列短语从语义类型上可以分为两类:一类并列项所表示的动作行为相同或相近,并列项之间在意义上是联合关系;另一类并列项所表示的动作行为是先后发生的,并列项之间在意义上是承接关系。从概念距离上看,联合关系的并列项比承接关系的并列项之间的概念距离更近,这是因为联合关系的并列项所表示的动作行为之间不存在时间上的距离,而承接关系的并列项所表示的动作行为之间有一段时间上的间隔,因而概念之间的距离就要大一些。

从文献材料来看,意合动词性并列短语中的并列项以联合关系的居多;如果两个并列项之间是承接关系,则一般要使用连词"而",

即构成形合并列短语。这一事实正好符合我们的理论预期：联合关系的并列项在概念上距离近，因而采用形式上距离近的意合方式；承接关系的并列项在概念上距离远，因而采用形式上距离远的形合方式。以下例子中的意合动词性并列短语表达的都是联合关系：

夫子<u>温良恭俭让</u>以得之。(《论语·学而》)

往者民间酒会，各以党俗<u>弹筝鼓缶</u>而已。(汉·桓宽《盐铁论·散不足》)

孝悌之家，<u>修身慎行</u>，不犯上禁。(汉·王符《潜夫论·述赦》)

当时已知甚苦为真谛，已一心<u>受眼受禅思受慧见</u>。(汉·安世高译《转法轮经》卷二)

下面的例子中并列项之间是承接关系，因而并列项之间都用了连词"而"，即构成的都是形合并列短语：

<u>学而时习之</u>，不亦说乎？(《论语·学而》)

校人出，曰："孰谓子产智？予既<u>烹而食之</u>，曰：'得其所哉！得其所哉！'"(《孟子·万章上》)

<u>见兔而顾犬</u>，未为晚也；<u>亡羊而补牢</u>，未为迟也。(《战国策·楚策四》)

则西域皆<u>瓦解而附</u>於胡。(汉·桓宽《盐铁论·西域》)

文帝以毒置诸枣蒂中，<u>自选可食者而进之</u>。(南朝宋·刘义庆《世说新语·尤悔》)

这里所说的是一个大致的倾向，当然也有个别例外，比如意合式短语也有表达承接关系的，而形合短语也有表达联合关系的，但这不影响我们的结论在整体上的正确性。

综上所述，从意合并列短语与形合并列短语的语义比较上，我们不难发现意合并列短语中并列项之间在概念距离上更为接近。这就为意合并列短语词汇化为并列式复合词提供了条件,因为复合词成词的一个语义条件就是要表达一个密不可分的专门化的概念。

3. 并列项的语义特点与并列短语的词汇化

并不是所有的并列项为两项的意合并列短语都可以发生词汇化,能否发生词汇化还取决于并列项的语义特征。下面是一些并列短语成词的语义限制:

(1)如果并列项为名词性成分,指称性越弱越容易成词。

名词所代表的客观世界中的事物就是名词的所指(referent)。不是所有的名词都有所指,有些名词有指(referential),有些名词无指(non-referential)(参看陈平 1987)。比较下面两个句子中的名词"孩子":

  a.她都这么大了,还老耍孩子脾气。
  b.我在公园看见一个没穿鞋的孩子。

a 句中的"孩子"不对应于客观世界中的某个实体,作为修饰成分,实际表示的是实体所具有的性质,因而是一个无指成分。b 句中的"孩子"对应于客观世界中存在的一个实体,是一个有指成分。有指名词可以用代词指代,而无指名词则不能用代词指代。

具体名词可以是有指的,而抽象名词一般是无指的(这里所谓的"抽象"指的是名词所指事物不占据一定的空间,是无形的)。因而具体名词可以用代词指代,而抽象名词则一般不能用代词指代。对比下面两个句子在合法性上的不同:

  a.张三不喜欢李四的狗$_i$,因为它$_i$老是叫。
  b.*张三不喜欢李四的脾气$_i$,因为它$_i$太急躁。

"狗"是一个具体名词,在 a 句中是有指的,因为它指称客观世界中实际存在的一条狗,所以可以用代词"它"指称。"脾气"是一个抽象名词,所代表的不是一个有形的事物,因此不能用"它"来指称,b句因而不合法。

表示个体事物的名词一般是有指的,而表示一类事物的名词则是无指的。对比下面这两个句子:

  a. 我喜欢这本小说$_i$,它$_i$的作者是个黑人。
  b. *我喜欢小说$_i$,它$_i$/它们$_i$比散文更有意思。

a 句中的"小说"指称个体事物,对应于客观世界中的一个实际存在的实体,因而可以用代词"它"来指代;b 句中的"小说"指一类事物,并不对应于客观世界中某个确定的实体,无论是用"它"还是用"它们"来指称都不可以。

考察历史上发生了词汇化的名词性并列短语,可以发现并列项是无指成分的最容易成词。不少并列式双音词的两个并列项在语义上都是抽象的。如:次序、势利、古今、名誉、宇宙、品行、气魄、气节、精神、因缘、风韵、情致、兴趣、音乐、歌曲,等等。如上文所论,抽象名词是无指的。

那些由具体名词构成的并列短语,一般在语义上要经过隐喻抽象或概括化(generalization)之后才能成词。如:首领、耳目、要领、手足、心腹、爪牙、规矩、模范等,都是经过隐喻,去掉了并列项的具体含义使其变成无指成分之后才成词的;"面目""山水""江山"等则是经概括化后才成词的。("面目"不再只是指"脸"和"眼睛",而是概括指整体形貌特征;"山水"也不是只指"山"和"水",而是概括指自然风光;"江山"也不是只指"江"和"山",而是概括指国家社稷。)由近义词组成的并列短语在概括化发生之后,原成分之间的细微差别就消失了,这一现象已被不少学者注意到。如"房屋","房"本指正屋两旁的房间,"屋"本指正房,但成词之后二者之间的语义差别不复存在了,整体词义是概括指供人居住的建筑物。再如"沐浴"中的"沐"本指

"洗头","浴"指"洗身",但当这一并列短语成词之后,这两个并列项之间的差别也消失了。概括化的发生使得并列项的组合表示的是一类事物,而不再是个体事物,从而在整体上变为无指成分。

另外,有一些由具体性比较强的并列项组成的名词性并列短语,如果不能以其他方式去除构成成分的较强的指称性,则可能会采用一种特殊的方式,即通过其中一个成分语义的失落来完成词汇化,如"窗户",本指窗和门,后来"户"(指"门")的语义失落了。当一个并列项的语义脱落之后,整体组合的意义自然就单纯了,因而成词变为可能。

具体名词既可以有有指用法又可以有无指用法,随出现的环境而定。我们在前面举到过的"孩子"在不同语境中使用的例子就可证明这一点。由具体名词所组成的并列短语的词汇化一般发生在其名词性组成成分为无指用法的语境中。如:

　　庚子嵩目和峤:"森森如千丈松,虽磊砢有节目,施之大厦,有栋梁之用。"(南朝宋·刘义庆《世说新语·赏誉》)

"栋梁"是由两个具体名词构成的并列短语。但在上面这个例子中"栋梁"是用在修饰语的位置上,并不指称客观世界中存在的一个实体,它表示的是实体所具有的性质,而不是实体本身。"栋梁"的词汇化就发端于这样的语境。只有在这种无指环境中,隐喻引申或抽象化才能发挥作用。

可以说,名词性并列短语的词汇化包含了一个去除组成成分所可能具有的较强的指称性的过程。成词后,各组成成分就都变成无指的了,这可以从词的内部成分不可以用代词指称这一点上得到证明(参看本章第一节)。

为什么并列短语的词汇化要求并列项必须是无指的呢?这是因为如果并列项都是有指成分,各自指向客观世界中存在的某个事物,那么两个成分之间的分立性就强,就不容易发生词汇化,而只能作为短语存在。由专指名词构成的并列短语由于各组成成分的指称性强,和由普通名词组成的并列短语相比,要发生词汇化就困难得多。

(2)如果并列项为动词性成分,两个成分都是及物性的比两个成分都是不及物性的更容易成词。

下面这些现代汉语中存在的并列式复合词都是由及物动词构成的并列短语演变来的:品评、摆脱、描写、刻画、看望、欺骗、辅佐、捕捉、侵略、进入、引导、讲解、指挥、接受、厌恶、惩罚、忽略、测量、爱惜、制约、交纳、收获、笼罩、省略等。这些形式在现代汉语中都是及物动词。

两个并列项都是不及物动词性成分(包括不及物动词和形容词)的意合并列短语不容易词汇化,历史上那些存在过一段时间,但因词汇化程度不高,又在语言系统中消失了的双音动词性并列结构多属于这一类。如:(以下有些例子采自程湘清1992c、1992d)

歌啸:刘道真少时,常渔草泽,善歌啸。(南朝宋·刘义庆《世说新语·任诞》)

宴饮:夏侯泰初与广陵陈本善,本与玄在本母前宴饮,本弟骞还,径入至堂户。(南朝宋·刘义庆《世说新语·方正》)(按:这里的"饮"是个不及物动词,义为"喝酒",而不是及物动词。)

惋愕:后聊试问近事,答对甚有音辞,出济意外,济极惋愕,仍与语,转造精微。(南朝宋·刘义庆《世说新语·赏誉》)

雄俊:杨济既名氏雄俊,不堪,不坐而去。(南朝宋·刘义庆《世说新语·方正》)

冲幼:嗣子冲幼,乃立康帝。(南朝宋·刘义庆《世说新语·方正》)

留存在现代汉语中的由两个并列项均为不及物动词性成分的短

语词汇化而来的双音词比较少,如:睡眠、堕落、哭泣、疼痛、飞翔、呼喊等。

为什么两个并列项都是及物动词性成分的并列短语比两个并列项都是不及物动词性成分的并列短语更容易词汇化呢?如果两个并列项都是及物动词性成分的话,那么整体组合的句法功能也应是及物的,后面要求带宾语。那么就会形成这样的结构:$V_1 V_2 O$,这最初是一个紧缩的并列结构:V_1因为和V_2有着相同的宾语而蒙后省略,可表示为:$V_1 \emptyset_i\ V_2 O_i$。有以下例子为证:

  东方未明,颠倒衣裳。颠之倒之,自公召之。(《诗·齐风·东方未明》)

此例"颠"与"倒"并列,它们的宾语相同,都是"衣裳"。这可以从"颠之倒之"这一分句得到证明。"颠"后宾语为一个空范畴(empty category),其所指与"倒"后的有形宾语"衣裳"相同。再如:

  谓彼世尊,有如是力,如是有所能,彼犹不能知我见我,况复弟子能知见我?(后汉·失译《魔娆乱经》)

此例最后一个分句中的"知"和"见"并列,带一个共同的宾语"我"。从倒数第二个分句的"知我见我",可知"知见我"是一个缩合的并列结构,在"知"后有一个空范畴,其所指与"见"后宾语"我"相同①。

以上的两个例子类似于现代汉语中下面的结构:他关心$\emptyset_i$并且照顾她$_i$,"关心"后面的零形宾语与"她"同指。

如果V_1和V_2都是单音节,二者就构成一个韵律词,有了词汇化

---

① "知见"后来由并列短语词汇化为一个动词(参看方一新1998),如:
  涂有狂夫,投刃而俟;泽有猛虎,厉牙而望。知见之者,不敢前进。如不知见,则遭狂夫之刃,犯猛虎之牙矣。(汉·王充《论衡·知实》)
  时都统冯湛帐前适有一人在傍知见。(宋·罗大经《鹤林玉露》卷九)

的可能,而其后的宾语在一定程度上推动了其词汇化的进程。一方面带宾语是动词的原型特征,宾语的存在保证了这个韵律词的动词性。另一方面,根据句子的普通重音指派原则,动词是宾语的重音指派者(冯胜利 1996b)。由于两个动词支配的宾语具有相同的所指,而且第一个动词后未出现有形宾语,这样就促使人们将两个在线性顺序上邻近的动词组合理解为一个单一动词,即将其作为一个单一的重音指派者,从而满足一个句子一个重音以及一个重音指派者的要求(参看冯胜利 2000 b)。加之 V_1 和 V_2 在语义上的接近,使得二者的词汇化具有语义上的基础。因此在带宾结构里 V_1 和 V_2 最终被压缩成词。

顺便提及的是,及物动词 V_1 和 V_2 的黏合成词,表明其间的空范畴并不阻碍词汇化。可见,在词汇化的过程中空范畴是"看不见"(invisible)的,虽然空范畴作为一种心理上的存在会阻碍语音的缩合[①]。因此可以说,词汇化只关注表层语音形式。

当 V_1 和 V_2 都是不及物动词时,其后不可能出现宾语。虽然 V_1 和 V_2 也可构成一个韵律词,但由于其后没有一个它们共同制约的要素,也就是说没有一个促使其压缩成词的外在动力,其内部关系相对来说就更松散一些,因而其成词的难度也就更大一些。

[①] 空范畴在心理上存在的一个有名的证据就是英语中的语音缩合对空范畴的敏感(sensitive)。在英语口语中,want 和 to 可以缩合成 wanna。因此 who do you want to see?(你要见谁?)可以说成 who do you wanna see? 但 who do you want to see Bill?(你要谁见比尔?)却不能缩合成 who do you wanna see Bill? 这是因为 who 是 want 的宾语,是 see 的主语,其原位是在 want 之后,当其移位以后,在原位留下了一个语迹(trace),这个语迹阻碍了第二例中 want 和 to 的语音缩合。第二例中疑问词的移位过程可表示如下:
    you want who to see Bill→who$_i$ do you want t$_i$ to see Bill?(t 代表语迹 trace)
由于语迹正位于 want 和 to 中间,因而 want 和 to 不能发生语音缩合。这证明空范畴虽然没有物理性质,但人们还是可以意识到它的存在(Chomsky 1981)。

(3)两个并列项在语义上相似的并列短语比并列项在意义上相对或相反的一类更容易成词。

周法高(1972)在对《孟子》复音词的分析中就发现:"名词或谓词的二字平行组合,义同或义近的两个成分构成复词的远比相反义或义不相近的两个成分构成复词的要多。"不同语义类型的并列短语的词汇化的难易除了反映在成词数量上的差别之外,还表现在下面这个事实上:如果两个并列项意义相近,那么并列短语不需转类即可成词。像"道路、人民、声音、国家、亲戚、土地、田野、学校、干戈"等名词性双音并列形式的组成成分意义相近,词汇化后是名词,没有发生转类;像"打击、练习、锤炼、治理"这些动词性并列双音形式组成成分意义相近,词汇化以后形成的是动词,也没有发生转类①。但如果两个并列项的意义是相对或相反的,则一般要通过转类才能词汇化。如"利害"是一个名词性并列双音形式,其组成成分的意义相反,词汇化后则变为一个形容词,发生了转类;"日夜"这个名词性并列双音短语词汇化后变为副词(如:他日夜奔忙);"开关、消息、动静、好歹、得失、来往、买卖"等动词性并列式双音形式在词汇化后变为了名词;"早晚"这个形容词性并列短语词汇化后变为副词,等等。这一倾向在动词性并列短语的词汇化中表现得尤为明显。

上述现象可以这样解释:两个语义接近的形式,在概念领域内的距离比两个语义相反或相对的形式近,根据距离象似原则,应该具有更近的形式距离,因而也就更容易发生词汇化。表达相反、相对意义的并列项由于在概念领域的距离比较远,相应地就在形式上保持较大的距离,因而不容易词汇化,只有当其在功能上发生了转类、在意义上转指包容对立的两极的上位概念之后,才会成为词。

---

① 这些动词有些也兼有名词的用法,但动词用法是更主要的,名词用法是后起的。

4. 双音词的历时发展特点与词汇化程度的等级：以并列式双音词为例

4.1 原型理论和词与短语的分界

在第一章中，我们提到过汉语中短语和词划界的重重困难，这里我们试图以并列式双音词为例，运用原型理论(prototype theory)来处理词与短语这两个相邻范畴的纠葛。

原型理论是对经典的范畴化理论的一种反动。经典的范畴化理论认为范畴是根据一组充分必要条件来定义的，某一范畴具有或不具有某一特征泾渭分明，范畴之间有明确的边界，同一范畴内的成员都具有相同的属性，因而地位是平等的。而基于原型的范畴化理论则认为范畴不一定能用一组充分必要特征/条件来下定义，实体的范畴化是以好的、清楚的样本(exemplar)为基础，然后将其他实例根据它们与这些好的、清楚的样本在某些属性上的相似性而归入该范畴。这些好的、清楚的样本就是原型，它们是非典型事例范畴化的参照点。这种理论有以下假定：(1)实体是根据它们的属性来加以范畴化的，但这些属性并不是经典范畴理论中的那种两分的理论构件，而经常是个连续的标度；(2)范畴的边界是模糊的、不固定的；(3)同一范畴内的成员在说话人的心目中的地位并不相等，在成员资格上有着等级的差别(degree of categary membership)，有较好的样本与较差的样本之分。一些成员比另一些成员更为典型，能更好地代表范畴，处于集合的核心地位，而另一些成员则处于集合的边缘地位。(Rosch 1975；Lakoff 1987；Taylor 1989；廖秋忠 1991 等)

原型理论本是在认知心理学中运用的，近年来，在语言学研究中受到越来越多的关注，一些学者应用这一理论对汉语中的某些问题做出了较好的解释,如张伯江(1994)、袁毓林(1995)等。

我们认为复合词也是一个原型范畴,是一个模糊集(fuzzy set)。从句法到词法是一个渐变的过程,短语与复合词构成一个连续统(continuum),因而这两个范畴之间的边界是模糊的。在复合词范畴中,有些成员已经彻底词汇化,不再具有短语的特性,这是最典型的成员;而更为大量的形式是处于变化过程之中的,既带有短语的某些特征,又带有词的某些属性。其中有些成员已经具有了很多词的性质,只残存了部分短语的特征,这是比较典型的成员;还有一些成员则只具有部分词的特点,还保留了大部分的短语属性,这是不太典型的成员。这就是说复合词内部成分之间的地位是不平等的,有着词汇化程度的级差。王洪君(1994)对一些二字组合的成词性与类词性的高低从共时的角度做了分析,并分出了一些不同的等级,分析细致,可参看。

现代汉语复合词内部各成员在词汇化程度上表现出差异,这一点是不难理解的。因为共时状态是历时状态的积聚和延续,现存的复合词不是同一时间层次的产物,其演化的彻底程度是不同的。这就是说共时状态下的复合词的地位,是由其历时发展情况所决定的。只有搞清复合词的历时演变环节,才能为共时状态下的复合词词汇化程度的划分找到一个较为客观的标准。

4.2 选择并列式双音词为例的原因

短语与复合词的区分困难主要表现在双音形式上,但篇幅所限,我们不能全面分析各种类型的双音词,而只能选取一类。我们决定选取并列式双音词为例,是基于以下原因:(1)并列式双音词在汉语复合词中是数量比较多的一类;(2)并列构词方式的能产性是汉语的一个特点;(3)并列式双音词与短语的划界问题很多。并列式双音词的整体意义看起来似乎是各组成成分意义的相加,与短语在语义构成上的差别不是很明显,而且有不少词典就是把并列式双音词的各组成成分的意义并合起来作为对该双音词的释义的。如《大词典》中把"理致"解释为"义理情致";《现汉》中把"坚强"解释为"坚定刚强"。这样的释义表明并列式双音词的内部形式很"透明"(transparent),可以由组成成分的意义和结构意义推断出来①。这样就造成了在判断一个双音并列形式是词还是短语时的莫衷一是。对于那些引起争议的边界形式的定性,我们在下面将要提出的级差划分可能会有一些帮助。

并列式双音词可以由实语素组成,也可以由虚语素组成。由虚语素组成的并列式双音词在总体中所占比例不大。由实语素组成的并列式双音词,主体上包括动词性并列双音词、名词性并列双音词、形容词性并列双音词三个大类。动词性并列双音词是指由两个动词性语素(在历史上是词)构成的双音词,名词性和形容词性并列双音词的界定可以此类推。

由于并列式双音词数量众多,为讨论方便,我们只就动词性并列式双音词的词汇化程度做一分析。所得出的结论在一定程度上也适用于其他类型的并列式双音词,对其他结构方式的双音词的词汇化程度的划分相信也会有一定参考价值。

---

① 导师朱庆之先生曾向笔者指出,以组成成分意义的直接加合来解释某个已成词的并列结构的意义并不一定合适,即使是在并列结构的词的语素义和内部形式都很清楚的情况下。这就是说,虽然内部形式透明的词与短语很相近,但在意义的融合性上仍存在差别。

4.3 动词性并列式双音词的历时发展阶段[①]

双音词在共时系统中的表现与其在历时发展中所经历的变化有关。下面我们就从历时角度分析动词性并列双音形式可能经历的演变的几个阶段,有些双音词只经历了某一阶段的变化,而另外一些则经历了多个阶段的变化。

(1) 存在一个相应的单音同义形式,但组成成分不能换序。

有一些动词性并列双音词,其整体的意义可以由其中某一组成成分的意义来表示,在现代汉语的词汇系统中还存在着与之同义的单音对应形式。如,"治疗"有单音同义形式"治","治疗疾病"与"治病"意思基本相同;"召开"有单音同义形式"开","召开会议"与"开会"意思基本相同。类似的还有:寻找、练习、学习、检查、种植、浇灌、省略、观看、洗涤、阅读等。

这类双音词区别于短语的特征是:各成分的组合次序是固定的,其内部不允许换序的句法操作。根据词汇完整性原则,句法规则不涉及词内部结构的任何方面,也就是说词的内部不允许进行句法操作。这是区别词与短语的一个形式标准,我们在本章第一节中已提到过这一点。句法上的并列结构,由于各组成成分的地位是平等的,而且结合比较松散,因而可以换序。如"老师和学生"也可说成"学生和老师"。但词的内部是不允许有这种句法操作的,比如,可以说"宽广",但不能说"广宽"。因而有没有换序形式可以作为检验并列短语

[①] 梅广(2003)指出,从上古汉语到中古汉语的一个重要变化就是动词性并列结构中的连词"而"的衰落,因而汉语从并列型转为主从型,这就是说,很多结构在上古都应理解为并列型,而到中古则变为主从型,动补结构的形成就正符合这一演变趋势。我们认为,一部分并列型动词短语的词汇化也与这一演变趋势相关,因为并列动词性成分间连词"而"的脱落使得动词并列短语有可能满足双音节的要求而发生词汇化。

是否固化为词的一个标准。

很多并列式双音词在历史上都存在换序形式(香坂顺一1967,蒋绍愚1994a等),传统上称之为"倒文",严格来讲,这个名称是不合适的。因为在同一个语言系统内部,如果内部成分次序相反的形式并存,那么这两个成分组成的是短语而不是词。短语的性质允许换序的操作,无所谓"正"与"倒"。而词则不允许内部成分换序,当并列结构的短语逐渐固化为词后,换序的操作也就终止了。从有换序形式到换序形式的消失,正反映出了并列短语词汇化的过程。也有一些换序形式分属不同的方言系统,如北方方言中的及物动词"喜欢",有些南方方言说"欢喜"。这种情况是由于并列短语在词汇化为双音词时,不同的方言选择了不同语序的并列短语作为其源头[1]。这样的换序形式由于存在于不同的系统中,因而在各自的系统中可以都是词[2]。

下面的这些双音词在历史上就经历了一个从可以自由换序到不能自由换序的过程。如:

疗治、治疗→治疗(单音同义形式:治)

在历史上"治疗"存在换序形式"疗治"。使用"疗治"的例子如:

因便伴病,困劣著床,其婿瞻劳,医药疗治。(晋·竺法护译《生经》卷一)

克等让之,涕泣而止,贼复辇送庄严寺疗治之。(《梁书·贺琛传》)

---

[1] 对这一问题的更为详细的讨论,可参看蒋绍愚(1994a)。

[2] 在词汇化过程中决定词中语素序选择的可能有语音上的原因。很多情况下,现代汉语保留的并列双音词在语素序上符合平上去入的调序,声调在调序中靠前的字在并列结构中就倾向于出现在前面,如平声字就倾向于出现在上声、去声和入声字之前(参看陈爱文、于平1979,蒋文钦、陈爱文1982,谭达人1989等)。

>严敕医署,分师疗治。(《魏书·世宗纪》)
>
>绾素痼疾,居旬日浸剧,有诏就中书疗治,每对延英殿,许挟扶。(《新唐书·杨绾传》)
>
>官以病乞假,上遣医疗治,问病状。(《清史稿·吕官传》)

使用"治疗"的例子如:

>譬如甘露上味具药,多所治疗众人之病。(晋·聂承远译《超日明三昧经》下)
>
>世祖遇偃既深,备加治疗,名医上药,随所宜须,乃得瘥。(《宋书·何偃传》)
>
>灵太后诏给衣食,事力优重,使於城西之南,治疗百姓病。(《魏书·孝文五王传》)
>
>[李密]因母患积年,得名医治疗,不愈,乃精习经方,洞晓针药,母疾得除。(《北齐书·李密传》)
>
>帝坐城门,过兵,人人抚慰,疾病者亲视之,敕州县治疗,士大悦。(《新唐书·东夷传》)
>
>军医掌防疫、治疗,兼司军医升迁教育。(《清史稿·职官志》)

"疗治"和"治疗"在历史上一直是同时在使用,它们可以同时出现在一部书里,直到现代汉语时期,"治疗"才不再存在换序形式了。当换序运作停止之后,我们就可以认为"治疗"是词而不是短语了。以下的例子也都是如此。

习学、学习→学习(单音同义形式:学)

使用"习学"的例子有:

>臣少习学艺,不更武职,猥陈此言,必受诬罔之辜。(《后汉书·马融列传》)
>
>敬儿始不识书,晚既为方伯,乃习学读《孝经》、《论语》。

(《南齐书·张敬儿传》)

其宰相朝官、六军诸将弟子,欲得习学,可并补国子学生。(《旧唐书·代宗本纪》)

余二百人,且令赴任,十余人并放令习学。(《宋史·乐黄目传》)

汝辈当习学之,旧风不可忘也!(《金史·世宗本纪》)

使用"学习"的例子如:

强勉学习,则闻见博而知益明。(《汉书·董仲舒传》)

建武中,诣师学习《韩诗》。(《后汉书·儒林列传》)

彪由此不交人事,而专精学习。(《晋书·司马彪传》)

当世术家意有鬼神相之,非学习可致。(《新唐书·李淳风传》)

戊申,命仓场侍郎张师载往江南随高斌学习河务。(《清史稿·高宗本纪》)

找寻、寻找→寻找(单音同义形式:找)

使用"找寻"的例子如:

楚来楚去,找寻喜顺娘。(明·冯梦龙《警世通言·乐小舍拼生觅偶》)

翌日,率拳匪数十人呼噪入宫,找寻二毛子。(民国·许指严《十叶野闻》)

使用"寻找"的例子如:

一则图他里面干净,二则等他三人不来寻找,打听他们回去了,我们却把他拿出来,自自在在的受用。(明·吴承恩《西游记》第八十五回)

"找寻"与"寻找"出现时间比较晚,并存时间也短。

习练、练习→练习(单音同义形式:练)

使用"习练"的例子如:

夫军无习练,百不当一;习而用之,一可当百。(三国蜀·诸葛亮《将苑·习练》)

太祖旧兵少,新兵不习练,举军皆惧。(《三国志·魏志·武帝纪》南朝宋·裴松之注引《魏略》)

比及数年,戎士习练,乘衅齐进,以临河洛。(《晋书·庾亮传》)

使之习练边事,谙晓军旅,实选用之初意也。(《宋史·选举志》)

慎重禋祀,勤加习练,勿仍前怠,亵越明典。(《清史稿·乐志》)

使用"练习"的例子如:

士不素抚,兵不练习,难以成功。(《三国志·魏志·张范传》)

父原,练习兵马,山涛称其才堪边任。(《晋书·胡毋辅之传》)

敖曹所将部曲练习已久,不烦更配。(《北史·高允传》)

然而汉至昭、宣,武士练习,斥候精明。(《新唐书·突厥列传》)

世宗即位,恐子孙效法汉人,谕以无忘祖法,练习骑射。(《清史稿·太宗本纪》)

加增、增加→增加(单音同义形式:加)

使用"加增"的例子如:

其令祠官加增太室祠,禁无伐其草木。(《汉书·武帝纪》)

如得善道神药,形可变化,命可加增。(汉·王充《论衡·无形》)

君年在耆艾,不可复以加增,恐职事烦碎,重有损焉。(《后汉书·韦彪传》)

保定之始,书止八千,后稍加增,方盈万卷。(《隋书·经籍志》)

额外加增,必亏正课。(《明史·食货志》)

火耗只可议减,岂可加增?(《清史稿·圣祖本纪》)

使用"增加"的例子如:

增加肉刑、大辟。(《汉书·刑法志》)

人年不可增减,高宗之徒,谁益之者,而云增加?(汉·王充《论衡·无形》)

文帝遵奉,无所增加。(《晋书·礼志》)

然仍须工夫日日增加。(《朱子语类》卷十八)

运司盐法,递年增加。(《清史稿·世祖本纪》)[①]

这类还存在单音同义形式的双音词的词汇化程度是比较低的,其与短语相区别的特征很少。可以认为,这类双音词是相应的单音词在韵律和风格上的互补形式,一般要求与双音词搭配,具有庄重的书面语色彩。由于它们只是作为一种风格变体存在于语言中,因而

[①] 蒋绍愚(1994a)指出有的 AB 和 BA 两种形式分别出现在不同时代的资料中,似乎没有一个共用期。笔者在初稿中曾举出过"类似"与"似类"的例子,导师朱庆之先生向笔者指出,"似类"在《汉书》中有几例,《三国志》中有一例,其后不见,但"类似"在这些书中都没有出现。这样的情况该怎么解释呢?笔者认为,是否存在共用期在判定两个形式是不是并列短语的换序形式时不起决定性作用,起决定性作用的是二者在语义上的一致性。短语是言语现象,带有偶发性。一个并列短语的换序形式具有出现的可能性,但却不一定真的出现。如"工农兵"是一个并列短语,从理论上讲,可以有"兵工农、农兵工、工兵农、农工兵"等换序形式,但实际上这些换序形式并没有真的在言语中出现。"工农兵"因而可看作一个固定短语形式。一个短语形式有没有换序形式可能取决于语用等多方面因素(如人们主观上认定的并列项之间的重要性排序、使用某种语序的某个言语使用者个人的影响力等),而不是一个纯句法问题。句法只是决定了换序形式出现的可能性,而语用则决定了其出现的现实性。

在词汇系统中的地位要比其他双音词次要一些,处于双音词集合的边缘位置。

(2)不再有同义的单音对应形式

一些动词性并列双音词在现代汉语中已经没有了相应的与之同义的单音形式,其组成成分不能再独立地表示整体的意义。也就是说其组成成分只能以语素的身份出现,不能再独立构成单音词了。从历时角度看,这些形式经历了一个由并立的单音词组合成的短语凝固化为由两个不自由语素组合成的双音词的过程。如:"勉励",虽然在现代汉语中其组成成分都不能单用了,但在历史上是可以单用的。"勉"单用的例子如:

君既言之矣,敢不勉乎?(《左传·哀公十一年》)

勉之敬之,夙夜无违宫事。(《仪礼·士昏礼》)

勉诸侯,聘名士,礼贤者。(《礼记·月令》)

"励"单用的例子如:

请王励士,以奋其朋势。(《国语·吴语》)

赦过遗善,则民不励。(《管子·重令》)

故君子积志委正,以趣明师,励节亢高,以绝世俗。(《淮南子·修务》)

再如"斥责",在现代汉语中组成成分都不能单用了,但在古代汉语中,两个成分都可以单用。"斥"是一个多义词,做"责备"解的用法出现较晚,如:

而子玄不精鲁史,妄斥先儒说经典之玷,不可以训。(唐·丘光庭《兼明书》卷三)

合当堂下拜,却在堂上拜,被人斥骂,亦是辱。(《朱子语类》卷二十二)

天下之人见其若是,遂相与非笑而诋斥之。(明·王守仁

《传习录》卷中)

"责"单用的例子如:

秋,入杞,责无礼也。(《左传·僖公二十八年》)

文姜通於齐侯,桓公闻,责文姜。(《管子·大匡》)

是以执政阿主,而有过则无以责之。(《淮南子·主术》)

传书言:"汤遭七年旱,以身祷於桑林,自责以六过,天乃雨。"(汉·王充《论衡·感虚》)

"辜负"中的两个成分原来也都是可以单用的,"辜"单用的例子如:

跃马二十年,恐辜明主恩。(唐·杜甫《后出塞》诗五首之五)

皆话今宵明月,江水清澄,得与诸人邂逅相遇,且不辜此景矣。(唐·冯翊《桂苑丛谈》)

共别人好,说我不是,得莫辜天负地。(《敦煌歌辞总编·渔歌子·王郎至》)

"负"单用的例子如:

臣诚恐见欺於王而负赵。(《史记·廉颇蔺相如列传》)

子贡曰:"盟可负乎?"(《孔子家语·五帝德》)

妇觉,遂曰:"君负我。我垂生矣,何不能忍一岁而竟相照也?"(晋·干宝《搜神记》卷十六)

"奢侈"的组成成分原也都可以单用,"奢"单用的例子如:

礼,与其奢也,宁俭。(《论语·八佾》)

国奢,则示之以俭。(《礼记·檀弓下》)

今民奢衣服,侈饮食,事口舌,而习调欺,以相诈绐,比肩是也。(汉·王符《潜夫论·浮侈》)

"侈"单用的例子如:

俭,德之共也;侈,恶之大也。(《左传·庄公二十六年》)

众人之用神也躁,躁则多费,多费之谓侈。(《韩非子·解老》)

崇台榭之隆,侈苑囿之大。(《淮南子·本经》)

再如"挫折",其中的两个成分原来也是词,"挫"单用的例子如:

挫其锐,解其忿,和其光,同其尘。(《老子·道经》)

循于道之谓备,不以物挫志之谓完。(《庄子·天地》)

怀王以不知忠臣之分,兵挫地削,亡其六郡。(《史记·屈原贾生列传》)

"折"单用的例子如:

公孙龙折辩亢辞,别同异,离坚白,不可与众同道也。(《淮南子·齐俗》)

屏气折声,军旅之言也。(汉·贾谊《新书·容经》)

折北不救。(《史记·淮阴侯列传》)

类似的例子还有:讽刺、赞叹、遭受、陈述、辅佐、怀念、赞颂等。

这类双音词在现代汉语的并列式双音词中占大多数。这类双音词的特点是:其整体的意义仍然可以从其组成成分的意义中较为直接地得到。这就是说,这类词的整体词义与语素义的联系是透明的,这一点与短语相似,表明这类双音词还保留着部分短语的特性。

(3)意义上发生了由具体到抽象或由泛指到专指的引申

有一些并列式双音词在整体意义上有所引申,或是从具体变为抽象,或是从具有较为宽泛的外延变到表示比较专门的意义。这两种变化方式的共同表现是使双音组合的整体意义变得不再是其组成部分意义的简单加合,词义与语素义的联系变得间接了。这一特点使得这类双音词在语义解释上远离了短语范畴。我们知道,典型的词与短语在意义上的差别是:短语的整体意义可以通过组成成分意义和短语结构关系进行预测,这就是短语不必收入词典当中去的原因;而词的整体意义则不能由其组成成分的意义与结构关系推知,需要收入词典里。心理实验表明,在人脑对语义的处理方式中,对待词义与短语义也是不同的。心理词典中有词和一些固定短语,但没有自由短语,因为后者是可以临时合成的,而前者则必须一个个地记忆。

当一个形式在意义上发生了抽象或专指的转变,它的整体意义与其组成成分意义的较为直接的联系就被割断了,前者不能再由后者得到直接索解,一个原本可以切分的意义组合变成了一个不能清晰切分的记忆单元,这就表明这一形式在意义构成上已经词汇化了。下面我们来具体分析在词汇化过程中的这两种语义转变。

a. 抽象引申

有些动词性并列双音词最初表示的是一个具体的动作行为,后来发生了引申,指一个抽象的行为。这种变化实际上是这个形式从整体上通过隐喻发生了意义的转移,转移以后的意义不能再通过并列关系以及并列成分的意义直接推测出来。并列关系被模糊化,词汇化程度也就相应地提高了。如:

堕落

　　盛极则堕落者,梅也。(《诗・召南・摽有梅》毛传)
　　朕惟耆老之人,发齿堕落,血气衰微。(《汉书・宣帝纪》)
　　今人死,手臂朽败,不能复持刃;爪牙堕落,不能复啮噬,安能害人?(汉・王充《论衡・论死》)

上面例子中"堕落"的意思是具体的,指"掉落、脱落"。这一词的抽象引申可能与佛教用法有关[①]。如:

[①] 这一点是朱庆之先生告诉笔者的。

勤苦求道,欲济一切,不中堕落,自致得佛。(晋·竺法护译《生经》卷一)

其有轻慢此尊经者,便为堕落为凡夫行。(晋·僧伽提婆译《增壹阿含经》卷一)

这一佛教汉语中的用法逐渐扩大到中土文献,其宗教色彩慢慢消失,意义也概括化了,指"道德、品行变坏"。这一用法保留至现代汉语。

把持

或操竹杖,皆谓不劲,莫谓手空无把持。(汉·王充《论衡·艺增》)

儿初生时,手中把持针药囊。(南朝梁·宝唱《经律异相》卷三十一)

王见祇域,甚大欢喜,引与同坐,把持其臂曰:"赖蒙仁者之恩今得更生,当何以报?"(同上)

以上例中的"把持"表示具体动作,义为"用手握"。后来这一意义抽象化了,义为"掌握、控制"。如:

言把持天子政令,纠率同盟也。(汉·应劭《风俗通义·五伯》)

自古至今,安有四五人把持刑柄,而不离刺转相啼嗷者!(《三国志·吴志·诸葛瑾传》)

陶冶

农夫不斫削、不陶冶而足械用。(《荀子·王制》)

案陶冶者之用火烁铜燔器,故为之也。(汉·王充《论衡·物势》)

今人以为天地所陶冶矣,形已成定,何可复更也?(汉·王充《论衡·无形》)

以上例中"陶冶"的意思是具体的,但后来"陶冶"一般用来指对人或物的感染或影响,意思抽象化了,如:

> 陶冶世俗,甄综人物,吾不及卿。(《三国志·蜀志·庞统传》)

指挥

> 拱揖指挥,而强暴之国莫不趋使,譬之是犹乌获与焦侥搏也。(《荀子·富国》)

> 见光在松树上,拊手指挥,嗤笑之。(晋·干宝《搜神记》卷一)

> 禁童子之暴谑,则师友之诫不如傅婢之指挥。(北齐·颜之推《颜氏家训·序致》)

以上例中的"指挥"表示一个具体动作,义为"指手挥臂"。

> 谓卿曹本是善人,素无恶心,当思反善,何为受其指挥?(《三国志·魏志·高贵乡公髦纪》南朝宋·裴松之注引《楚国先贤传》)

以上例中的"指挥"是一个动词,义为"发令调度",意义相比以前抽象化了。

镇压

> 原野萧条,目极四裔,禽相镇压,兽相枕籍。(汉·班固《西都赋》)

> 蹈陆土而有沈沦之忧,远岩墙而有镇压之患。(《后汉书·寇荣传》)

以上例中"镇压"的意义是具体的,指一物压在另一物之上,但后来抽象化了,指"用强力压制"。如:

> 今诸军已至,足以镇压内外,愿无以为虑。(《晋书·唐彬传》)

产生

  而有司数以蕃国疏丧,宫内产生,及吏卒小污,屡生忌故。(《后汉书·蔡邕列传》)

  今者现见婆罗门种,嫁娶产生,与世无异,而作诈称,我是梵种。(后秦·佛陀耶舍共竺佛念译《长阿含经》)

  有一师(狮)子,产生二子。(南朝梁·宝唱《经律异相》卷四十七)

  因在胎三十九月,方始产生。(《祖堂集》卷十七)

以上例中的"产生"指的是哺乳动物繁衍出下一代,是指一个具体的生理过程。

  白黑昼夜,产生万物。(宋·张君房《云笈七签》卷五十六)

  产生金及银、铜、朱砂、珠贝、犀象、翠羽、车渠、诸香,及盐、漆、吉贝之属。(元·马端临《文献通考·四裔考》)

以上例子中,"产生"的意义已经发生了隐喻引申,可以指各种有形物体的出现。

  洛阳桥的传说,虽产生于福建一地方,但在中国人民的心脑中,却普遍地晓得这一个神奇的故事。(《民俗》第二期)

以上这个例子中,"产生"的意义经过进一步的隐喻而更加抽象化,指的是无形的事物的出现。

提携

  长者与之提携,则两手奉长者之手。(《礼记·曲礼上》)

以上例中的"提携"指"领着孩子走路",这是在具体意义上使用。后来比喻在事业上扶植后辈或后进,这是一种隐喻性引申。如:

  於太康中为卫瓘、崔洪、石崇等所提携,以新安令博士为司空从事中郎。(《三国志·魏志·牵招传》南朝宋·裴松之注)

类似的例子还有:保持、解释、醒悟、指示、表示、积累、报答等。

b. 专指化

所谓专指化,是指一些双音词,最初意义比较宽泛,后来使用范围逐渐变得狭窄,只能指某些特定事件或行为。这是一种基于转喻的意义变化。一个并列双音词专指化之后词汇化程度就比泛指时提高了,因为表泛指时,整体意义的外延与组成成分的外延是相同的,专指化后整体意义的外延不再等同于组成成分的外延,整体意义与组成成分意义的距离变得远了,前者不能再由后者直接推测出来,而需要作为一个独立的单位加以记忆。

思念

寡人思念先君之意,常痛於心。(《史记·秦始皇本纪》)

朕思念至于久远而功名不著,亡以尊大谊,施后世。(《汉书·高后纪》)

谛听善思念之。(晋·竺法护译《生经》卷二)

夕惕惟忧,思念厥咎。(《后汉书·孝安帝纪》)

昔有人乘船渡海,失一银钗,堕於水中,即便思念,我今画水作记,舍之而去,后当取之。(萧齐求那毗地译《百喻经·乘船失钗喻》)

以上例子中的"思念"是"考虑""思考"的意思,其含义比较宽泛,后来"思念"只用来指对于不在眼前的或已经过去的人或事物的怀念,意义专指化了。

帝思念舅氏不已。(《三国志·魏志·后妃传》)

同昌公主除丧后,帝与淑妃思念不已。(《旧唐书·曹确传》)

思念是思虑的一种类型,但是并不是所有的思虑都是思念。"思念"语义的变化是由指一个大类名转而指其中的部分类别的名称的转喻性变化。

(4)句法功能发生转化

并列短语的一个重要的句法特性是:整体的句法功能与其组成成分的功能一致。有一类动词性并列双音结构,在历时发展过程中,发生了转类,其整体成分的功能变得和其组成成分的功能完全不同了,从向心结构变为了离心结构。这样,并列短语的最基本的句法性质就丧失了。相应地,整体意义与其组成成分的意义之间也有了很大距离,内部形式变得模糊了,意义的分析性减弱甚至丧失,综合性大大加强,这些都使其远离了短语范畴,因而这一类并列双音形式的词汇化程度最高。

动词性并列双音词在历时演变过程中发生句法功能转化的例子特别多,这一点与其他两类实词性并列式双音词构成了一个对比。根据转类的方向可以分为以下几类:

a. 动转名

由动词性成分转为名词性成分,也就是从陈述形式转化为指称形式,这在汉语中是很普遍的。

待遇

> 而立宛贵人之故,待遇汉使善者名昧蔡以为宛王,与盟而罢兵。(《史记·大宛列传》)

> 便白佛言:今当用何时待遇尊?(三国吴·支谦译《义足经》卷下)

> 所在郡县为设官邸,赏赐待遇之。(《后汉书·陈蕃传》)

从以上例子中可以看出,"待遇"原是动词,"待"和"遇"也都是动词性的。后来发生了转类,变成一个名词,指物质上的报酬或政治上所给予的权利、地位,动词的用法不复存在了。

学问

> 吾他日未尝学问,好驰马试剑。(《孟子·滕文公上》)

学问至於刍莞者,求善无厌也。(汉·贾山《至言》)

前谢佛言:"卑鄙暗陋,少不学问,不知礼仪,狼兽为比……"(南朝梁·宝唱《经律异相》卷二十九)

学问有暇,幸时见临。(唐·韩愈《答杨子书》)

问其事已了,却便充为养男,不放人知,一同亲子,便往学问。(《敦煌变文集·汉刘家太子传》)

上举诸例中,"学问"是"学习和询问(知识、技能等)"的意思。下例中的"学问"已转化为名词了:

而臣天资钝顽,学问寡浅。(宋·苏轼《登州谢上表》)

"学问"发生转类之后,原来的动词性用法消失了。

教诲

古之人,犹胥训告,胥保惠,胥教诲。(《尚书·无逸》)

教诲尔子,式榖似之。(《诗·小雅·小宛》)

临歧方教诲,所贵和六姻。(唐·刘长卿《别李氏女子》诗)

上举例子中的"教诲"是个动词,后来"教诲"发生了转类,变成了一个名词,如:老师的教诲。

成就

而岁功成就,五权谨矣。(《汉书·律历志》)

多所成就,现若干术。(晋·竺法护译《生经》卷一)

韩信、陈平负污辱之名,有见笑之耻,卒能成就王业,声著千载。(《三国志·魏志·武帝纪》南朝宋·裴松之注引《魏书》)

只如道安法师,如虚空中,造之堂殿,终不能成就。临欲成就,还当堕落。(《敦煌变文集·庐山远公话》)

以上诸例中的"成就"是动词,义与"完成"相近。下例中,"成就"已由动词转为名词,义为"业绩":

郑当以文学进,而无大成就。(清·黄钧宰《金壶遁墨·奇好》)

亲信

> 为人臣者,不尽力於君则不亲信,不亲信则言不听,言不听则社稷不定。(《管子·大匡》)

> 夫贤者感忿睚眦之意而亲信穷僻之人,而政独安得默然而已乎!(《史记·刺客列传》)

> 出入禁闼二十余年,小心谨慎,未尝有过,甚见亲信。(《汉书·霍光传》)

上面诸例中的"亲信"是动词,义为"亲近信任"。这一并列式动词在发展过程中转为名词,如:

> 昔者有王,有一亲信,於军阵中,殁命救王,使得安全。(萧齐求那毗地译《百喻经·愿为王剃须喻》)

上例中的"亲信"是个名词,指被亲信的人。

附近

> 四方虽知朗无能为益,犹以附近至尊,多略遗之,富均公侯。(《三国志·魏志·明帝纪》南朝宋·裴松之注引《魏略》)

> 唯有汉高皇帝大殿而坐,诏其张良,附近殿前。(《敦煌变文集·汉将王陵变》)

以上例子中的"附近"都是动词,义为"贴近、靠近"。现代汉语中"附近"变为名词。

类似的动词性并列结构转为名词的例子还有:经理、教授、比方、消息、作为、贸易、宿舍、欲念、遭遇、次序、法则、游戏、图画、饮食等。这些形式在发生转类后,原有的功能不复存在了。还有一种情况是发生转类后,原功能并不消失,和新功能同时存在,形成动名兼类。如:报告、集合、计划、希望、需要、劳动、经历、生活等。这一类动名兼类词的词汇化程度比不再有动词性用法的一类略低一些。在所有的动词性并列结构发生转类的例子中,动转名的情况是最多的。

b. 动转形

轻易

世咸尊古卑今,贵所闻、贱所见也,故轻易之。(汉·桓谭《新论·闵友》)

虞氏富乐之日久矣,而常有轻易人之志。(《列子·说符》)

当从听受,当观其法,莫察其形,不当毁而轻易也。(晋·竺法护译《生经》卷一)

以上例中的"轻易"为动词,义为"轻视、瞧不起"。转为形容词后,义为"容易、轻松",如:

都御史不是轻易做的,要有实功。(明·文秉《烈皇小识》卷一)

保守

燕将惧诛,遂保守聊城,不敢归。(《战国策·齐策六》)

叔陵聚兵仅得千人,欲据城保守。(《南史·陈始兴王叔陵传》)

国既小而迫胁於大国之间,又无治国之法以自保守。(《诗·曹风·蜉蝣》唐·孔颖达疏)

上面例子中的"保守"是动词,义为"保卫、守卫",后可接宾语。由此转化为形容词,如:他的思想很保守。虽然在现代汉语中"保守"还有动词用法,如"保守秘密",但形容词用法是更常见的。

c. 动转副

恐怕

昔波斯匿王有女,名曰赖提。有十八丑,都不似人,见皆恐怕。(北魏·吉迦夜共昙曜译《杂宝藏经》卷二)

心惊恐怕牛羊吼,头痛生曾(憎)乳酪酸。(《敦煌变文集·王昭君变文》)

以上例中的"恐怕"义为"害怕、畏惧",是一个动词。

> 问丧礼制度节目,曰:"恐怕《仪礼》也难行。"(《朱子语类》卷八九)

以上例中的"恐怕"已变为一个副词,表示一种估计、担心或疑虑的情态。

毕竟

> 贫无以偿,则身为官作,责乃毕竟。(汉·王充《论衡·量知》)

> 佛方言:童子善来觉矣,斯处无忧,众行毕竟。(后汉·昙果共康孟详译《中本起经》卷上)

> 所应化度者,皆悉已毕竟。(东晋·法显译《大般涅槃经》卷上)

> 以少求而知足,诸世间已毕竟,於众俗不渐渍。(三国吴·支谦译《维摩诘经》卷下)

以上例中"毕竟"为动词,义为"了结"。后转为副词,义为"到底、终归"。如:

> 毕竟成功何处是,五湖云月一帆开。(唐·许浑《闻开江宋相公申锡下世》诗之一)

类似的例子还有"完全"等。

d. 动转介

经过

> 日月照其所经过之道。(《淮南子·时则》汉·高诱注)

> 譬如人持重财,经过恶道,财物畜甚安隐得至善道。(晋·竺法护译《梵网六十二见经》)

> 及后经过玄墓,辄凄怆致祭。(《后汉书·桥玄传》)

> 师云:"柴户草门,谢你经过。"(《祖堂集》卷十二)

　　　　下方经过四十二恒河沙国土,有罔明菩萨出此女人定。(宋·释普济《五灯会元》卷一)

以上例中,"经过"为动词,转为介词后引进动作的方式或途径,如:经过讨论,大家取得了一致的意见。

除去

　　　　今上祷祠备谨,而有此恶神,当除去,而善神可致。(《史记·秦始皇本纪》)

　　　　随师学道,除去须发。(南朝梁·宝唱《经律异相》卷四十七)

　　　　若居围城中,憔悴容色,除去饰玩,常为临深履薄之状焉。(北齐·颜之推《颜氏家训·风操》)

以上例中"除去"为动词,转为介词后表示后面所说的不计算在内,如:

　　　　《汉志》载诗赋一千三百十八篇,除去歌诗三百十四篇,尚余一千四篇。(清·周中孚《郑堂札记》卷三)

4.4 词汇化程度的等级序列

以上所列四种情况,是双音词在历时发展过程中出现的四种词汇化特征,其词汇化程度依次提高,可以看作是共时存在的动词性并列式双音词词汇化程度的四个等级。

如果用1、2、3、4分别代表上述四个特征,那么我们可以得到一个词汇化程度的等级序列,可形式化地表示如下:1<2<3<4。"<"读为"词汇化程度低于"。只具备特征1的是词汇化程度最低的动词性并列式双音词;而具备特征4的是词汇化程度最高的动词性并列式双音词。一个双音词具备了这个序列中更靠近右边的特征,一般也就具备了更靠近左边的特征,但反之则不然。那些没有出现上举

任何词汇化特征的动词性并列结构就只能是短语,不能是词。

4.5 对词汇化程度等级的分析

并列式双音词的出现是对某些并列成分以固定的次序反复使用的结果。在反复使用中,逐渐出现词的性质并越来越明显,词汇化程度越来越高。根据上文对动词性并列双音词的历时考察,我们可以初步勾勒出汉语并列式双音词在词汇化程度加深的过程中所经历的几个常见的环节。

并列式双音词,起初可能是由于韵律的需要而把两个同义或近义的成分放在一起,作为与单音节在韵律上互补的一种同义形式来使用。那时,这种并列结构是自由的组配,其先后顺序不固定。其中,有一些并列自由组合的使用频率比较高,人们逐渐倾向于把它们当作一个整体来理解,而不再十分注意两个组成成分之间的意义并立关系以及可能有的意义上的细微差别,这时它们就开始词汇化了。词汇化的第一步就是顺序固定,再进一步就是在与单音同义形式的竞争中取得胜利,其整体意义不再能由其中某个成分来表示了。在此基础之上,意义也可能进一步融合,出现抽象化或专指化,失去了语义的透明性(transparency),整体意义与其组成成分的意义之间的关系由直接变得迂曲,词汇化程度进一步提高。如果功能上发生了转类,词汇化程度就更高了,这是因为转类之后,原有的结构关系被破坏了,整体的意义与组成成分的意义的联系变得更为间接,很难再根据组成成分的意义来推测整体的意义了。这样,这一组合形式就不得不以独立的条目储存在大脑的词库中来加以记忆。

值得注意的是,一个双音词的词汇化程度的高低不一定与它存在的时间成正比,只要经历了上面所列的变化,其词汇化程度就达到了相应的等级。这样就可能存在一个早就在词汇系统中出现了的双音词的词汇化程度比一个后起的双音词还低的情况。这说明了词汇系统中的成员在发展变化的速度上存在不平衡性,这也是造成词汇研究困难的一个原因。

除了以上的词汇化特征外,频率也可以用来衡量词汇化的程度(Plag, Kunter & Lappe 2008)。一般情况下,使用频率与词汇化程度的高低成正比。因为当两个成分不能构成词时,它们的同现是具有偶然性的,因此频率不会太高;但当两个成分变成一个单一的词以后,两个成分就比较固定地结合在一起,共现的频率自然就提高了。

词汇化程度高的词在语音上也有一定表现,Plag, Kunter & Lappe(2008)指出,词汇化程度越高、使用频率越高的英语复合词越倾向于采用左重的模式,而左重的模式正是英语词重音的标准模式。

还有一点需要指出,上述结论可能不完全适合于那些在较晚时期产生的并列式双音词,因为这些双音词是直接按汉语中已经在实践中逐渐成熟起来的构词法(包括并列构词法)构造出来的,可能在一开始就不带有过多的短语的特性,如没有自由换序的阶段等,因而具有较高的词汇化程度。并列式构词法在汉语的复合词构词法中是发展较早的,所以在汉代以后就可能有一些并列式复合词是构词法的产物而非词汇化的产物了。其他类型的复合词也存在这样的区分词汇化产物与构词法产物的问题。经由构词法产生的复合词是语言使用者有意识的创造,创造出来即是词,不需要经过一个凝固成词的过程,而词汇化造成的词则是在语言发展中自然而然地出现的,需要一定的时间过程,语言使用者往往意识不到,只有在对比成词后的功能与成词前的功能时才会发现变化发生了。

第三节　偏正短语的词汇化

1. 古汉语中偏正短语与偏正式词的判定

偏正短语又可按中心词的不同分为两类:定中短语和状中短语。前者以体词性成分为中心词,后者以谓词性成分为中心词。在古汉语中,定中短语的定语和中心词之间可以出现结构助词"之",如"天子",也可说成"天之子"。如果我们在同一时期发现"AB"和"A之B"两种并存的说法,而且两种说法的意思基本相同,就可确定 AB 在该时期是定中式短语,还不是词或至少可以说"AB"有短语的用法。从有"A 之 B"的同义形式到没有"A 之 B"的同义形式可以证明"AB"在发展过程中词汇化程度的加深。在古汉语中,状中短语中的状语如果是名词充当的,那么有时可以用介词"以"引进,有时可以不用,当"以 AB"与"AB"在同一时期并存时,也可判定"AB"在该时期还是状中式短语。由形容词、副词等充当的状语与中心词之间一般没有什么标志,在这种情况下区分状中式短语与词就比较困难,有时可以根据状语是否能单独被否定或修饰来确定状中组合是短语还是词,有时不得不凭借语义因素。

在判断古汉语中双音黏合式偏正形式的性质时应该考虑到下面这样一个事实:黏合式偏正形式(即不使用结构助词的一类偏正形式)从古到今在功能上发生了变化,变化的趋势是类词性增强。现代汉语中的双音黏合式偏正形式都有很强的词汇化倾向,在语感上很像词。不少双音黏合式偏正短语虽然组成成分在意义上的组合关系很明显,语义很透明,但是在句法方面具有和词同样的特征,一是其修饰语不能单独被修饰,如组合式定中短语"白的纸"中的定语可以单独被修饰,可以说成"很白的纸",但黏合式定中结构"白纸"中的定语不能单独被修饰,不能说"很白纸"。黏合式状中结构"轻敲"中的"轻"也不能单独被修饰,不能说"很轻敲",只能说"很轻地敲",这时状语就变成组合式的了,因为其中必须加结构助词"地"。二是修饰语不能单独参与构成并列结构,如不能说"红和白纸",只能说"红纸和白纸";不能说"快与慢跑",只能说"快跑与慢跑"。

古代汉语中的黏合式偏正短语的短语性质要比现代汉语中的相应结构强。这表现在古汉语黏合式偏正短语中的修饰语可以单独参与构成并列结构,如(带下划线的为修饰语参与组成的并列结构):

<u>轻</u>水所,多秃与瘿人;<u>重</u>水所,多尰与躄人;<u>甘</u>水所,多好与美人;<u>辛</u>水所,多疽与痤人;<u>苦</u>水所,多尪与伛人。(《吕氏春秋·先己》)

以上例中几个定中短语中的定语都单独参与构成了并列结构,并使用了并列连词"与"。现代汉语中虽有"上下午""大中专"等说法,但为数很少,可以看作类似习语的固定说法,而且并列的黏合修饰语中是不能使用并列连词的,只能使用意合方式,不能说成"上和下午""大和中专"。能使用并列连词的并列项比不能使用并列连词的并列项在结构上更为独立,短语性更强,这证明了古汉语中的单音节黏合式修饰语比现代汉语中的同类成分与中心词之间的分立性更强。

以上是黏合式定中短语的例子,下面再看一个黏合式状中短语的例子:

躬自<u>厚</u>而<u>薄</u>责於人,则远怨矣。(《论语·卫灵公》)

此例中"厚"与"薄"都是"责"的状语,"责"是中心词,"躬自厚而薄责于人"相当于"躬自厚责而薄责于人","而"所连接的是两个意对立的修饰成分参与构成的动词性并列结构,这两个修饰成分所修饰的中心动词相同,但中心动词所作用的对象不同:一个是"自"(由于是代词,因而语序独特,出现于动词前),一个是"人"。现代汉语中双音节的组合式状语有时可以并列,如"认真而且迅速地解决了问题",但单音节的黏合式状语则绝对不能并列,如不能说"快和慢走"。以上例子也证明了古汉语中的单音节黏合式修饰语比现代汉语中的同类成分与中心词之间的分立性更强。

应该说,从整体上看,双音节的黏合式偏正短语从古到今经历了一个类词汇化的过程,即虽然还未完全成词,但短语性质减弱了。

由于古汉语中的双音黏合式偏正形式与现代汉语的相应结构相比,其短语性质更为突出,因而在对待古汉语中的双音黏合偏正形式时不应轻易将其看成词。双音偏正式的词汇化由于在意义上的变化往往不太显著,所以比较隐蔽,需要仔细分辨才行。

2. 不同类型的偏正式双音词的数量与发展先后顺序的差异

现代汉语词汇系统中复合词占多数,而在复合词中,偏正式复合词又是数量最多的一类。偏正式复合词可分为定中式和状中式两类。据苑春法、黄昌宁(1998)基于语素数据库的统计:在复合二字词中,名词最多,占51%,动词占36.4%,形容词占7.6%,三类合计占95%。名词的构词方式以体素联合和定中偏正为主,其中定中偏正占80.6%。动词以述宾、谓素联合和状中偏正三种构词方式为主,它们各占39.7%、27%、23.3%。形容词以谓素联合为主,占形容词二字词总量的62.5%。由这些数据可以看出,偏正式复合词在词性上主要是名词和动词,又以名词为最多。由以上数字还可以推算出,定中式偏正复合词约占偏正式复合词总数的83%,而状中式复合词只占约 17%。

从历时发展来看,定中式偏正双音词的发展早于状中式偏正双音词。

程湘清(1992a)指出,在先秦,偏正式双音词中的正语素主要是表示人或事物方面的意义,是名词性的。这就是说,先秦的偏正式双音词主要是定中式的。如见于钟鼎铭文中的"庶人、学宫";见于《易》六十四卦中的"大人、乾肉、上帝、天时、天道、万物、诸侯、小心、主人";见于今文《尚书》中的"百姓、大陆、四海、仲春、逸言、天命、大辟、黄发、平民、王宫";见于《诗》中的"长子、东方、丰年、公事、嘉宾、巧言、深渊、武功、孝子、正月";见于《论语》中的"异端、中人";见于《孟子》中的"采色、大略、前日、人性";见于《左传》中的"旦日、厉鬼、勇士";见于《国语》中的"寿星、忠臣";见于《庄子》中的"人情";见于《荀子》中的"布衣、故乡、乳母、俗人";见于《韩非子》中的"外貌、欢心";见于《战国策》中的"地形、武力";见于《周礼》中的"中等、内政",等等。

先秦所见的状中式双音词很少,如见于《论语》中的"草创、忠告";见于《荀子》中的"合奏";见于《韩非子》中的"枝解";见于《战国策》中的"瓜分"(参看程湘清 1992a,张能甫 1999)。

到了汉代,这种情况有了一些改变。如在《论衡》中,状中式偏正双音词有所发展,出现了"轻视、狐疑('狐疑'是名词性成分做状语的例子,义为'像狐狸一样疑虑'。下面的三个词也是名词性成分做状语)、云合、牛饮、要击"等词,但与定中式相比仍然很少(参看程湘清 1992b)。到了南北朝时期,如在《世说新语》中,状中式双音词进一步增加,如"哀叹、复兴、诡辩、大赦、窃听、虎视"等(程湘清 1992c)。到了敦煌变文中,状中式双音词又增加了一些,如"团聚、渴望、微笑、霜(孀)居、酷热"等,然而在数量上仍远远比不上定中式双音词。

可见,从古到今,都是定中式偏正双音词占多数,状中式偏正双音词占少数。状中式双音词出现时间比定中式双音词晚,其数量有一个慢慢增多的过程,但始终远远少于定中式双音词。

从偏正式双音词中语素的词性构成上看,在发展过程中是逐渐从单一走向多样化。先秦主要是[名＋名]构成名词。《论衡》中构成名词的主要是[名＋名]、[形＋名],其余还有[数＋名]、[动＋名]、[形＋动],构成动词的有[动＋动]、[名＋动],显然,构成模式多样化了。(程湘清 1992a,1992b)

历史语言学的研究表明这样一个事实:一个语言范畴在发展之初,其类型一般是比较单纯的,在发展过程中,功能开始增殖,内部类型也开始变多。从以上的统计可以看出,定中式偏正复合词的内部类型比状中式偏正复合词更为多样。这与定中式双音词出现时间早,发展时间长的事实正相对应,表明定中式双音词发展得更为成熟,是偏正式双音词中更为原型的、无标记的(unmarked)成员。

以上列举的从共时和历时角度对偏正式双音词的描写以及所提供的数据对认识这一类型的双音词的现状和历史是很重要的,现在的问题是词汇研究能否从这种描写上再前进一步。观察和描写是一个重要的基础,但不应被看作是历史词汇学研究的全部。单纯的事实记录容易给人以琐碎繁杂的印象,不容易使人把握现象背后的本质。语言学研究追求的一个更高的目标是解释充分性(explanatory adequacy)。不同类型的偏正式双音词在共时状态下的数量差异及在历时发展中的时间先后能不能得到合理的解释?是什么因素制约着偏正式双音词的构成样态?这些都是需要回答的问题。

偏正式双音词内部类别的这些差异实际上正好对应于句法层面上偏正结构的特征,与偏正结构中不同定语或不同状语的类别性质及其出现时的线性顺序相关。这再次证明了汉语词法与句法的密切相关性:复合词的形成与类型表现受到其所从出的句法结构的特性的制约。不仅定中式和状中式二者之间成词难易的不同可由句法结构上的特性得到解释,而且定中式和状中式双音词内部不同类别发展的不平衡性也可追溯到制约偏正结构语序的语义和功能因素。下面我们将对此进行详细分析。

3. 动词在句子信息结构中的作用与动词性双音词成词的困难

一个普通句子的焦点是其谓语部分,而谓语动词是焦点结构中的句法核心,其认知突显度(salience)大,独立性强,因而不容易与其他成分黏合为一个单位,这样由动词参与构成的短语就不容易实现从短语到复合词的转变。另外,复合词的主要作用是命名,而不是陈述(黄月圆 1995),动词性短语的陈述特征与复合词的这一语义倾向不谐调,因而不同类型的动词性短语变为复合词都要受到比较多的条件限制,远不如名词性短语成词来得容易。这就决定了由动词性短语衍生出的双音词在数量上大大少于由名词性短语衍生出的双音词。现代汉语中动宾、述补、主谓式双音词相对于并列和偏正式双音词来说,都是不能产的格式。动词性短语的难于成词也决定了状中式偏正双音词少于定中式偏正双音词这一事实。

状中式偏正短语中的状语部分在句法结构中处于附加语(adjunct)位置,其后动词如果是及物动词的话,那么宾语与动词的关系是最密切的,而动词与状语的关系则是较为疏远的,这一点增加了状中式短语发生词汇化的困难。

状中式成词的一个很大的推动力来自韵律模式,几乎所有的状中式复合词都是双音节的,正好是一个标准音步的长度,因而构成一个标准的韵律词。对比定中式复合词可以看得更清楚:定中式复合词可以有 2＋1 式的三音节超音步形式，如"计算机、游击队、办公室、毕业生"等，而状中式复合词中几乎不存在三音节形式。"撑杆跳、三级跳"似乎是个别反例，但值得注意的是这些反例在整体上的词性都不是动词而是名词，这一类也许仍然可以看作定中式，因为其中心词已发生了由动词到名词的转类。正因为状中式短语成词比较困难，所以才对语音形式条件有更为严格的要求。

4. 定中式双音词内部不同类型发展的不平衡性与句法层面不同种类定语的语序

定中式双音词根据语素之间的语义关系又可分出不同的类型。有些类型产生得早，有些类型产生得晚，在数量上也不相同，这说明定中式双音词内部是有差异的：有些语义类型更容易成词，而另外的语义类型则不太容易成词。

通过初步考察，我们发现了这样一个有趣的事实，即定中式双音词内部不同类型的能产性的差异与句法层面上定中结构中不同定语的语序存在平行对应关系：在句法上越倾向于靠近中心语的定语类别越容易与中心语黏合成词。

4.1 句法层面上不同类型的定语的语序

多个定语构成的定中结构中定语的语序是一个曾引起很多关注的问题，不少学者对此做过研究（参看方希 1999）。

朱德熙（1982）指出组合式修饰语应位于黏合式修饰语之前。所谓组合式修饰语指的是由结构助词"的"引进的修饰语，如"漂亮的手绢"（有下划线的部分为修饰语）；而黏合式修饰语指不用"的"引进的修饰语，如"白手绢"。只有当组合式修饰语位于黏合式修饰语之前时，组合才是可以接受的，如只能说："漂亮的白手绢"，而不能说"白漂亮的手绢"。

陆丙甫(1988)认为组合式修饰语具有非称谓性,粘合式修饰语则是称谓性的。这一点决定了它们的先后次序。组合式修饰语又分为外延性和内涵性的,外延性修饰语应位于内涵性修饰语之前,如"张三的干干净净的衣服"。"张三"作为修饰语与确定衣服的所指有关,是外延性修饰语,而"干干净净"则是表示衣服的状态,是内涵性修饰语。这说明,各类修饰语出现的语序与它们各自的语义特征有关。在与中心语的关系上,称谓性的比非称谓性的更密切,内涵性的比外延性的更密切。与中心语关系越密切的修饰语离中心语就越近,这实际也是句法象似性的一个表现。

Halliday(1985)认为在词组的语序中潜伏着经验模式,名词词组的经验结构是:指示/数量/态度品性/经验品性/类别/事物。"事物"是中心语,其前的各种成分是其不同类型的定语。指示类修饰语揭示事物的一些特定的子集是否被意指;数量元素表示事物的数量特征;品性是指事物的性质,其中所谓经验品性是指事物的客观性能;态度品性是指说话者对事物性质的主观态度,比如"漂亮的红色衬衣"中,"红色"属于经验品性,而"漂亮"属于态度品性;类别指明事物的一个特定的下级类。"那一件漂亮的红色短袖衬衣"这一定中结构正好反映了上面所提到的语序。这些语义元素的排列有这样的特征:从左到右,指示(那)、数量(一件)、主观品性(漂亮的)、客观品性(红色)、类别(短袖),是由确指能力强的过渡到确指能力弱的元素;从右到左,则是由属性稳定的元素过渡到属性不稳定的元素[①]。这

[①] 指示性修饰语在汉语中的语序比较灵活,它既可以远离中心语,也可以贴近中心语。如既可以说"那一件红色的衬衣",也可以说"红色的那一件衬衣"。不过在这两种位置上,其确指能力是不同的,离中心语远时其确指能力强,离中心语近时其确指能力差。但指示性修饰语的这两种位置对其他定语的相对次序没有什么影响(参看方希1999)。

一语序也反映了语义功能对句法表现的制约：代表中心语稳定属性的修饰语自然与中心语的关系比较密切，所以出现在离中心语近的位置上。而稳定的属性与确指能力成反比，因为稳定的属性往往是一类事物共同具有的，因而在将某一事物从同类事物中区分出来时，稳定属性不起多大作用，所以其确指能力弱。这样从确指能力上说，离中心语越近的修饰语确指能力越弱，离中心语越远的确指能力越强。可见语序排列取决于语义，而这又最终是受制于认知因素的。本书将主要采用 Halliday(1985)的模式进行分析。

4.2 不同类型的定中式双音词发展的不平衡性与句法层面定语语序的对应

汉语的定中式双音词都是由黏合式定语与中心语黏合而成的，组合式定语不可能与中心语黏合成词（因为组合式定语与中心语的组合肯定超过两音节），这正与句法层面上黏合式定语更靠近中心语、而组合式定语位于黏合式定语之前的语序相对应。

在一个时期，如果一个定语与中心语既可以黏合的方式出现，又可以组合的方式出现，那么这样的定中结构不是词，而是短语。钱宗武(1997)认为今文《尚书》中的复合词的特点之一是词形具有变异性，表现在复合词和词组并存，如"天命"和"天之命"；"天威"和"天之威"；"天罚"和"天之罚"。笔者认为，当"天命"有"天之命"的对应说法时，就表明它还不是词，还是一个短语，人们对其内部句法结构还有着清楚的认识。"之"可以看作是古汉语中定语的标记，"之"的出现明确标示了其前和其后成分之间的定中关系。当"天之命"的说法不再存在时，"天命"就黏合为一个词了。这正如在现代汉语中，"白纸"是一个短语，所以可以同时存在同义的"白的纸"的说法；而"黑板"则是一个词，因而不存在同义的"黑的板"的对应说法。

各类黏合式定语在双音词层面都有表现,但在数量上存在差别。其中表示类别的一类黏合式定语与中心语成词的数量是最多的,而且产生也最早。在先秦产生的定中式双音词中,其中偏语素表示正语素所指事物的类别的占了大多数。其中,有的是名词充任修饰成分,也有的是动词充任修饰成分。名词充任修饰成分的如"功臣、政事"(《尚书》),"地气"(《周礼》),"农人"(《诗》),"家事、罪人、蚕室、兵车、农功、民心"(《左传》),"天意"(《墨子》),"地图"(《管子》)等。动词充当修饰成分的如"动物"(《周礼》),"陪臣、寝衣"(《论语》),"处士"(《孟子》),"乞人"(《吕氏春秋》)等(程湘清 1992a,张能甫 1999)。

程湘清(1992a)已注意到,在先秦,一些代表最常用概念的单音词,往往成为构词能力很强的词根。如"人、民、夫、士、子"等。以这些构词能力极强的词根构成的偏正式双音词中的偏语素大多是表示类别的,如"内人、羽人、兽人"(《周礼》),"价人"(《诗》),"舆人、王人、山人、圬人"(《左传》),"伶人、舌人"(《国语》),"玉人"(《孟子》),"津人"(《庄子》),"族人"(《韩非子》),"刑人"(《战国策》),"隶人、关人"(《仪礼》),"室人"(《礼记》)等。

可见定语表类别的定中式是十分常见的。其中有一些组配能力比较高的做中心语的词根作为一种大类名有可能慢慢发展为词缀或类词缀,如上面举到的"人"。现代汉语中有一系列由"人"做中心成分的词(其前成分可以是名词性的,也可以是动词性的):文人、仇人、工人、主人、家人、情人、敌人、古人、学人、爱人、经纪人、监护人等。因此可以把"人"看成一个词缀或类词缀。在语言使用过程中,这种大类名还不断产生出来,而且适用范围越来越大。《论衡》中的"家、儿、女、母、兄、郎、吏、主、工、客、奴"等都是搭配范围比较广泛的定中式中的中心词。敦煌变文中除保留前代的几个搭配能力比较强的词根并进一步扩展其搭配对象之外,又使用了一些新的大类名,如"户、官"等。这些大类名的产生和其旺盛的生命力就是由于有表类别的定中式复合词这一优势构词模式(正如前文所论,这种构词模式是在不断积累的词汇化基础上产生的)的支持。从文献材料来看,表类别的定中式双音词从古到今都一直是定中式双音词中的主要组成部分。

由表示品性的修饰语充当定语的定中式双音词,先秦也已经出现了。这种定中式双音词中的前一个语素一般是形容词性的,也有个别是具有描写功能的名词性或动词性成分。其中既有表示经验品性的,又有表示态度品性的。前者如"疾风"(《庄子》)、"丹书"(《左传》)、"故事"(《商君书》)、"毒药"(《周礼》)、"老者"(《论语》)、"大宗"(《仪礼》)、"先圣"(《吕氏春秋》)等。后者如"贞女"(《诗》)、"恶梦"(《周礼》)、"俊士"(《荀子》)、"善人"(《论语》)、"圣王"(《孟子》)、"美色"(《韩非子》)等(程湘清1992a)。这一类双音词在当时还比较少,因为在先秦占统治地位的偏正式双音词的构成类型是[名+名]。《论衡》中修饰语为表品性的定中式双音词有一定发展,如"黄金、黔首、长城"等(程湘清1992b),但数量并未增加很多。在《世说新语》里,这一类中又出现了一些新成员,尤其是表经验品性的,如"平原、飞鸟、干枣、生鱼、焦饭"等(程湘清1992c),但还是远不能与表示类别的一类相比。这种情况在敦煌变文中也基本如此。在整个汉语词汇发展史中,可以说表品性的修饰语与中心语构成的偏正短语虽然不断有一些黏合为定中式双音词,但其数量始终不是最多的。

先秦汉语中也出现了一些修饰成分是表数量的定中式双音词,如"百姓"(《论语》)、"四方"(《易》)、"一夫"(《孟子》)、"五祀"(《周礼》)等(程湘清1992a)。这样的双音词在《论衡》中有"尺书、六畜、五谷、六合、三公"等(程湘清1992b),在《太平经》中有"四海、三光、六情、九州"等(黄建宁1997),在《世说新语》中有"七贤、五言、五弦等(程湘清 1992c),在敦煌变文中有"五典、三乘、三宗、五逆、八戒"等(程湘清 1992d)。这一类词为数始终比较少,而且词汇化程度不高,不太稳固,很多没有流传下来。现代汉语中偏语素为表数量的定中式双音词也不多,有些是一些简缩语。可见,数量定语与其修饰的中心语是比较难以固化为一个双音词的。数量词之所以能与中心语成词是因为在一定情况下数量词可以直接出现在中心语之前,如既可以说"干干净净的一件衣服",也可以说"一件干干净净的衣服"。由于数量词既可靠近中心语,也可远离中心语,并且后者更常见,这就使得它与中心语的关系从整体上看还是比较游离的。这在一定程度上增加了数量词与中心语发生词汇化的难度。一般来讲,只有当定语是表示数量的定中形式具有一个专指的意思时才可能发生词汇化,如"三代"是特指夏、商、周三代;"三王"是特指夏禹、商汤和周文王;"五色"是特指青、赤、黄、白、黑,等等。

先秦汉语中还未有由指示性定语与中心语黏合成的定中式双音词。查《大词典》中收录的由指示代词参与构成的定中式双音词,基本都是中古以后才出现,很多是近现代才出现的。比如,由"此"构成的定中式双音词中"此岸、此段、此时、此家"是南北朝时产生,"此生、此君"是唐代出现的,"此者、此间、此际"是宋代产生的,"此等"是明代以后产生的,"此刻"是清代以后产生的。有些《大词典》收作词条的其实组合性很强,看作短语也未尝不可,比如"此次、此地、此番"等。由"这"构成的双音词有 35 个是近代产生的,16 个是现代产生的,而且《大词典》中收录的不同词条,有些实际上是一个词的不同形式。如"这些、这些子、这些儿、这些个"都可看作同一个词的变体。如果把这些变体重复排除的话,由"这"参与构成的词就不多了。由指示代词"那"构成的词情况类似,33 个产生于近代,12 个出现于现代。总起来看,汉语中由指示代词与中心语黏合而成的双音词是不多的,而且如果指示代词的意义保留,则词汇化程度不高,词汇化程度高的都是由于整体意义上发生了转移。指示代词与中心语黏合成词的不多且出现时间晚,这也是因为指示代词与中心语关系远、在语序上经常远离中心语。

表领属关系的定语也属于指示性修饰语的一种。虽然在句法层面上,表领属的定语也可以是黏合式的,不用加"的"就能直接出现在中心语之前,如"我儿子",但表领属的定语很难出现在词法层面里,这也是因为指示性定语相对于其他类型的定语来讲,与中心语的距离远,因而难以与中心语发生词汇化①。

以上所述的定中式双音词内部的不同类别的数量与发展次序正与句法层面上不同定语与中心语距离的远近相对应。总的趋势是:在句法上越靠近中心语的定语越容易与中心语黏合成为一个双音词。

5. 状中式双音词内部不同类型发展的不平衡性与句法层面不同状语的语序

5.1 状中式双音词内部不同类别发展的不平衡性

与定中式双音词类似,状中式双音词内部也可根据修饰成分的不同而分出不同的语义类别。这些不同语义类别的发展也存在不平衡性。有的出现时间早,数量多,发展快;而另一些则出现时间晚,数

---

① 领属性定语与中心语成词的在其他语言中也不多,法语中的 monsieur(先生)、madame(夫人)、mademoiselle(小姐)可能是这样形成的词,其中的 mon 义为"我的",是阳性;ma 也表示"我的",是阴性。它们本都是领属定语,但用在称谓中时已经虚化了,并不是真的表示拥有,只是在称谓上表示亲近。如当面称一个女人为"我的小姐"时,"我的"并不是表示领属关系。在这种情况下,"我的"就可能与中心语合并在一起,成为一个新的称谓词,这就是发生在法语里的情况。在不发生这种虚化的情况下,领属定语是较难与中心语黏合的。

量有限。

据程湘清(1992a),先秦汉语中偏正式双音词主要是以名词性成分为中心构成的名词,其他方式构成的名词或不拘什么方式构成的其他词类的词则居少数。我们在先秦文献中发现已经有状中式双音词,但为数确实不多。其状语成分从语义上看都是表示动作行为的情状或方式的。表情状的如"草创",表方式的如"枝解"。程湘清(1992b)指出《论衡》中的状中式双音词也是只有状语部分表情状和表方式这两类。表情状的如"狐疑、轻视、燕语"等,表方式的如"坑杀、要击"等。到《世说新语》中,又增加了一类表程度的(程湘清1992c),如"大丧、小差"等,但表情状和方式的仍占大多数。敦煌变文中状语部分表程度的状中式双音词的数量有所增加,但表情状和表方式的仍是主体(程湘清 1992d)。另外还有其他一些程湘清(1992)的系列研究中未提及的语义类型,我们在下文将会谈到。

5.2 不同类型状中式双音词发展的不平衡性与句法层面不同类型状语的语序的对应关系

现代汉语句法中的状语可以由副词、形容词、时间名词、处所名词、介词短语、象声词、数量短语、动词或动词短语等充当。

当有多项状语时,从左到右一般按下列顺序排列:(1)表示时间的状语;(2)表示语气、关联句子的状语;(3)描写动作者的状语;(4)表示目的、依据、关涉、协同的状语;(5)表示处所、空间、方向、路线的状语;(6)表示对象的状语;(7)描写动作的状语。(参看刘月华等 1983)

从功能的角度看,状语的排列顺序也反映了这样一个象似性原则,即离中心语越近的与中心语的关系越密切,其所表示的语义越与中心语的内在的、稳定的性质相关。上列第(1)类状语与中心语距离最远,因为时间与动作行为的关系不是内在的,虽然动作行为是在一定的时间里发生,但时间并不与动作行为的实质相关。第(7)类状语与中心语距离最近,因为这一类状语在语义上是直接描写动词所表示的动作行为的。其他类型的状语与中心语的距离介于这两类状语之间。

在古代汉语里,和中心语黏合成词的状语大多数都属于第(7)类,因为不管是表情状还是表方式,都属于描写动作的状语。这一类状语在语序上最靠近中心语。其次就是表示程度的状语,程度也属于描写动作的与中心语距离最近的一类状语。

动作行为总是伴随着某种情状而呈现的,因而情状与动作的关系是密不可分的。动作行为又总是以某种方式进行或存在的,因而方式也是动作行为的一个内在方面。这就是在句法上表情状和表方式的状语紧挨动词,在词法上这两类状语最早与中心语黏合成词且数量最多的原因。程度相对于情状和方式来讲,与中心语的关系就疏远一些了,因为程度是易变的,而且是主观的,不属于动作行为的稳定的内在性质。这就是程度状语与动词的词汇化出现得晚且数量少的原因。可见,状中式双音词内部类型历时发展的不平衡性与句法层面状语的语序是受同样的语义功能因素制约的。

在状中式双音词中,还有一些修饰语表示的是工具,如"网罗、笔记"等;也有一些表示的是处所,如"野合、空袭、水运"等。状中式双音词中修饰成分可以是表示工具或处所的,这与古汉语中名词直接做状语的语法功能有关。古汉语中的名词可以直接做状语,不需要介词引导,其句法位置紧贴动词,可以表示动作凭借的工具,也可以表示动作发生的地点。与动词相邻接的句法位置为其与动词黏合提供了可能性。而现代汉语中要表示动作凭借的工具,一般要用介词短语做状语。表工具的名词作为介词的宾语与介词关系非常密切,并与之组成一对直接成分,在句法位置上也可以不紧贴动词。现代汉语中表示处所的名词一般也要用介词引进，在有些情况下也可以不用介词。可以说，从古到今，表示动作工具和处所的名词与相关动词在句法上的距离发生了一个由近到远的变化。由于我们这里讨论的双音词的词汇化过程基本上是在历史上发生的，所以不同语义类型的成词可能性的高低是与古汉语的句法性质联系在一起的。

表示工具的状语属于上文提到的第(4)类，表示处所的状语属于第(5)类。第(6)类表示对象的状语在线性顺序上与中心语的距离比第(5)类和第(4)类都近，但第(6)类很少与中心语黏合成词。表面上看来，这似乎违反了句法与词法的对应原则，但深入分析可以发现，表示对象的状语在现代汉语中一般要用介词引导，这样对象名词就与介词组成一对直接成分，而与动词的关系就疏远了。在古汉语中，引介动作对象的介词短语很多都是放在动词之后的，这样表示对象的名词性成分就不与动词邻接，这样的句法位置也决定了对象名词不可能与中心动词黏合为一个偏正式双音词。只有当对象名词直接充当状语时，才有可能与中心语黏合成词，而这种情况几乎是不存在的。

本章第一节中提到，偏正式双音词在发展过程中构成语素在词性上渐趋多样化，这实际上是由可以成词的语义类型的逐渐增多造成的，反映了不同语义类型的偏正式双音词的不同发展次序。偏正式双音词内部的不同语义类别在历时发展中表现出的差异以及在共时状态下的不同数量可由句法层面上偏正短语的特性得到解释。总的倾向是：语义上与中心语联系越紧密，越与中心语的稳定的性质或状态有关的修饰语，在句法结构的线性顺序上就越靠近中心语，也越容易与中心语发生词汇化，表现为成词的时间较早、数量较多。

第四节 动宾短语的词汇化

1. 动宾式双音词的数量及其词汇化程度

动宾式双音词在双音词中的比例比偏正式要低得多,而且词汇化程度不很高,因为在动宾式双音词中有相当一部分是词汇化程度比较低的所谓"离合词",即在一定情况下可以拆开、在中间插入其他成分的"词"。如"理发"有词的用法,但中间又可以插入其他成分,可以说"他理了一个发"。当其拆开用时,就不是词,而是短语了。据对《现汉》的粗略统计,动宾结构中的离合词占65%以上。

动宾式双音词的词汇化程度比较低这一点还可从其语音形式上得到证明。虽然重音在汉语中并不明显,但一些研究结果表明汉语中还是存在一定的重音模式。现代汉语普通话的短语语音模式一般是前轻后重,如果一个双音词的语音模式是前重后轻,与短语模式不同了,就说明其词汇化程度是比较高的;如果一个双音词的语音模式是前轻后重,与短语模式无别,则说明其词汇化程度还不够高。据殷作炎(1982)的统计,单纯词以重轻式为基本式,少数念重中或中重式;而复合词中轻重或中重式则占多数,这正与复合词的词汇化程度比单纯词低这一事实相应。在复合词的各类不同结构方式中,动宾式复合词里中重式占90%以上,重中(部分可重)占3%,重轻占3%。可见,大多数动宾式复合词的重音模式与短语相同。赵元任(Chao 1968)认为念重轻式的动宾双音词"其整个词语是动—宾以外的东西",这也就是说,重轻式动宾复合词在意义上不是语素的简单加合,其词汇化程度是很高的,比如"得罪、怀疑、设备、绑腿"等。

但是,这一类重轻式的、词汇化程度高的动宾式双音词在动宾式双音词整体中所占比例极小。

2. 动宾短语成词的语义条件——共时研究

主、谓、宾、补都属于句子的主干成分,携带了重要的句法和语义信息,是人们理解句子时注意的焦点所在,因而不容易丧失其句法性质而降格成词,这就是动宾短语成词较名词性的偏正短语和并列短语为难的原因。但虽然有这种困难,汉语中毕竟存在着不少这类双音词,是什么条件促使它们成词的呢?我们知道,双音节只是成词的必要条件,而不是充分条件。什么样的动宾双音形式才能成词呢?很容易想到,在语音和句法特征都相同的情况下,成词与不成词就取决于语义特征了。现在我们的任务就是去找出双音动宾短语成词的语义条件。

从理论上讲,要探讨动宾短语的成词限制,可以有两种方法。一是可以从古往今看,把那些发生了词汇化的动宾短语集中起来看它们具有什么共同的语义特征,这是一种直接的分析;另外一种方法是从今往古看,将现代汉语中存在的动宾式双音词收集起来,考察它们所共同具有的语义特征,由此推测一个动宾短语也必须具有类似特征才可能发生词汇化,这是从结果样态出发去构想其来源。这两种方法所得结论应该是大致相同的。我们在这里选择第二种方法。原因是这样做可操作性强。首先,现代汉语中的动宾式双音词在范围上是确定的,我们可以以《现汉》中收录的动宾式双音词为研究对象。第二,研究现代汉语中存在的动宾式双音词,我们有语感可以利用,因之也可以比较方便地将动宾式词与动宾短语做对比,比较二者的差异。而这种差异应该是古今一致的。从与短语的对比中,我们就可以知道成词的条件是什么。基于这些考虑,我们先从共时入手,通过分析现代汉语中动宾式双音词的语义特征,推测在历史上发生的动宾短语的词汇化中的语义限制,然后再从历时角度出发,调查一些词汇化的实例,以检验我们在共时状态下得出的结论。

2.1 动词成分①的语义特点

动宾式双音词中的动词成分一般是可以作为及物动词在句法中使用的(或是在历史上曾经可以的),如:进贡、开窍、存款、接班、积德、见面、打架、负责("负"在历史上可以做及物动词)等。但也有一些是不及物动词或形容词,它们之所以能成为动宾式双音词中的第一个成分是由于历史上不及物动词和形容词的使动用法的存在。这一类的例子如:尽力、甘心、净手、满意、宽心、乐意、惊人、极目等。

动宾式双音词中的动词成分的一个显著特点就是动作性比较弱。所谓动作性弱,具体表现为:不表示一个物理过程,没有一个外部的明显可见的动作。比如,"拍"是动作性比较强的动词,而"看、想"的动作性就比"拍"弱。当动词成分的意义比较抽象时,动作性自然就比较弱,因而动宾式双音词中的动词成分经常在意义上是比较抽象的;意义比较具体的动词,其动作性必须比较弱才能充当动宾式双音词中的动词成分。以下例子中动词成分的动作性都比较弱:复职、贬官、碍事、罢工、备课、保温、避难、背约、估价、合法、获释、节食、免费、媚俗、理财、超期、辍学、创业、待业、定位、发病、防盗、费力、辟谣等。

动宾式双音词中的动词成分有时是由动作性强的动词充当的,但其较强的动作性被词义整体的非动作性削弱了。其中包括这样几

---

① 当一个动宾短语词汇化以后,其原来的组成成分已经从句法成分降格为词汇成分,就不能再称为动词和宾语了,在本书中,我们使用"动词成分"和"宾语成分"来指称动宾式双音词中的组成部分。但需要记住的是这些成分是词内成分而不是句法成分。

种情况:

(1)虽然动词成分具有较强的动作性,但由其参与组成的动宾式双音词却是在隐喻或转喻的意义上使用的,因而整个词具有了超出字面的含义,即词的整体意义与语素义之间的联系不是很直接的,而是比较迂曲的,因此从整个词来看,动词成分的动作性就是弱的了。这类词的词义有的是以语素组合意义为基础通过隐喻形成的,如"拉线"一词,"拉"是具有较强的动作性的动词,但在词中是一种隐喻用法,《现汉》把"拉线"释为"比喻从中撮合"。如果只从字面理解,"拉线"就是一个短语,不能构成词;只有在隐喻意义上理解,"拉线"才成为词。同样的例子还有:放手、放羊、攻关、挂钩(比喻建立某种联系)、搭桥、扯腿、换马(比喻撤换担负某项职务的人)等。有的词义是在语素组合意义的基础上通过转喻形成的,如"合眼"一词不是指合上眼睛这个具体动作,而是指睡觉,还可以指死亡,这是以事件整体中的一个典型动作来代表整个事件,二者之间具有明显的相关性。如果仅就其表面意思理解,"合眼"就可看成短语了。同样的例子还有:流血(特指牺牲生命或负伤)、搁笔、关门、挂拍、挥戈(形容勇猛进军)、负荆、挂牌(指医生、律师等正式开业)等。

(2)发生转类,很多情况下是由动词性成分转为体词性成分。如"绑腿"中的"绑"是一个动作性比较强的成分,但"绑腿"一词在词性上为名词。同样的例子还有:垫肩、套袖、披肩、顶针、扶手、靠背等。有的是由动词性成分转为形容词,如:拔丝(拔丝土豆)、夹心(夹心饼干)、顶头(顶头上司)①等。发生转类之后,整体词义与语素义的联系变得迂曲了。着眼于整体,动词成分的较强的动作性就隐去了。

(3)虽然动词成分具有较强的动作性,但词义表示的不是一个具

---

① 这样形成的形容词多是非谓形容词或者称为"区别词"。

体的具有时间性的动作行为,而是指称一类活动或事件,具有泛指性。如"剪纸"中,"剪"的动作性比较强,但"剪纸"表示的不是手的具体动作,而是一类活动,《现汉》释为"民间工艺,用纸剪成人物、花草、鸟兽等的形象。也指剪成的工艺品"。从释义中就可看出其泛指的性质。这一类的例子还有:雕漆、绣花、堵车、剪票、割胶、拉秧、拔营、斗鸡、加冕、喊话、截肢、灌肠(为了清洗肠道、治疗疾病等,把水、液体药物等从肛门灌到肠内)等。

总之,动作性弱是动宾式双音词中的动词成分的语义特点。某些动作性强的动词成分的出现是有一定原因的,一般是由于词义在整体上动作性弱,因为动词成分已不是在其原有的意义上使用或者在句法功能上发生了转类或者表示的是一类事件而不是一个具体的动作行为。由此我们可以得出这样的假设:动作性弱的动词比动作性强的动词更容易和宾语发生词汇化。

2.2 宾语成分的语义特点

(1)非具体性

充当宾语成分的既可以是名词性的,也可以是动词性或形容词性的。宾语成分为动词性的如:恋战、卖唱、护航、拒捕、鸣谢、罢演、获释、落选、缓征、换防、候审、催生等;为形容词性的如:荷重、济贫、救急、哭穷、掠美、买好、卖俏、露丑、藏拙、吃香、躲懒、揭短、复旧、节哀等。动词性和形容词性成分可以充当动宾式双音词中的宾语成分正与句法层面上动词和形容词可以做宾语一样,其机制都在于汉语中动词和形容词这些谓词性成分可以不需任何外部标志就实现体词化。

动宾式双音词中宾语成分的一个明显的语义特点是非具体性。这里所谓非具体性指的是名词所代表的事物不占据确定的空间。动词性和形容词性成分经体词化后充当的宾语成分都是抽象的,指称的是活动或性质,都不具有三维性,不占据具体的空间,这一点从上面的举例中就可以很明显地看出来。因而这一类宾语成分都具有非具体性。以名词性成分充当的宾语成分一般表示的也都是不占据特定空间的不具有具体性的事物。如:革<u>职</u>、够<u>格</u>、负<u>约</u>、过<u>冬</u>、贺<u>年</u>、怀<u>疑</u>、缓<u>刑</u>、活<u>命</u>、集<u>权</u>、得<u>分</u>、复<u>婚</u>、记<u>名</u>、结<u>业</u>、救<u>灾</u>、发<u>病</u>、立<u>志</u>、定<u>罪</u>、执<u>法</u>、缔<u>盟</u>、费<u>时</u>、防<u>疫</u>、贬<u>值</u>、创<u>利</u>、成<u>形</u>、变<u>态</u>、降<u>价</u>等。

有一些充当宾语成分的虽然是表示具体事物的名词,但在词内已改变了用法,具有转喻或隐喻性质,由于这种意义的变化也就不再有具体性。如"改口"一词,"口"是一个表示具体事物的名词,但在词内是一种转喻用法,以实代虚,表示所说的言辞,因为口作为说话的器官与言辞是密切相关的。因此从词义整体来看,"口"就不具有具体性了。再如"萌芽"一词,其中的"芽"单看也是具体名词,但整个词具有隐喻义,不是在具体意义上使用的,因而放到词的整体环境中,"芽"也就不具备具体性了。同样的例子还有:挂<u>齿</u>、漏<u>嘴</u>、比<u>肩</u>、碍<u>眼</u>、扯<u>皮</u>、吃<u>醋</u>、串<u>门</u>、到<u>手</u>、动<u>笔</u>、动<u>身</u>、翻<u>脸</u>、露<u>头</u>、顶<u>缸</u>、撑<u>腰</u>、骑<u>墙</u>等。

有时宾语成分是表示具体事物的名词,动宾式双音词表示的也是具体的动作,但这些动作多是有蕴含意义的,如"撇嘴"不是单纯表示一个"下唇向前伸,嘴角向下"的动作,同时也"表示轻视、不以为然或不高兴"的态度。同样的例子还有:摆手(往往表示打招呼或拒绝等含义)、捧腹(表示大笑的情态)、碰杯(一种席间礼仪,有表示友谊、互相祝福的含义)、点头(有表示同意、认可等含义)、拍案(表示愤怒)、努嘴(有示意、生气等含义)、跺脚(有生气、着急、遗憾等含义)等。其实,这些词的词义也有转喻的意味,只不过转喻义与其本义之间比前面举到的转喻的例子更为接近而已。当然,也有一些例外,一些动宾式双音词只表示具体动作而没有什么特殊含义,如:扭头、转身、叉腰、盘腿、倒车等,不过这些基本都是离合词,说明它们的词汇化程度比较低,《现汉》把它们收为词主要可能是由于这些形式的出现频率较高。

(2)非个体性和无指性

充当宾语成分的表示具体事物的名词即使是在本义上使用,其具体性也已不明显了,因为它们只能以光杆形式出现,都是不具有个体性(individuality)的名词,是一种无指(nonreferential)成分,即不代表某个特定的实体而只着眼于某类实体的抽象属性(参看陈平1987)。宾语是无指成分时其具体性自然就降低了。如"读书"中的"书"不能够与语境中存在的某个实体联系起来,只是表示一个虚泛的类概念。同样的例子还有:候车、降旗、打牌、抽烟、理发、出庭、铺床、换牙、刮脸等。

即使一些现在还没有被普遍认为是词的动宾结构,当其宾语是无指成分时,也会表现出一些不同于宾语为有指成分的动宾短语的特点。如当"有钱""有学问""有意思"这些动宾结构中的宾语是无指成分时,它们的共同特点是都能被程度副词"很"修饰,可以说"很有钱""很有学问""很有意思"。而当宾语是有指成分时,动宾结构是不能受程度副词修饰的,如"有一块钱""有三棵树",不能说成"很有一块钱""很有三棵树"。显然,宾语无指的"有钱""有学问""有意思"比起"有一块钱""有三棵树"来更接近词,可以看作是习语化了。

无指宾语在很多语言中都可以自由省略,而且经常可以和动词发生合并(incorporation)。在一些语言,如 Lakhota 和 Tongank 中,这样的合并很多。即使英语这样一个通常被认为不使用名词合并的语言,也有一些由无指宾语与动词组成的类似复合词的表达,如 beer drinking(喝啤酒),可以用在下面的句子中:She's gone beer drinking(参看 Van Valin & LaPolla 1997)。可见宾语的无指性是其与动词一体化的一个前提,这一点具有跨语言的有效性。当然,其他语言中的"名词合并"(noun incorporation)与汉语中的动宾式复合词还不完全一样,动宾式复合词在宾语和动词的融合程度上比名词合并更进了一步。不是所有的由无指宾语构成的动宾结构都变成了词,宾语无指不是动宾结构成词的充分条件,但却是动宾结构成词的必要条件。

宾语成分的非具体性与动词成分的非动作性正好相应,二者相辅相成,相互作用。同一动词成分,其后所跟的宾语成分的性质不同,其动作性的强弱也会不同。如"解"后跟上具体的物质名词"囊"构成"解囊"时,动作性比较强(当然这种较强的动作性也在整体的转喻用法中消隐了),而当其后跟上抽象名词"忧"构成"解忧"时,其动作性就大大减弱了。

2.3 动词成分和宾语成分的关系特点

正像句子层面上的动词和宾语之间有多种语义关系一样,动宾式双音词中动词成分和宾语成分之间的语义关系也是多种多样的。有动作和受事的关系,如:拈阄儿、剪纸、采矿、闭口等;有动作和结果的关系,如:排队、绘图、搭桥、结盟、画像、成亲等;有动作和处所的关系,如:出庭、传世、落水、报关、闹房等;有动作和原因的关系,如:备考、悔过、贿选、拘礼、躲懒等;有动作和目的的关系,如:冲凉、谋私等;有静态动词(表示存在、领有等意义)所表示的状态与涉及对象的关系,如:贫血、寡味、多心、没趣、抱憾等。有些是由于缩略形成的,如"付现"是"支付现金"的缩略。有些关系难以概括,如:谢幕、陪床、熬夜等。这些关系模糊的动宾式双音词的动词成分和宾语成分的语素义只是意义的两个支点,对整体语义进行线索式的提示(吕叔湘

1954)。

　　动宾式双音词中的动词成分和宾语成分在语义关系上的最大特点是:宾语受影响的程度低。宾语受影响的程度(affectedness)是指宾语所表示的事物受动词所表示的动作行为的作用程度的大小。具体来讲,是指宾语有无改变,改变是否显著。我们这里的所谓改变显著是指有外在的可见的状态变化。动宾式双音词中宾语成分所指事物大多不因动词成分所表示的动作行为的作用而发生变化。如"把门","门"不因"把"的作用而发生状态的改变。这一特点是动词成分和宾语成分的特点所自然决定了的。动词成分的动作性弱,其影响力自然就弱;宾语成分是非具体性的,因而也不会有显著的状态改变。

　　动宾式双音词中的动词成分和宾语成分在搭配上要受限制,二者之间不是自由搭配,不可自由类推,动词成分和宾语成分的语义解释要相互依赖。这不仅仅是动宾式双音词的语义特点,也是所有双音词的语义特点。动词的搭配幅度(collocation range)的宽窄在一定程度上决定了动宾短语和动宾式双音词的分别,搭配幅度特别受限的动宾结构就容易被看作词。如果一个动词与其宾语的搭配是特定搭配(参看刘叔新 1993),即动词只选择某一个或有限的几个特定的词做宾语,那么即使动词的动作性比较强,宾语的具体性比较高,这样的动宾组合也仍然可以被看作词。如"鞠"只选择"躬"做宾语,二者之间是特定搭配,提到"鞠",说汉语的人的头脑中可能就会自然联想到"躬",因为二者总是结合在一起出现。所以,虽然"鞠"和"躬"的中间可以插入其他成分,如"鞠了一个躬",人们还是可以把"鞠躬"接受为双音词。同样的例子还有:瞑目、蹑足、溺水、哺乳、瞪眼、跌跤、咧嘴等。

3. 决定动宾式双音词的语义特点的原因

综上所述,动宾式双音词的语义特点是其中动词成分的动作性弱,宾语成分的具体性低,动词成分对宾语成分的影响度小。虽然不排除会有一些例外,但可以肯定的是,这些特点是动宾式双音词在语义构成上所具有的强烈倾向。如果这些是事实的话,那么下面的一个问题就是:为什么动宾式双音词要具有这些语义特征?

一个动宾短语要想变成词,就必须逐渐淡化并最终去除其句法特征。动宾式双音词中动词成分和宾语成分之所以具有上述的语义特征,是因为这些语义特征都不是典型的动宾短语的组成成分所具有的,当这些特征出现时,动宾组合的句法性就被降低了,就可以走上词汇化的道路。因而共时状态下动宾式双音词所具有的这些特性,实际上反映出的是动宾短语词汇化过程中所必须受到的语义条件限制,因为不如此者就不能成词。下面我们就来具体分析这个问题。

3.1 动作性弱的动词是非典型动词

戴浩一(1997)指出动作动词比抽象动词更像原型动词(prototypically more verbal)。这可以从两方面得到证明。

一是抽象动词可以用零派生(zero derivation)(即转类)的方式直接转化为名词,如"爱"和"建议"都是既有动词用法,也有名词用法,如下面的例子所示:

1a. 母亲爱孩子。
1b. 母亲对孩子的爱是不变的。
2a. 我建议我们休会一天。
2b. 我反对你的建议。

"爱"和"建议"在1a和2a中是动词,在2a和2b中是名词。但动作性动词则很少能通过零派生变为名词,而要采用外显的构词方式,比如加上名词性后缀。看下面的例子:

"子"附加

动词	→	名词
钉		钉子
刷		刷子
锤		锤子

"头"附加

动词	→	名词
锄		锄头
插		插头
指		指头

"儿"附加

动词	→	名词
画		画儿
盖		盖儿
包		包儿

另一方面是,抽象动词做主语和宾语不受什么限制,而表示具体动作行为的动词在这两个位置上出现要受到限制:

他的爱给了我温暖。
?? 他的打给了我痛苦。
我忘不了他的爱/恨。
?? 我忘不了他的打/踢。

主语和宾语是名词的典型句法位置。动作动词不像抽象动词那样能自由地出现在这两个位置上,也表明动作动词比抽象动词的动词性更强。

当动词不是其范畴内的典型成员时,其句法特征就减弱了,就更有可能与其后的宾语黏合为词。

3.2 具体性低的名词是非典型名词

具体名词比抽象名词更具原型性,因为具体名词更能体现名词的范畴特征,即表示人或事物的名称,而抽象名词则是对性质的指称,属于非典型的名词成员。Taylor(1989)把名词的典型特征依次归纳为:

> 离散的、有形的、占有三维空间的实体＞非空间领域的实体＞集体实体＞抽象实体

由这一层级可以看出,占据三维空间的具体名词具有最为典型的名词特征,而抽象名词的名词特征最不典型。这在汉语中的一个证据是有些抽象名词不能和量词搭配,而与量词搭配是名词的一个重要的句法分布特征。另外,典型名词的句法功能是做主语和宾语,非典型名词的这两项句法功能就有所减弱。比如已经发现有些非典型名词不能充当宾语,被称为"非宾名词",非宾名词都是抽象名词,如"方面、期间"(张国宪 1997)。不难理解,由非典型名词参与构成的动宾结构向词汇结构转化的可能性比由典型名词构成的动宾结构更大。

宾语成分具有非具体性的动宾结构更容易成词这一点还可以得到心理研究的支持。陈安国、彭聃龄(1998)的研究表明,在中文双字高频词的词汇识别中存在词的具体性效应,即具体词比抽象词的语义信息能够更快地被提取。陈安国、彭聃龄在分析其原因时指出,具体词和抽象词的词义表征方式是不完全相同的。双重编码理论(Paivio 1986)认为,具体词具有言语的、意象的两种代码,抽象词只

有言语的代码。语境有效性理论(Schwanenfluglp 1983)认为,当词单独出现时,具体词比抽象词具有更多的语境可利用信息。总之,具体词比抽象词具有更丰富、更稳定、更容易计算和更多独立于语境的意义特征,因而大脑在对具体词进行加工处理时具有更快的提取速度。

与具体名词相比,由于抽象名词更多地依赖于语境,其语义独立性较差。在动宾结构中,如果宾语成分是抽象名词,那么可以设想,对它的语义提取要比具体名词更多地依赖与其相连的动词,其语义在更大程度上要靠动词的语义来激活(activate),这就使得抽象名词宾语与动词更紧地联系在一起,慢慢地就可能在大脑中形成一个贮存单位,而不再作为两个分立的单位。具体名词由于具有更大的语境独立性,其语义更容易直接被提取,因而不大容易与动词合并成一个贮存单元。这就是宾语成分具体性弱的动宾短语更容易成词的原因。

3.3 非典型动词与非典型名词构成的是及物性低的非典型的动宾结构

既然动作性动词和具体性名词是典型的动词和名词,那么可以推论二者构成的动宾结构就是最典型的动宾结构。当动词和宾语之间的句法关系十分显著时,两者的分立性就很大,是句子的两大主要成分,不容易被理解为一个单位,因而也就不大可能成为一个动宾式双音词。弱动作性的动词和非具体名词是动词和名词中不典型的成员,它们构成的动宾结构也就不典型,其间的句法关系容易被淡化,因而容易发生词汇化。

Hopper & Thompson(1980)关于动词及物性(transitivity)的论述也可以为动宾式双音词的语义限制提供一个解释。及物性最初是用来界定动词与名词性成分之间的各种关系的。Hopper & Thompson 提出了新的及物性理论,指出带不带宾语只是句子及物性的一个方面,句子的及物性程度是由多个方面决定的。同样是带宾语的结构,也有及物性高低的不同。他们认为动词的及物性是一个原型范畴。我们在本章第二节已对原型理论做了介绍。原型范畴的特征是,其成员中有的是更好的样本,有的是不太好的样本,也就是说,范畴成员资格存在着等级差别。Hopper & Thompson 提出了10个原型特征来检验句子的及物性程度。一个结构具备的及物性原型特征越多,及物性就越高;反之,具备的及物性原型特征越少,及物性就越低。及物性的原型特征有这样一些:(1)动作(action),指动词表示的是有动力的过程,而不是状态;(2)完结(telic),指的是动作行为有一个终结点;(3)瞬时(punctual);(4)自主(volitional),指的是动作行为可以由施事主体有意识地加以控制;(5)肯定(affirmtive);(6)参与者的较高的个体性;(7)宾语完全受作用;(8)施动力,指动作行为的出现有来自外界的动力的作用;(9)两个或两个以上的参与者;(10)直陈语气(realis),表示现实中实际存在的动作行为。广泛的语言调查发现,只要缺乏这些特征中的一个就可能在某些语言中被判为不及物结构。

当动词的动作性弱,宾语的具体性低,二者之间的影响度小时,可以看出及物性第(1)、第(6)和第(7)个特征都不具备了,另外,动作性弱的动词也大多不具备特征(3)。这样,整个结构的及物性就比较低,因而就有可能被判为不及物结构。

值得特别指出的是,宾语成分不具有个体性是造成低及物性的一个很关键的因素。不具有个体性的宾语构成的动宾结构的低及物性,可以从与由个体性强的宾语参与构成的动宾结构在有无被动式的对立上得到验证。看下面的例子:

1a. 他吃了那个苹果。
　　1b. 那个苹果被他吃了。
　　2a. 他吃苹果吃了一个小时了。
　　2b. *苹果被他吃了一个小时了。

　　1a 中的宾语"那个苹果"是具有个体性的宾语,句子可以有相应的被动式,如 1b 所示。而 2a 中的宾语"苹果"不具有个体性,这种动宾结构没有相应的被动式,2b 是不合法的。有无被动式是及物动词与不及物动词的典型区别特征,非个体性宾语参与构成的动宾结构没有相应的被动式,在这一点上表现与不及物动词相同。而且,从所表达的情状类型(situation type)上看,具有个体性的宾语参与构成的动宾结构,如 1a,表示的是完结(accomplishment),所描述的动作行为有一个内在的终结点(telicity);不具有个体性的宾语参与构成的动宾结构,如 2a,表示的是活动(activity),所描述的动作行为没有一个内在的终结点,其语义特征是[＋持续](参看 Vendler 1967;Van Valin & LaPolla 1997;何宝璋 1997)。根据 Hopper & Thompson(1980),在语义上有终结点的动词性结构的及物性高。

　　当一个动宾结构的及物性很低时,动词和宾语之间就不具有典型的动宾句法关系,因而有融合为一体即发生词汇化的可能性。

4. 动宾短语词汇化的语义条件——历时考察

　　从动宾式双音词语义特点的共时表现中,我们可以对其历时发展做出这样的假设:只有符合动词动作性弱、宾语具体性低、动宾影响度小这些语义条件的动宾短语才能从句法单位转变为词汇单位。本章第一节中举到的动宾短语词汇化的例子,如"随时、虚心、对策、表情、冠军、责备"等,全都符合我们从共时分析所提出的语义条件。下面再举出一些动宾短语成词的例子,以证明我们从共时分析得出的语义条件的确是在历时发展中起作用的。由于时间和精力有限，笔者无法穷尽性地调查所有的动宾短语词汇化的实例，但笔者相信通过对以下具有代表性的词汇化例证的考察可以总结出一般性的规律。

怀疑

> 子犹怀疑，求之明据。（三国魏·曹植《王仲宣诔》）
>
> 是时，或间坚於术，术怀疑，不运军粮。（《三国志·吴志·孙破虏讨逆传》）
>
> 会甘卓怀疑不进，王师败绩。（《晋书·夏侯湛传》）
>
> 但人君位号，岂容降改，闻之天下，孰不怀疑？（宋·王明清《挥麈后录》卷九）

以上例中的"怀疑"是一个短语，义为"（心中）怀有疑虑"。"怀"是一个动词，义为"怀有"；"疑"是一个名词，义为"疑惑"。以上例中的"怀疑"是短语而不是词的一个证据是，在这种"怀疑"使用的同期，"疑"可以与一个成分并列，共同充当"怀"的宾语，构成1＋2式动宾短语，意义与"怀疑"相近（为醒目起见，我们给动宾短语加了下划线）：

> 苍梧王废后，物情尚怀疑惑。（《南齐书·江谧传》）
>
> 空怀疑惧，坐构嫌猜。（《南齐书·萧谌传》）
>
> 凡在腹心，悉怀疑阻。（《魏书·司马楚之传》）
>
> 苍梧王废后，物情尚怀疑贰。（《南史·江秉之传》）
>
> 朝廷大臣，四方节镇，皆怀疑忿，尽请兴师。（《旧唐书·武宗本纪》）
>
> 董璋益怀疑忌，遂絷虔裕以叛。（《旧五代史·安重诲传》）
>
> 朝廷清明之时，而言者已怀疑畏。（《宋史·刘应龙传》）

词的内部成分是不能单独参与并列组合这种句法运作的，以上例子中,"怀疑"中的"疑"单独与另外的成分组成了并列结构,这就说明"疑"不是词内的一个成分,而是一个单独的词,因而当时的"怀疑"还不是词而是短语。

"怀"的动作性很弱,"疑"所表示的也是非具体的事物,两者之间的影响度也很小,因而"怀疑"成词是顺理成章的。下例中的"怀疑"已经是一个词了:

> 我有一件事,怀疑了许久,要问大哥。(清·吴趼人《二十年目睹之怪现状》第十三回)

"怀疑"成词后,可以带宾语,是一个及物动词。如:我怀疑他是个小偷。

关怀

> 不治产业,居常贫罄,有无丰约,未尝关怀。(《宋书·孔凯传》)

> 时事得失,颇以关怀,而才术空浅,终无远致。(《魏书·道武七王列传·广平王》)

> 备员既非所好,坟籍固不关怀,又多被州郡官人驱使,纵有游惰,亦不检治,皆由上非所好之所致也。(《北齐书·儒林传》)

> 虽复赠兰解佩,未甚关怀;合卺横陈,何曾惬意!(唐·张鹭《游仙窟》)

以上例子中"关"义为"关涉","怀"义为"心怀、思虑",二者组成一个动宾短语。由于其中的动词和宾语都是抽象的,因而动作性和具体性自然就低,且二者之间的影响度也是极低的,因而"关怀"后来发生了词汇化,变成了一个动词,其后可以再带宾语。而且,其词汇化程度比较高,中间不能插入其他成分。

关心

> 憎爱不关心,长伸两脚卧。(《六祖坛经·般若品》)

四事供养,衣钵卧具,满三间屋,不以关心。(南朝梁·慧皎《高僧传》卷二)

元忠虽居要任,初不以物务干怀,唯以声酒自娱,大率常醉,家事大小,了不关心。(《北齐书·李元忠传》)

至如羲皇、舜、禹之典,伊、傅、周、孔之说,不复关心,何尝入耳!(《隋书·李谔传》)

臣实愚朴,志怀刚励,或闻政之不当,事之不直,常慷慨关心,梦寐怀愤。(《旧唐书·柳亨传》)

色既不关心,境从何处发?(宋·释普济《五灯会元》卷二)

以上例中,"关心"是"关涉于心"的意思。类似于"关怀",组成"关心"这一动宾结构的动词和名词也都是抽象的。"关心"在后代也发生了词汇化,成为一个及物动词,指"重视和爱护"。如:

公关心桑梓,於海塘一事,讲究不遗余力。(清·陈其元《庸闲斋笔记》卷一)

祖培疏言怡亲王载垣等拟定"祺祥"年号,意义重复,请更正。诏嘉其关心典礼。(《清史稿·周祖培列传》)

从事

黾勉从事,不敢告劳。(《诗·小雅·十月之交》)

是之不务,而又焉从事?(《左传·昭公三十二年》)

天下从事者,不可以无法仪。(《墨子·法仪》)

凡乞假于人,为人从事者亦然。(《礼记·少仪》)

达人从事,有仪则兮。(汉·班彪《北征赋》)

以上例中的"从事"作为动宾短语,义为"办事、处理事务"。"从事"的短语性质可以从以下例子得到证明,其中"从"和"事"之间插入了其他成分:

郤至见客,免胄承命,曰:"君之外臣至,从寡君之戎事,以君

之灵,间蒙甲胄,不敢拜命。敢告不宁,君命之辱。为事之故,敢肃使者。"(《左传·成公十六年》)

"从"作为动词,意义比较宽泛,从这一点上说,其动词性是不强的。意义宽泛的动词容易语法化为其他成分,这一点具有语言普遍性。比如英语的"do"是一个意义宽泛的动词,在历史发展过程中,它从实义动词变成了助动词。可见意义宽泛的动词在动词性上比意义具体的动词要弱。"事"是一个意义宽泛的名词,不具有个体性。"从"和"事"之间的影响度也不大。因而"从事"后来变为一个单一的动词,其后又可以再带宾语了,义为"参与做(某种事情),致力于(某种事业)"。如①:

晨出暮归,从事弋猎。(《辽史·营卫志》)

得罪

得罪于天子。(《诗·小雅·雨无正》)

子华由是得罪於郑。(《左传·僖公七年》)

为得罪於父,不得近,出妻屏子,终身不养焉。(《孟子·离娄下》)

与其得罪于乡党州闾,宁孰谏。(《礼记·内则》)

以上例中的"得罪"还是一个动宾短语,其后的介宾结构的存在表明它不能直接再接一个宾语。但由于"罪"的具体性低,"得"是一个泛义动词,动作性不强,两者之间的影响度也很小,符合成词条件,

---

① 《汉语大词典》在"从事"这一词条的"参与做(某种事情);致力于(某种事情)"这一义项之下引的最早的例子是:"《论语·泰伯》:昔者吾友尝从事於斯矣。"笔者认为,此例作为这条义项的例证欠妥,因为从上下文看,代词"斯"所指代的是"以能问於不能,以多问於寡;有若无,实若虚,犯而不校",这可以看作一系列行为方式,"从事於斯"可以解释为"在这方面行事"或"以这种方式行事"。由于"於"的存在,"从事"依然有可能解释为动宾短语。只有当"从事"后面直接跟上宾语,且宾语表示的是某种具体的事情时,"从事"才可以毫无疑问地被看作义为"参与做,致力于"的及物动词。

所以后来"得罪"词汇化为一个动词,其后可以直接带宾语,如:

　　其舍人得罪信,信囚,欲杀之。(《汉书·韩信传》)

注意

　　《易》之为术,幽明远矣,非通人达才孰能注意焉?(《史记·田敬仲完世家》)

　　始为白衣时,年十七八,在邺下名为清白,识别人物,海内翕然,莫不注意。(《三国志·魏志·夏侯尚传》南朝宋·裴松之注)

　　自昔幼年,颇好历数,耽情注意,迄于白首。(《宋书·历志》)

　　豫章王炽,先帝爱子,令闻日新,四海注意。(《晋书·惠帝纪》)

以上例中的"注意"是一个动宾短语,"注"义为"集中,聚集";"意"义为"心神,意识"。"注意"义为"把心神、意识集中在某一方面"。"注"单用的例子如:

　　百姓皆注其耳目,圣人皆孩之。(《老子·德经》)

　　凡让财者,类与子弟,子弟尚幼,恩情注,希有与兄。(汉·应劭《风俗通义·过誉》)

　　谢注神倾意,不觉流汗交面。(南朝宋·刘义庆《世说新语·文学》)

"注"的动作性弱,"意"是抽象名词,二者之间的影响度小,这样"注意"就满足了词汇化的条件,因而后来变为一个动词,义同"留神,提起重视",其后又可带宾语。如:

　　朕思庶职多不得人,中夜而寤,或达旦不能寐。卿等注意选择,朕亦密加体察。(《金史·纥石烈良弼传》)

设计

　　赂遗吾左右人,令因吾服药,密行酖毒,重相设计。(《三国志·魏志·高贵乡公髦传》)

　　运筹设计,让之张良;点将出师,属之韩信。(元·尚仲贤《气英布》第一折)

　　虽诏书切告长吏二千石为之设计,而不廓开大制,定其趣舍之宜,恐徒文具,所益盖薄。(《晋书·食货志》)

　　悛设计购诱之。(《南齐书·刘悛传》)

以上例中的"设计"为一个动宾短语,义为"设下计谋"。"计"可以与其他成分组成并列结构,这也证明了"设计"不是词而是短语。如:

　　欲兴唐祚革强吾,尽是先生设计谟。(宋·龙衮《江南野史》卷一)

由于"设"的弱动作性、"计"的非具体性以及二者之间的低影响度,"设计"符合词汇化的条件,后来变成了一个动词,指根据一定要求,对某项工作预先制定图样或方案。如:

　　赵尔巽署户部尚书,设计学馆,令司员赴学。(清·胡思敬《国闻备乘》卷一)

责成

　　人主者,守法责成以立功者也。(《韩非子·外储说》)

　　因循而任下,责成而不劳。(《淮南子·主术》)

　　孔子曰:不戒责成,害也;慢令致期,暴也;不教而诛,贼也。(《韩诗外传》卷三)

　　委任责成,优劣已分。(《后汉书·蔡邕传》)

以上例中,"责成"是一个动宾短语。"责"是动词,义为"要求";"成"是名词,义为"成就、成功、成绩"。"责成"义为"要求成功,要求

绩效"。"责成"是动宾短语的一个证据是在古汉语中我们可以找到与"责成"同义的"责成功"的说法,如:

不教而责成功,虐也。(《荀子·宥坐》)

兵将不相识,难以责成功。(宋·李纲《靖康传信录》卷三)

且陛下既知二臣之贤而用之,则当信之坚,任之久,然后可以责成功。(宋·司马光《涑水纪闻》卷五)

当"责成"中的"成"可以被同义形式"成功"替换时,就表明"责成"还不是一个词,"责"和"成"的分立性还比较大。

"责"的动作性弱,"成"的具体性低,二者之间的影响度小,"责成"符合词汇化的条件。后来,"责成"变为一个动词,义为"指定专人或机构负责(办某件事)"。如:

责成本县解饷,而领引埠商,可以汰去矣。(清·屈大均《广东新语》卷十四)

借助

孟献子曰:"以寡君之密迩于仇雠,而愿固事君,无失官命。鄫无赋于司马,为执事朝夕之命敝邑,敝邑褊小,阙而为罪,寡君是以愿借助焉。"(《左传·襄公四年》)

如有不周,即令从人借助,亦不责所属典司。(唐·温大雅《大唐创业起居注》卷二)

寡人何幸得如斯,常得忠臣相借助。(《敦煌变文集新书·汉将王陵变》)

"借助"在以上例子中是动宾短语,义为"请求帮助"。由于"借"的动作性较弱,"助"是抽象名词,"借"和"助"之间的影响度低,后来"借助"词汇化为一个及物动词。如:

其中有本事不济,等不得女人精至先自战败了的,只得借助药力,自然坚强耐久。(明·凌濛初《二刻拍案惊奇》卷十八)

以上是动宾短语词汇化为及物动词的例子。类似的例子还有"建议"等。

绝望

　　夫君,神之主而民之望也。若困民之主,匮神乏祀,百姓绝望,社稷无主,将安用之?(《左传·襄公十四年》)

　　而法令之所以备,刑罚之所以诛,常於卑贱,是以其民绝望无所告愬。(《韩非子·备内》)

　　夫秦失其政,诸侯豪杰并起,人人自以为得之者以万数,然卒践天子之位者,刘氏也,天下绝望,一矣。(《史记·孝文本纪》)

上举第一例中的"绝望"与下一分句中的动宾短语"无主"相对,说明它也是一个动宾短语,意为"断绝希望"。而到了现代汉语中"绝望"变成了一个形容词,可以做定语,如:

　　这是一沟绝望的死水,清风吹不起半点漪沦。(闻一多《死水》)

任意

　　播规矩以背度兮,错权衡而任意。(汉·刘向《九叹·思古》)

　　恕偶侻任意,而思不防患,终致此败。(《三国志·魏志·杜恕传》)

　　故帝之所用,或非举首,众情不察,以涛轻重任意。(《晋书·山涛传》)

　　夫生既共荣,没宜同穴,能殉葬者,可任意。(《北史·孙叔建传》)

以上例中的"任"为动词,义为"放任、听任","意"义为"意愿、心意、欲念",二者的意义都是抽象的,所以动作性和具体性都比较弱,

两者之间的影响度也低。后来"任意"词汇化为一个形容词,可以做状语,义为"随意",如:

　　禁民毋得任意低昂。(《明史·食货志》)

　　用法深刻,任意立威。(《续资治通鉴·元顺帝纪》)

现代汉语中"任意"的前面可以加副词"很",如"这种做法很任意"。

过度

　　有君而为之贰,使师保之,勿使过度。(《左传·襄公十四年》)

　　而圣王之生民也,皆使当厚优犹知足,而不得以有余过度。(《荀子·正论》)

　　嫁娶尤崇侈靡,送死过度。(《汉书·地理志》)

　　男女少长,并受爵邑,恩宠逾制,礼敬过度。(《后汉书·宋均传》)

　　而乃骄奢过度,名被九域。(《晋书·秦秀传》)

以上例中"过度"为动宾短语,义为"过越法度、超过限度"。由于"过"不是动作动词,"度"也不是表示有形物体的名词,二者之间的影响度也小,因而"过度"符合了成词条件,后来变为一个形容词,义为"过分的,不适当的"。可以做定语,也可以做状语。如:

　　神经中枢为过度之激刺,亦不能制其百体,其形态遂类颠狂。(民国·许指严《十叶野闻》)

　　世人动曰伊大利加入三国同盟,过度扩张其军备致破坏财政之基楚,失堕国民之经济,是盖未能熟知伊大利者也。(《浙江潮》第一期)

任性

　　而植任性而行,不自彫励,饮酒不节。(《三国志·魏志·陈

思王传》)

达生任性,不拘儒者之节。(《后汉书·马融传》)

籍容貌瓌杰,志气宏放,傲然独得,任性不羁,而喜怒不形於色。(《晋书·阮籍传》)

中山听乐,可得任性;彭祖代吏,近於侵官。(《梁书·太祖五王列传》)

以上例中,"任性"为动宾短语,义为"任由情性"。由于动词的动作性和宾语的具体性都比较低,二者之间的影响度小,符合成词条件,"任性"后来词汇化为一个形容词。

著名

豪杰不著名於图书,不录功於盘盂,记年之牒空虚。(《韩非子·大体》)

故夫士欲立义行道,毋论难易,而后能行之;立身著名,无顾利害,而后能成之。(汉·刘向《说苑·立节》)

而百年既终,遗爱斯轸,莫不肃虔寝庙,著名金石,遗其後昆,聿遵前典。(南朝梁·陆云公《大伯碑》,《全梁文》卷五十三)

以上例中的"著名"是一个动宾短语,其中"著"是一个动词,义为"记载,著录"。"著"单用的例子如:

初,斐豹,隶也,著於丹书。(《左传·襄公二十三年》)晋·杜预注:盖犯罪没为官奴,以丹书其罪。

四境之内,丈夫女子皆有名於上,生者著,死者削。(《商君书·境内》)

动宾短语"著名"义为"记录名字"。在下面的例子中,"著名"的较为具体的意义消失了,转而指"闻名":

自丞相黄霸、廷尉于定国、大司农朱邑、京兆尹张敞、右扶风尹翁归及儒者夏侯胜等,皆以善终,著名宣帝之世,然不得列於

名臣之图,以此知其选矣。(《汉书·苏建传》)

言偃,鲁人,字子游,以文学著名。(《孔子家语·七十二弟子解》)

曾祖父安,祖父根,著名前世。(《三国志·魏志·杜袭传》)

以上三例中的"著名"看上去好像与现代汉语中的"著名"没有什么区别,但实际上这里的"著名"还处在词汇化的前期,身上还带有短语的特征,与现代汉语中的形容词"著名"并不相同。这表现在"名"可以与其他成分并列,并同充当"著"的宾语,说明"名"还是一个独立的成分,不是词的一部分。如:

两龚皆楚人也,胜字君宾,舍字君倩。二人相友,并著名节,故世谓之楚两龚。(《汉书·两龚传》)

竦博学通达,以廉俭自守,而遵放纵不拘,操行虽异,然相亲友,哀帝之末俱著名字,为后进冠。(《汉书·游侠传》)

是时,邓芝在东,马忠在南,平在北境,咸著名迹。(《三国志·蜀志·王平传》)

临淮刘玄明亦有吏能,为山阴令,大著名绩。(《南齐书·傅琰传》)

凡在三州,皆著名称。(《魏书·萧宝夤传》)

孔愉、诸葛恢并以清节令才,少著名望。(《晋书·蔡谟传》)

史臣曰:王规之徒,俱著名誉,既逢休运,才用各展,美矣。(《梁书·萧几传》)

当"著名"真正成词以后,"名"就不可以再单独与其他成分组成并列结构了,如现代汉语中"著名望、著名字"等都是不合法的。

由于"著"的动作性不强("记载"与"写"不同,后者的动作性显然比前者强得多),"名"的具体性也比较弱,二者之间的影响度低,因而"著名"具备成词的条件,在历时发展过程中发生了词汇化。

以上是动宾短语词汇化为形容词的例子。类似的例子还有：失望、得意、受罪等。

流言

  群叔流言，乃致辟管叔于商。(《尚书·蔡仲之命》)

  武王既丧，管叔及其群弟乃流言於国，曰："公将不利于孺子。"(《尚书·金縢》)

  是以群小窥见间隙，缘饰文字，巧言丑诋，流言飞文，哗于民间。(《汉书·楚元王传》)

以上例中的"流"为动词，义为"散布"，"言"指"言辞、说法"，"流言"义为"散布没有根据的话"。"流言"也符合词汇化条件，转类成为一个名词，义为"没有根据的话"。这一词汇化发生得很早：

  久不相见，闻流言不信。(《礼记·儒行》)

以上是动宾短语词汇化为名词的例子。类似的例子还有：流毒、禀性、败类等。

  从以上所举例子可以看出，在历史上发生了词汇化的动宾短语中的动词一般都是动作性弱的，宾语的语义都是较为抽象的，动词对宾语的影响度很小。这证明了我们根据共时的情况做出的推论。

  有一些由动作性强的动词和具体性高的名词组成的动宾短语也变成了词，但这样的短语的词汇化必须经过转类。通过转类将动词的较强的动作性和宾语的较高的具体性去除后，原来阻碍成词的因素就不存在了。比如，在"提纲"这个形式中，动词的动作性和宾语的具体性都比较强，但发生了转类，而且意义经过了隐喻引申，这样，较强的动作性与具体性就被去除了，词汇化因而得以完成。

  索绪尔在论述黏合变化产生的心理机制时指出："当一个复合的概念用一串极其惯用的带有意义的单位表达的时候，人们的心理就会像抄小路一样对它不做分析，直接把概念整个附在那组符号上面，使它变成一个单纯的单位。"[①]但对于产生"抄小路"现象的条件,索绪尔未做交代。我们这里的分析则指出了关键在于语义因素,正是动词的较弱的动作性和宾语的非具体性以及二者之间的低影响度促使人们对动宾短语产生了"抄小路"的心理,并将之重新分析为一个单纯的句法单位:词。

一个语言中共时状态下的词汇是不同历时阶段积淀的结果。每个词的产生年代是不同的,如果我们给词汇系统中的每个词标上年龄的话,相差会很大,有的很老,有的则很年轻。动宾式双音词中有相当大比例的是比较年轻的。据初步观察,一般的情况是:产生时间越早、词汇化程度越高的动宾式双音词,就越是符合上述的语义特点。

5. 共时状态下正在进行的动宾短语的词汇化

历时和共时的紧密联系还表现在共时的某些正在经历的过程可能正是历史上曾经完成了的过程,比如说,动宾短语的词汇化由来已久,但在共时状态下也可以观察到。

邢公畹(1997)指出了现代汉语中出现了一些原本不能带宾语的动宾式动词带宾语的现象,如出现了"进军世界杯"的说法,而以前只能说"向世界杯进军","进军"的后面从不允许出现宾语变为可以出现宾语了,原来需要用介词引进的名词性成分可以直接充当宾语了。他把这种原来不能带宾语的动词带上宾语的句式称之为"一种似乎要流行开来的可疑句式"。文章发表后引起了很多学者的兴趣,引发了一系列对这一现象进行讨论的文章。

[①] 索绪尔《普通语言学教程》第 251 页,高名凯译,岑麒祥、叶蜚声校,商务印书馆,1983。

刘大为(1998)指出,动宾式动词的词化程度越高,带宾语的可能性就越大。罗昕如(1998)也观察到能带宾语的动宾式动词一般内部结构紧密,凝固性强。我们认为,当动宾式动词的词汇化程度比较高、结合比较紧密时,人们就可以忽略其内部词法结构而把它作为及物动词来使用。

现代汉语中的这一现象与在历史上发生过的过程非常相似:一个动宾短语,当其内部句法结构很清晰的时候,一般是不能再在其后加上另一个宾语的,因为其宾语位置已被占据了。但当发生词汇化之后,句法结构变为词汇结构并逐步凝固,原来的宾语已不再是独立的句法成分而变成了词的内部组成部分,因而后面就可以又出现宾语了。比如,上文谈到的"关怀、关心"等的历时发展都反映了这样一个过程:动宾短语→动宾式不及物动词→动宾式及物动词。汉语的动宾式双音词在产生以后有一个不断地提高词汇化程度的过程,从不能带宾语到能带宾语是词汇化程度提高的一个明显表现。这一过程不管是在共时还是历时领域都是相同的。只不过共时状态下的这一过程是在进行之中,动宾式动词带宾语还处于起始阶段,带着全新的面貌,没有成为稳固的东西,因此看起来特别显眼。

现代汉语中这些开始带宾语的动宾式动词的语义特点也是动作性弱,具体性低,动宾之间影响度小,符合我们所提出的语义条件。如:备战(备战奥运会)、投资(投资大陆)、造福(造福人类)、跻身(跻身四强)、分流(分流下岗人员)、倾情(倾情教育事业)、挑战(世界冠军)、加盟(某公司)、中意(这座华宅)等[①]。

前文所论述的动宾式成词的语义制约在现时的造词过程中也起

[①] 这些词后带的宾语有两种情况,一种是做宾语的成分在以前需要用介词引进,这是绝大部分;另一种是做宾语的成分原来根本无法在句中出现,如"加盟"的宾语,以前既不能充当宾语,也无法通过介词来引进。

着作用。我们对李行健等主编的《新词新语词典》(1993年增订本,语文出版社)做了粗略的调查,发现其中所收的动宾式双音词大都具备这些语义特点。举几例如下:益智、停板、逃汇、脱贫、降耗、索赔、放权、度荒、解困、限电、失控等。近年来产生的一些新词也不违背这些语义条件,如:拒载、打假、扫黄、下岗、让利、廉政、纠错、防伪、反腐、减排等。如果我们这里所得的结论是正确的话,我们也可以进一步预测以后产生的动宾式双音词也须符合这些语义条件。

第五节 主谓短语的词汇化

1. 主谓短语的词汇化过程剖析

主谓短语的词汇化过程是非常隐蔽的。当一个主谓短语变为词之后其意义往往变化不大,这样就很不容易发现其演变环节,这也是我们将在下文从共时角度入手推测其演变条件的一个原因。下面我们来具体分析一些主谓短语的成词过程。比如,"地震"这一形式很早就出现了:

九月癸酉,地震。(《左传·文公九年》)

陇西地震。(《汉书·惠帝纪》)

日者地震,南阳尤甚。(《后汉书·光武帝纪下》)

以上例中,"地震"是动词性的。"地震"作为名词性的用法也出现得比较早:

阳伏而不能出,阴迫而不能蒸,於是有地震。(《史记·周本纪》)

被地震坏败甚者,勿收租赋。(《汉书·宣帝纪》)

以上诸例中的"地震",只从表面看,似乎可以算作词。如果是这样的话,"地震"就没有一个从文献上可以反映出来的词汇化过程。但仔细比较古代汉语中的例子与现代汉语中的例子,就会发现古代汉语中的"地震"与现代汉语中的"地震"并不完全相同。

第一,在古汉语中,"地震"做谓语的用法占压倒性多数,而现代汉语中"地震"则是名词用法占压倒性多数。这一不同表明"地震"在古代汉语中基本上是动词性的,只是偶尔活用为名词;而在现代汉语中则基本上是名词性的,偶尔用作动词。可见,在现代汉语中"地震"发生了转类,根据我们在本章第二节中的分析,一个发生了转类的形式比一个没有发生转类的形式词汇化程度高。

第二,在古代汉语里,"地震"中的"震"可以被同义成分替代,而意义不变。如"震"可以换成"动","地动"与"地震"意思相同,如:

> 三年四月,有星孛於天纪,至织女。占曰:"织女有女变,天幻为地震。"至四年十月而地动,其后陈皇后废。(《汉书·天文志》)

但在现代汉语中"地震"没有"地动"的同义形式[①]。这一不同表明现代汉语中"地"与"震"的组合很紧密,"震"不能用同义成分来替换,"地震"是一个双音词;而古代汉语中"地"与"震"的结合还比较松,"震"可以由一个同义或近义形式来替换,"地震"还是短语。短语的组成成分一般都可以被近义形式自由替换,而词的组成成分一般不能自由替换,如"修路"是一个短语,其中的"路"可以被同义形式"道"替换,"修道"[②]与"修路"的意思基本相同;但"走路"是一个词,其中的"路"不能被"道"替换,"走道"在意义上不等于"走路"。因而

[①] 老四川话中说"地动"不说"地震",可见在现代汉语的有些方言中选择了"地动"作为成词的固定形式。

[②] 当然,"修道"用在"修道院"中是另一义。

组成成分能不能被同义形式替换,也是鉴别一个形式是短语还是词的标准之一。所以当"地震"中的成分还可以被同义形式替换时,它还不能算作词,或至少说其词汇化程度还不高。

第三,在古汉语中,"地震"中的"震"有时可以与其他成分并列,组成并列短语共同充当"地"的谓语:

> 西周镐京地震动,故三川亦动。(《史记·周本纪》南朝宋·裴骃集解引三国吴·韦昭)
>
> 九月戊辰,地震裂。(《后汉书·光武帝纪下》)①
>
> 肆州地震陷裂,死伤甚多。(《魏书·世宗纪》)

词的组成成分是不能单独与其他成分构成并列结构的,以上"地震"中的"震"与其他成分并列,也从一个侧面证明"地震"还不是一个词。在现代汉语中,"地震"中的"震"不能与其他成分并列。

通过上面的分析可知,从古到今,"地震"经历了一个词汇化的过程,只是这一过程是相当隐蔽的,需要仔细分辨才能发现。

再来看"胆怯"这一主谓形式的词汇化过程。"胆怯"最初是作为主谓短语出现的:

> 南军因败衄已来,心沮胆怯。(《旧五代史·桑维翰传》)
>
> 杨元胆怯肤栗,不能出声。(明·张岱《陶庵梦忆》卷八)
>
> 十九年,以四川各营,技疏胆怯,致夷匪日张,特简大臣,督率镇、道,亲往校阅。(《清史稿·兵志》)

"胆怯"与"地震"不同,是一个出现比较晚的形式。以上例中"胆怯"虽然看起来与现代汉语中作为词的"胆怯"差不多,但其前都不能被副词修饰,而现代汉语中的"胆怯"是可以被程度副词"很"修饰的,

---

① 此例中的"震裂"也可看作是动补结构,但看作并列结构也说得通,即"震动并且裂开"(连动结构从广义上说,也是一种并列结构)。而且不管"震裂"是哪一种结构,都可表明"震"可以与其他成分单独发生句法关系,因而"震"不可能是词中的一个组成部分。

这说明"胆怯"在现代汉语中词汇化了。当一个形式是主谓短语时，其主语部分和谓语部分的分立性比较大。由于名词不能被副词修饰①，所以副词要加在谓语之前、主语之后，主谓短语之前就不能加副词（句子层面的副词除外）；当主谓短语成词以后，原主语部分与谓语部分的分立性减弱，二者变为一个组合紧密的整体，而这个整体如果是谓词性的，副词就可加在前面了。因而前面能不能加副词，是判定一个形式是主谓短语还是词的一个重要标准。比如当"眼红"表示的是"眼睛红"这样一个表面意义时，是一个主谓短语，"很"只能出现在"红"前，而不能出现在"眼"前；而当"眼红"表示的是"嫉妒"这样一个引申意义时，是一个动词，"很"可以并且只能加在"眼红"这个整体组合的前面，而不能只加在"红"之前，因为词的组成成分是不能单独被修饰的。比较下面的例子：

    a. 他哭了半天，眼很红（*很眼红）。

    b. 他见张三买了一艘游艇，很眼红（*眼很红）。

2. 主谓式双音词的数量及历时发展

主谓式复合词可以说是复合词中一种有标记（marked）的格式，在三类不能产的动词性复合词中，主谓式复合词又是最不能产的（沈怀兴1998，卞成林2000）。主谓式双音词的数量少是因为作为其源头的主谓短语在古汉语中使用就比较少。古汉语中主谓短语出现频率低，在一定程度上是由于古汉语中的主语在语篇中经常被省略（参看Feng 1998等）。另一方面，汉语是话题突出（topic-prominent）型语言（Li & Thompson 1981），古汉语中的话题结构比现代汉语更多，

---

① 当名词充当谓语时，有时可以被副词修饰，如"男不男、女不女"。古汉语中名词做谓语的情况比现代汉语中多，因而从线性顺序上看，副词出现在名词前的情况更多一些。但是当名词充当主宾语时，副词是不能加在名词前的。

而且有话题标记(topic marker)。古汉语中很常用的一个话题标记是"者"①。如：

元者，善之长也；亨者，嘉之会也。(《易·乾卦》)

此二人者，实弑寡君，敢即图之。(《左传·隐公五年》)

故书者，政事之纪也；诗者，中声之所止也；礼者，法之大分，类之纲纪也。(《荀子·劝学》)

夫战者，万乘之存亡也。(《韩非子·初见秦》)

陈胜者，阳城人也，字涉。(《史记·陈涉世家》)

由于"者"的使用频率很高，这就使得话题与说明经常被形式标记分隔开来，不能构成一个短语。除"者"之外，"也"也可以标明话题。如：

今也，每食无余。(《诗·秦风·权舆》)

回也闻一以知十，赐也闻一而知二。(《论语·公冶长》)

故昔也三代之圣王尧、舜、禹、汤、文、武之兼爱天下也，从而利之。(《墨子·天志下》)

中也养不中，才也养不才，故人乐有贤父兄也。(《孟子·离娄下》)

其险也如此。(唐·李白《蜀道难》)

这些话题标记的存在是造成古汉语中主谓短语稀少的一个重要原因②。

主谓式双音词的谓语部分可以是动词或形容词，谓语部分是形

---

① 对于"者"的这种用法，以前的研究者的说法是"表提顿"(如吕叔湘 1959)，《大词典》中也采用类似的说法，在"者"字条后列出的一个义项中说："用于名词之后，标明语音上的停顿，并引出下文，常表示判断"。"者"用在话题之后，由于话题与其后述题在结构上关系比较松散，所以中间允许停顿，表提顿的语感即由此而来。但是"表提顿"这一说法只是从其外部语音表现着眼的，不能真正揭示"者"的性质。"者"的真正性质是话题标记。

② 屈承熹(1987/1993)认为上古汉语中至少有十二个小品词可用以标明话题。

容词的比谓语部分是动词的主谓式双音词数量多。

从历时发展来看,主谓式双音词在汉语系统中出现得比较晚,且在双音词总体中一直处于少数地位。程湘清(1992)的系列研究表明主谓式复音词(他用的术语是表述式)在先秦刚刚出现,数量很少;《论衡》中的主谓式复音词有14个,占全书复音词总数的0.61%,占语法造词总数的0.65%;《世说新语》中有17个主谓式复音词,占全书复音词总数的0.80%,占语法造词总数的0.95%;敦煌变文中的主谓式复音词共有40个,占全书复音词总数的0.92%,占语法造词总数的1.10%。这些数据证明主谓式双音词在汉语历史上一直比较少。而且,程湘清(1992)的研究中所举到的有些例子其实不是主谓式,如"筹算""胎生""瓦解"应看作偏正式,"筹""胎""瓦"等是名词性状语成分,表示动作的工具、方式等。程湘清还把"自杀、自裁"等看成主谓式双音词,实际上这些也不是主谓式,其中的"自"是一个代词,是其后动词语义上的宾语而不是主语。这一点我们在下一章将要论述。除去这些误归入主谓式中的例子,主谓式双音词就更少了。

主谓短语在成词过程中要受到哪些制约?这是下文要回答的问题。

3. 主谓短语词汇化的句法限制

从短语构造上来看,动词与宾语的关系比动词与主语的关系密切。动词与宾语组成一对直接成分,而动词与主语不构成一对直接成分。主语是动词的域外论元(external argument),宾语是动词的域内论元(internal argument)。如果一个动词可以带两个论元成分,那么它首先要求其域内论元得到满足,然后才会要求其域外论元得到满足(参看汤廷池 1994,王洪君 1994)。比如,"脑充血"这个结构中动词的域内论元和域外论元都存在,如果没有域外论元,只有域内论元,说成"充血",结构仍然成立,而且实际上有成为一个双音词的倾向;但如果不要域内论元,只有域外论元,说成"脑充",结构就站不住了。只有在域内论元自然空缺的情况下,域外论元才有可能与动词组成一个独立的结构,才具备词汇化的可能。这一句法限制决定了出现在主谓式双音词里的动词只能是不及物性的。下列这些主谓式双音词中的谓语部分都是不及物的(形容词也可看作一种不及物的谓词性成分):地震、眼花、耳聋、海啸、眼红、命薄、命大、命苦等。我们在历时考察中还没有发现典型的及物动词与主语黏合成词的例子①。

需要指出的是,在被动意义上使用的及物动词有可能与主语发生词汇化,如"民办""国营""公立"中的"办""营""立"等单独看都是及物动词,但上述主谓式复合词都不是动词,而是非谓形容词。这些词中的动词成分有点类似英语等一些印欧语中由动词变来的与表示被动时形式一致的过去分词形式。在汉语中动词的主动与被动用法没有形式标志,但仍可以从意义上看出以上主谓形式中的动词性成分是表示被动的。比如,"民办企业"中的"民办"实际上相当于"由/被民所办","办"是在被动意义上使用的。当一个动词在被动意义上使用时,其后不能直接再带宾语,在这一点上类似于不及物动词,其

---

① "公主"一词中的"主"据一些说法似乎是及物性的,如《初学记》卷十论及"公主"的语源时说:"至周中叶,天子嫁女於诸侯,天子至尊,不自主婚,必使诸侯同姓者主之,始谓之公主。"如果按照此说,那"主"原本就是一个及物动词,这一说法被不少人采纳(如王艾录 2000 等)。但旧版《辞源》对此说已做了否定,理由是"周时天子之女称'王姬',不闻有'公主'之称;同姓主婚之事,亦不见经传。《史记》'公叔为相,尚魏公主';(又)'秦始以君主妻河'。是'公主'之称,实始自战国时代,为诸侯女之称。其称'公主''君主',不过尊敬之辞耳。汉时帝女为公主,帝之姑姊妹为长公主。唐时帝姊妹为长公主,帝姑为大长公主,历代因之"。根据我们对主谓短语成词的条件分析,也可从理论上证明《辞源》的说法是正确的,而《初学记》的说法则是一种臆测。

宾语被移走,因而动词与主语的关系变得密切,这样表被动的动词就可能与主语发生词汇化。

赵元任(Chao 1968)认为主谓式词中谓语部分是及物动词的很普遍,与这里的观点正相反,但他举到的谓语部分是及物动词的例子如"地震、发指、声张、神往"等实际上其中的谓语部分都是不及物的。造成分歧的原因是,有些动词是多义的,既有及物用法也有不及物用法。但能成为主谓式复合词的主谓形式中的谓语部分必须是作为不及物动词用的。比如"发指",其中的"指"单用时可以是及物的也可以是不及物的,但在"发指"中是不及物的,义为"竖立","发指"的意思是"头发上竖"。上举其他词的情况也是这样。

4. 主谓短语词汇化的语义限制

由于主谓短语发生词汇化的数量少,有很多主谓式双音词是很晚才出现的,是在有了复合词构词模式以后直接创造出来的,如"民主"一词①,是对英语的 democracy 的意译,没有经历一个词汇化的过程,这样就使得从历时角度直接分析主谓短语的词汇化条件变得非常困难,因而我们有必要从共时分析入手。

如果从共时分析入手,那么即使是那些没有经过词汇化而由构词法直接构造的主谓式双音词也可以为分析主谓式成词的条件提供线索,因为后起的这些词在原则上也应符合短语在词汇化中要受到的语义限制。通过对现代汉语中的主谓式双音词(包括经过了词汇

---

① 古代汉语中有一个偏正结构的"民主",义为"人民之主",多指君主或官吏。如:
齐君之socio偷。臧文仲有言曰:"民主偷,必死。"(《左传·文公十七年》)
仆为民主,当以法率下。(《三国志·吴志·钟离牧传》)
这样的"民主"与现代汉语中的表示 democracy 的词"民主"在语义上完全没有联系,因此二者之间没有语源上的关系,只是偶然同形。

化的和没有经过词汇化的)的语义特征的分析,可以推知历史上主谓短语词汇化的语义条件。

4.1 主语成分的语义限制

(1)无生名词

检验共时状态下存在的主谓式双音词,可以发现主语部分多是无生名词,即表示事物或现象的名词,其语义特征为无生命性,可记作[一生命性](-animacy)。以下例子中的主语部分都具有这一特征:<u>海</u>啸、<u>月</u>蚀、<u>地</u>震、<u>雪</u>崩、<u>头</u>晕、<u>面</u>熟、<u>眼</u>红、<u>眼</u>花、<u>耳</u>鸣、<u>心</u>悸、<u>气</u>短、<u>胆</u>怯、<u>心</u>虚、<u>霜</u>降等。

(2)当事而非施事

从语义角色上来看,主谓式双音词中的主语成分都不是施事(agent),而是当事(theme)。所谓当事就是经历谓语所表示的动作行为、变化或状态的事物。虽然当事与施事都可以出现在主语的位置上,但它们的不同之处在于,施事对于谓语部分所表示的动作行为具有意志力(volitionality)和施动力(agency),是动作行为的主动发起者;而当事对于谓语部分所表示的动作行为没有自主意识,不具备控制力。从上举各例中就可以很清楚地看出这一点。这一特征与主语成分的无生命性是相关的,一个无生名词充当的主语一般不太可能是谓语部分所表示的动作行为的主动发起者。

(3)无指性

主谓式双音词中的主语成分除了个别指称世界上独一无二的事物,如"月蚀"中的"月",一般在指称性质上都是无指的。如"海啸"中的"海"就是无指的,并不对应于客观世界中存在的某一个特定的实体。主语部分的有指或无指可以作为鉴别一个主谓形式是短语还是词的一个标准。如"头疼"作为一个双音主谓形式,在现代汉语中可以是一个短语,也可以是一个词。当"头"是有指成分时,这个形式是短语,如在"他今天头疼"这个句子中,"头"是有指的,指称的是"他的头",是一个客观世界中实际存在的个体;但当"头"是无指成分时,"头疼"是一个词,如在"这是一个让人很头疼的问题"这个句子中,"头"并不指称一个客观存在的实体,"头疼"是一个形容词。

由于主语部分具有无指性,整个主谓式双音词不在于陈述一个针对某一特定客体发生的具体的事件,而在于指称一类现象或性质。

4.2 谓语成分的语义限制

(1) 非可控

动词可以从其语义上分为自主动词和非自主动词(马庆株1988)。自主动词表示有意识的或有心的动作行为;非自主动词表示无意识的或无心的动作行为,一般是表示变化或属性。非自主动词的一个共同的语义特征是[—可控],即所表示的动作行为是不能由一个主体有意识地加以控制的,如"塌、病、跌、漏"。自主动词可以用在祈使句中,但非自主动词不能用在祈使句中。如可以说:走!出去!坐下!因为这些都是可以由某个主体控制的动作;但不能说:塌!病!跌!因为这些动词表达的动作行为都不是可以由主体控制的。

在前面我们已经提到,主谓式双音词中的谓语部分是形容词性的或不及物动词性的。这里还要指出,如果谓语部分是动词性的,还必须是非自主的。马庆株(1988)指出"广义的动词可以包括形容词,按照分类标准,(形容词)基本上可以划入非自主动词"。这是很自然的,因为形容词表示性质或状态,这些显然都具有不可控性。如果可以把形容词也看作"非自主动词",那么就可以概括地说,出现在主谓式双音词中的谓语成分必须具有非自主性,以上所举各例均表现出此特征。自主动词如"走、跑、笑、站、坐"等,虽然是不及物的,但一般也不能出现在主谓式双音词里。

(2) 非完成

主谓式双音词中的谓语成分所表示的多是一种持续的动作或状态,其词汇结构中不具有一个内在的终结点,因而是非完成性的,即其语义特征为[－完成]。如"地震"中的"震"按照动词的情状分类,就是一个表活动(activity)的动词。表示达成(achievement)的瞬间动词,如"死、爆、炸、断"等一般也不能出现在主谓式双音词中充当其谓语成分,这就是说,主谓式双音词中的谓语成分还有[－瞬时]的语义特征。

5. 对主谓式双音词成词的语义限制的解释

5.1 低及物性

我们在上一节中已提到 Hopper & Thompson(1980)关于及物性的研究。为参照方便起见,在这里将及物性的原型特征重新引述如下:(1)动作(action),指动词表示的是有动力的过程,而不是状态;(2)完结(telic),指的是动作行为有一个终结点;(3)瞬时(punctual);(4)自主(volitional),指的是动作行为可以由施事主体有意识地加以控制;(5)肯定(affirmtive);(6)参与者的较高的个体性;(7)宾语完全受作用;(8)施动力,指动作行为的出现有来自外界的动力的作用;(9)两个或两个以上的参与者;(10)直陈语气(realis),表示现实中实际存在的动作行为。

广泛的语言调查发现,及物性程度的高低在不少语言中都有一些句法上的表现。不仅传统上的及物动词带宾语的及物结构可以根据这些特征而分出不同的及物性程度的等级来,由此进一步推论,由不及物动词构成的不及物结构也可根据这些特征而在内部区分出及物性程度的高低,这就是说,有一些不及物结构比另外一些不及物结构的及物性程度更低。

根据以上的及物性原型特征来检验,可以发现由具有上文所论述的语义特征的主语与谓语构成的主谓形式的及物性程度是非常低的。首先,(7)、(9)两个特征空缺,这与句法上的不带宾语的主谓结构是一致的。由于主语部分是无生名词,不具有意志力,是动作的当事而不是施事,谓语部分是非自主动词,因此第(4)个特征也不具备。主语部分是无指的,因而第(6)个特征也不存在。由于谓语部分具有非完成性,与瞬时动词不相容,因而就不具备特征(2)和(3)。谓语部分很多是形容词性的,形容词表示的是状态而不是动作,因此大多数也不具备特征(1)。由此可见,当一个主谓结构具备了上文所提到的语义特征之后,就缺乏了 Hopper &Thompson 所列的 10 项原型及物特征中的大多数特征,因而比一般的不及物动词结构的及物性更低一些。

从主谓短语到主谓式双音词也像其他双音复合词的词汇化一样,是一个句法特性不断减少、词汇特性不断增强的过程。因而一个主谓短语能不能成词、容易不容易成词就取决于它的句法特性的强弱。一个动词性短语如果及物性程度高,其句法特性就强,就更容易保持稳定,因为高的及物性是动词性短语区别于其他类型短语的一个原型特征;如果其及物性程度低,句法特性就弱,就更有可能由短语向词转变。低及物性是使一个动词性短语脱离句法性质而词汇化的一个必要条件。上文提到的主谓式双音词组成部分的句法语义特征无一不与此相关。

5.2 非典型性与功能转移

在语言的变化过程中,如果一个范畴逐渐变成了另外一个范畴,变化会首先发生在范畴边缘的非典型成员上,然后慢慢向典型成员扩展。由于典型成员是比较稳定的,假如典型成员也被触动,那么整个范畴就发生了质的变化。汉语双音词的词汇化包含了一个整体上由短语范畴变为词范畴、组成成分可能由词范畴变为语素范畴的巨大的转型过程,这种范畴转变最初也发生在非典型成员身上。变为词的主谓短语中的组成成分就都是该类成分中不典型的成员。

首先,成词的主谓形式中的主语部分都是由不典型的名词充当的。这一点可以从关于名词典型性的两个等级序列——生命度等级序列和有定性等级序列——中看出来。

Comrie(1981)提出了生命度(animacy)的概念,他给出的生命度高低的基本等级序列是:人类>动物>无生命物。从左到右,生命度依次降低。生命度这一范畴在语言中也有反映,即生命度不同的名词有着不同的语法表现。将生命度的基本等级序列转化为语言范畴内的生命度,可以表述为:指人名词>其他有生名词>无生名词。高生命度名词具有较强的空间性特征,是名词内部的典型成员,更容易参与句法层面的运作(Greenberg 1974, Silverstein 1976, Dixon 1979)。

Croft(1990)提出了一个名词的有定性等级(definiteness hierarchy):有指并且有定的名词>有指但无定的名词>无指名词。从左到右,有定性依次降低。有定性越高的名词越典型,越易于参与句法层面的运作。

名词内部的典型成员在功能上表现出较强的稳定性,非典型成员在功能上则表现出一定的游移性(参看张伯江 1994)。无生名词和无指名词处于生命度等级与有定性等级的最右端,是最不典型的名词,因而容易丧失其作为名词的独立资格,这样就可能与其后的谓语成分发生词汇化而黏合成词。这就是主谓式双音词中的主语部分一般具有无生命性和无指性的原因。

　　成词的主谓形式中的谓语部分一般也是不典型的。我们知道,可成词的主谓形式中的谓语部分必须是不及物的,包括不及物动词和形容词两类。从广义上说,形容词也是一类不及物动词,但在不及物动词这个范畴中,形容词是不典型的成员,因为表示动作行为是动词的原型特征,但形容词不能表示动作,而只能表示性质或状态。因而形容词的功能应该比其他不及物动词在范畴转变时更易发生游移,事实也正是这样:谓语部分是形容词的主谓短语发生词汇化的要比谓语部分是不及物动词的多得多。

5.3 认知心理

　　不同类型的名词有着固有的显著度的差别。所谓显著度(saliency),指的是在认知上的突显性,即指名词所代表的事物能否很容易地被感知。名词的显著度不同,人在认知过程中与名词的所指或所代表的概念建立心理联系的难易程度也就不等。Dixon(1979)和Silverstein(1976)等提出了名词的可及性等级(accessibility hierarchy)。可及性等级实际反映了名词在大脑词库中被提取的难易程度。可及性高的名词能更快地被提取,可及性低的名词提取速度则慢一些。研究表明,可及性在一个方面是与名词的语义相关的:其中生命度越高的名词,显著度越高,可及性就越强。

　　由主谓短语变为主谓双音词,一个必要的过程是使主语和谓语之间的句法界限变得模糊以至消失,使本来分立的两个成分融合为一个认知单位。在名词与动词或形容词所组成的主谓短语中,如果其中的名词显著度高,可及性强,容易被提取,那么其独立性就强,这个主谓结构就会在大脑中被分作两个单元来贮存。相反,如果名词的显著度低,可及性弱,那么其独立性也就变弱了,整个主谓结构就有可能被作为一个单元贮存在大脑中,这就促成了短语的词汇化。

当主语成分是无生名词时,其显著度就低,可及性就差,因而容易与其后谓词性成分发生黏合。这就从认知角度解释了主谓式双音词的主语部分一般都是无生名词的原因。

5.4 历时情况

由上面的分析可以推知,历史上发生了的主谓短语的词汇化要受到来自语义方面的诸多限制。概括来讲,主语部分应是无指的、不具有施动力的无生名词,谓语部分应是具有不自主性和非完成性的形容词或不及物动词。这些语义限制都是出于降低主谓结构的句法特性的需要,因为只有句法性比较弱的主谓短语才有可能词汇化为主谓式双音词。

考察历史材料中反映出来的词汇化,可以发现,凡是发生了词汇化的主谓短语,如在本章第一节中我们举到的"政治、符合"等,都符合我们在共时状态下对主谓式双音词的分析所得出的语义限制条件。在这里我们不再列举更多的例子。

第六节 述补短语的词汇化

1. 述补式双音词的数量与词汇化程度

收入词典的述补式双音词在现代汉语中的数量只多于主谓式双音词。据卞成林(2000)的统计,述补式复合词仅占现代汉语双音复合词总数的2.62%。不过,需要指出的是,收入词典的只是词汇化程度高的词汇词,还有很多述补式双音复合词由于比较透明,是句法词但不是词汇词,因此未被词典收录。

在述补式双音词中有很多离合词,如"打倒""推翻",述语成分和补语成分的中间可以插入其他成分,如可以说"打得倒""推得翻"。这说明述补式双音词的词汇化程度不高。

从历时角度看,述补结构的词汇化开始得比较晚,这是因为述补短语作为一种短语结构类型出现时间就比其他类型的短语晚。据程湘清(1992c)的统计,《世说新语》中述补式复音词共有93个,占全书复音词总数的4.37%。到了唐五代,述补式双音词的数量仍然很少,在《敦煌变文集》中,述补式复音词共有194个,仅占全书复音词总数的4.46%(参看程湘清1992d)。元代以后述补式有了较大的发展,数量有所增加,类型也在增多(何乐士1992),但固化为词的仍然很少。

2. 述补短语的类型与词汇化的可能性

从句法构成上看,述补短语可分为两类。一类是黏合式,一类是组合式。所谓黏合式,是指动词和补语中间不用"得"字连接的,如"吃饱""看清楚""想明白"等;所谓组合式,是指动词和补语之间用"得"字连接的,如"吃得饱饱的""看得清清楚楚""想得很明白"(朱德熙1982)。只有黏合式述补短语才能词汇化,组合式述补短语不能词汇化。原因是只有黏合式述补短语才能构成一个韵律词,而组合式述补短语肯定超过一个标准韵律词的长度,因而不可能成词。根据象似性原则,黏合式述补短语中两个成分的语义距离比组合式述补短语中两个成分的语义距离近。这为黏合式述补短语的词汇化奠定了语义基础。

根据述语的不同,可以把述补短语分为两类:一类述语为动词,这其中又可分为两个小类,一是述语为及物动词,如:读得口干舌燥、打碎、赶跑等;二是述语为不及物动词,如:走累、病倒、笑起来等。另外一类述语为形容词,如:老掉牙、红得很等。

述语为及物动词的述补短语比述语为不及物动词或形容词的更容易成词。比如,"<u>提</u>高、<u>打</u>倒、<u>推</u>翻、<u>改</u>善、<u>扩</u>大、<u>缩</u>小"等述补式双音词中的述语部分都是及物性的。这一点与述补结构的历史来源有关。

不少学者认为述补结构的来源是并列动词性结构(潘允中1982,冯胜利2000b等)。这就是说述补短语导源于下面这样的结构:V_1+V_2+O[①]。最初 V_1 和 V_2 都是及物动词,由于它们支配的宾语相同,因而 V_1 的宾语位置上没有出现有形形式,而出现的是一个空范畴。底层的句法结构应表示为:$V_1 \emptyset_i\ V_2 O_i$,$\emptyset$ 代表 V_1 的空范畴宾语,与 V_2 后的有形宾语 O 同指。这种结构我们在本章第二节也提到过,如:

> 其先曰李信,秦时为将,逐得燕太子丹者也。(《史记·李将军列传》)

以上例中,"逐"和"得"都是及物动词(V_1 和 V_2),它们有着共同的宾语"燕太子丹"(O),"逐"后面的宾语是以空范畴形式出现的。

从并列式动词结构变为述补结构经历了一个 V_2 不及物化的过程(梅祖麟1991)。当 V_2 不及物化后,宾语就只是 V_1 的宾语,而不再是 V_2 的宾语。V_2 就向前贴附,与 V_1 的关系变得紧密,有了词汇化的可能性。从历史上看 V_1 都是及物的,不及物动词或形容词必须是在

[①] 根据刘承慧(2003),并列复合述语(即本书所说的带宾语的并列动词结构)在战国时明显活跃起来。但相对于并列状态谓语(即不及物的并列动词结构),仍然处于弱势。《韩非子》中的"X乱"共计24例,包括"昏乱"2例,"削乱"2例,"弱乱"4例,"悖乱"1例,"淫乱"1例,"惑乱"2例,"挠乱"1例,"暴乱"8例,"扰乱"1例,"变乱"2例。其中只有"挠乱"1例做述语(可以带宾语),状态谓语有8例,余下的都是名物化成分。

使动用法下才可能出现在 V_1 的位置上,这就解释了述补式双音词中述语部分为及物的占绝大多数的现象。述语为不及物动词的一类一般是后起的(参看周迟明 1957)。

充当黏合式述补短语中的补语的一般是形容词或不及物动词。补语为不及物动词的如:扭断、打疼、杀死等;补语为形容词的如:看清、晾干、擦净、抹脏等。补语之所以必须是形容词或不及物动词,是因为述补结构的形成导源于连动结构中的第二个动词的不及物化,如上文所述。

从补语的语义类型上看,述补短语可以分为三类。一类是补语表示结果的,如:填满、抹平、拉长、浸湿、解释明白等;一类是补语表示动作趋向的,如:走出去、爬上来、跳下去、拿出来等;还有一类是补语表示程度的,如:恨透、气死、累得很等。在这三类中,补语表示结果的一类最易成词,成词数量最多;而补语表示程度的一类最不容易成词。

通过对五十多种语言的调查,Bybee(1985)指出,在语义上与动词相关性越大的语素越容易与动词融合(fuse)或变得依附于动词。不同语义类型的补语与述语有着程度不等的语义相关性。结果与动作行为在认知上非常接近,因为当一个动作行为出现时,人们会自然地关注它的结果。概念距离的接近促进了这类述补短语中述语与补语的黏合,所以这类述补短语发生词汇化的数量是最多的。而趋向补语只与位移动词(motion verb)相关,这就使其在分布上受到限制,因而补语表趋向的述补短语发生词汇化的比补语表结果的述补短语少。程度是一个与状态相连的概念,因而只能与形容词或心理动词相搭配,这也使得这种类型的补语在分布上受限。而且,动作行为造成的结果是客观存在的东西,所有的动作行为出现以后都有结果,只不过有的显著,有的不显著。但程度与状态的关系却不是这样密切,一个状态的程度是一个主观概念,因人的感觉而定,不是状态的固有属性。因而在认知上,程度与状态之间的语义距离要比结果与动作之间的语义距离大,所以程度补语就比较难于和述语融合为一个词。

我们这里对三类述补短语词汇化可能性的理论分析可以得到历史事实的印证。程湘清(1992c)对《世说新语》中的述补式复音词的研究表明:补语表结果的述补式复音词占多数,其次是补语表趋向的,补语表程度的未见一例。程湘清(1992d)对敦煌变文中述补式复音词的研究也反映了同样的情形:补语表结果的述补式复音词最多,而补语表程度的最少。

3. 补语的语义指向与述补短语的词汇化

补语根据其语义指向可以分为三类:指向主语、指向宾语、指向动词。指向动词的一类比较少(虚化为体标记的补语就属于这一类),因而由指向动词的补语与动词形成的述补式复合词就比较少。指向宾语的一类比指向主语的一类更容易与述语黏合而发生词汇化,《现汉》中收录的述补式复合词大都是补语成分指向宾语的。这是因为补语指向主语的一类大都不能带宾语,而带宾语是使述补结构在句法格式中被挤压成词的关键因素(董秀芳1998b)。当指向主语的一类补语在一定情况下带上宾语时,其成词性也高于不带宾语的一类。如:

他喝醉了酒。

他吃饱了饭。

以上例中的补语"醉""饱"都是指向主语的,但是其后还出现了宾语,这些宾语在一定程度上是语义上羡余的(redundant),因为补语的语义已基本或说常规地蕴含了其语义:"醉"中已包含了"酒"

的语义,"饱"中已包含了"饭"的语义。因而"酒"和"饭"完全可以不出现,句子仍然可以表达相同的意思。但正是带宾语的功能使得"喝醉""吃饱"在感觉上更接近于一个单一的动词。

4. 补语语义的可预期性与述补短语的词汇化

研究证明,如果补语的语义可由述语的语义预测出,则该述补短语易于成词,补语的意义可预测性越高越容易成词。这是因为当补语的意义可由述语的意义来预测的时候,补语与述语在语义上的联系就是很紧密的,由于概念距离的接近,二者之间原有的句法关系就可能被淡化而发生词汇化。

有些述语的语义中已蕴含了补语的语义,在这种情况下补语的可预测性最高。如"扩大"中的述语"扩"的意义是指"在原来的基础上变得更大",其中就已蕴含了"大"的意义在内。在这种情况下,补语缺乏足够的独立性,因而比较容易与述语黏合成词。类似的还有"降低、提高、拔高、解脱、澄清"等(龚千炎 1984)。

当补语意义是述语所表示的动作行为的几种可能后果中的一种时,其意义的可预测性也较高。如"改良",虽然"良"的语义没有包含在"改"的语义里,但"改"这一动词所表达的行为是一种变化,变化就可能朝着好的方向或坏的方向发展,因此可以说,"良"的语义包括在"改"所表示的动作行为的可能的结果之中,有一定程度的可预期性。这一类成词的也比较多,"说明、证明、改善、打破"等都是如此。

有一些补语的意义不能包括在述语所表达的动作行为的可以预期的结果里,比如"这个坑挖浅了",其中的"浅"据陆俭明(1990)研究,表示的是对预期目标的偏离。这个补语所表示的语义明显不在述语所表示的动作行为的正常的预期结果中。同类例子还有"这块布买长了""菜里的盐放多了"等。当补语所表示的意义不属于述语所表示的动作行为的正常范围内的可能结果时,补语的语义就完全没有可预期性,因而补语与述语在语义上的分立性就大,就不太可能成词。上述的例子虽然也都是双音节黏合述补结构,但不给人词的感觉,在句法上也不能带宾语,述语的受事只能通过话题化的方式提前或用"把"字提前或者出现在动词拷贝结构的前一个动词后。

　　从历史上看,由可预期性差的补语参与构成的述补结构是很后起的,是在述补结构比较发达之后才出现的,是结构功能类推扩大的结果。这一类述补短语到目前为止还没有变成词汇词的例子。

第三章 从句法结构到双音词

这里所说的"句法结构"是指由语法性成分与词汇性成分共同组成的句法单位,其不同于词汇性短语的特点在于其中的语法性成分的结合范围很广,可以与很多词汇性成分相搭配,能产性比较高。在汉语史上,一些句法结构由于其中的语法性成分功能的衰退而发生了词汇化。本章就讨论双音词的这一类衍生方式的具体情况。

第一节 语法标记的词汇化

语法标记(grammatical marker)的作用是标示某种语法范畴或关系,比如名词化标记、体标记等。语法标记是从功能角度对语法性成分的定名,语法标记可以是词缀也可以是虚词等。

1. 名词化标记+动词性成分→双音词

1.1 "所"字名词化结构的词汇化

"所"是古汉语中的名词化标记,其作用是使一个谓词性成分转化为体词性成分(朱德熙1983)。从语义上看,"所 VP"转指 VP 的受事。如"所杀"指的是"杀"的受事,即"被杀的(人或动物)"。名词化标记"所"与谓词性成分组成的结构本来是很能产的,但后来"所"的名词化功能逐渐衰退,根据魏培泉(2003),"所"的功能到了中古时期就趋向衰落了。到了现代汉语中,"所"的名词化功能基本由"的"来实现了。结果,"所"作为一个名词化标记从一个必有(obligatory)成分变成了一个可选(optional)成分:现代汉语里,在很多情况下,"所"是可有可无的。比如,"他所写的书"也可以说成"他写的书",二者表达的语义相同,只是有些许风格上的差异。当"所"的功能衰退之后,原来由其组成的名词化结构有一部分就作为一种遗迹而凝固为双音词。例如,"所有"本是指"拥有的东西",其中"有"是一个动词,"所"加在"有"前,使其名词化。如:

> 凡邦国大小相维,王设其牧,制其职,各以其所能;制其贡,各以其所有。(《周礼·夏官·职方氏》)

> 古之为市也,以其所有,易其所无者,有司者治之耳。(《孟子·公孙丑下》)

> 四享皆束帛加璧,庭实唯国所有。(《仪礼·觐礼》)

> 无是公言天子上林广大,山谷水泉万物,及子虚言楚云梦所有甚众,侈靡过其实,且非义理所尚。(《史记·司马相如列传》)

> 远来无所有,示致微意。(晋·干宝《搜神记》卷一)

在一定的语境中,"所有"也可能被理解为一个人拥有的全部东西。下面就是一些可作两解的过渡中的例子:

> 死至命尽,所有财物,官爵俸禄,故在世间,不随人魂神去。(三国吴·支谦译《四愿经》)[①]

这一例中的"所有财物",既可理解为"所拥有的财物",也可理解为"全部的财物"。"全部"的意思是由语境所额外赋予的。

> 有一贤人,入淫荡家,与淫女俱,饮食歌戏,而相娱乐。所有

[①] 汪维辉先生(2003,私人交流)指出《四愿经》的译者是不是支谦可能还有疑问。不过,这不影响对这个例子的分析。

财业,不久殚尽。(晋·竺法护译《生经》卷一)

这一例中的"所有财业",也是既可以理解为"所拥有的财业",又可根据语境理解为"全部的财业"。

敕下:天下所有僧尼解烧炼咒术禁气、背军身上杖痕乌文、杂工巧,曾犯淫养妻不修戒行者,并勒还俗。(《入唐求法巡礼行记》卷三,会昌二年十月九日)①

这一例中的"所有"已经很像是全称量化词了,但是由于"所有"前还有"天下"这个处所词,"所有"仍然有可能被理解为是"天下所存在的"("有"既可表"领有",也可表"存在"),但由于"天下"的范围很大,"所有"在语境中非常有可能被理解为是全称量化词。

后来,从语境中获得的"全部"的意义被融进了"所有"这个形式本身,"所有"最终黏合为一个指代性形容词,义为"整个、全部",表示全称量化。以下例子中"所有"的前面没有出现定语,在语境中也无法找到它的定语,因此这个例子中的"所有"是没有争议的全称量化词:

前后一年,听众如云,施利若雨。所有听人,尽于会下,说此会中有一老人,听经一年,……(《敦煌变文集新书·庐山远公话》)

同类的例子还有"所谓、所在、所以"等。

1.2 "者"字名词化结构的词汇化

古汉语中除了"所"以外,还有另一个名词化标记"者"。"者"加在谓词性成分之后,把它转变成一个体词性成分。从语义上看,"VP者"转指VP的施事(朱德熙1983)。如"言者"转指"言"的施事,即

---

① 此例引自董志翘(1997)。

"说话的人"。如果"者"字加在一个形容词的后面,则表示具有那种品性的人,如"仁者"即指有仁德的人。

"者"作为名词化标记的语法功能在发展过程中也衰落了,根据魏培泉(2003)的研究,这种衰落始自东汉。其功能在现代汉语中也由"的"来表示(现代汉语中的"的"涵盖了古代汉语中"所"与"者"的功能)。包含"者"的一些双音结构经过意义的专指化之后变成了词①。如:

记者

今不言牲号而云尹祭,亦记者误矣。(《仪礼·士虞礼》"用尹祭"汉·郑玄注)

魏高堂隆、秦朗,皆博闻之士,争论於朝,云无指南车,记者虚说。(《宋书·礼志》)

予以为书姓氏、列岁月,此记者之常体尔。(宋·袁燮《江阴军司法厅壁记》)

以上例中的"者"是名词化标记,将其前动词"记"转化为体词性成分,"记者"义为"做记录的人"。当"者"的语法功能衰落之后,这一结构的意思发生了专指化,现代汉语中的"记者",是指采访新闻和写通讯报道的专职人员。这一意义转变有可能是受了外来语的影响。近代日本人用"记者(kisha)"来对译英文的 journalist, reporter, correspondent,现代汉语中"记者"的意义是采纳日本人用法的结果。

---

① 这里所讲的"者"的变化与第五章中要谈到的词缀意义的模糊化不同。"者"不是词缀(affix),而是附着形式(clitic),或称短语缀(phrasal affix),因为"者"可以出现在短语之后,如:

动万物者莫疾乎雷。(《易·说卦》)

而词缀是不能出现在短语之后的。

作者

由于古代汉语中"作"作为一个动词有多种含义,因而"作者"作为一个名词化结构,也可以表达不同的意思。

作者之谓圣,述者之谓明。(《礼记·乐记》)

故曰作者忧,因者平。(《吕氏春秋·君守》)

以上例中的"作者"义为"发起人、创始之人"。

工人数变业则失其功,作者数摇徙则亡其功。(《韩非子·解老》)

穿汾、河渠以为溉田,作者数万人。(《史记·平准书》)

因通西南夷道,发巴蜀广汉卒,作者数万人。(《汉书·司马相如传》)

以上例中"作者"指的是"劳作的人"。

圣人作其经,贤者造其传,述作者之意,采圣人之志,故经须传也。(汉·王充《论衡·书解》)

还治讽采所著,观省英玮,实赋颂之宗,作者之师也。(三国魏·吴质《答东阿王书》)

赋者,言事类之所附也;颂者,美盛德之形容也,故作者不虚其辞,受者必当其实。(《三国志·魏志·后妃传》南朝宋·裴松之注引《魏略》)

平议诸杜夔,左延年律可皆留,其御府笛正声、下徵各一具,皆铭题作者姓名,其余无所施用,还付御府毁。(《晋书·律历志》)

以上例中的"作者"指的是"文章或艺术作品的创作者"。

现代汉语中"作者"的意思专门化了,只指文章或艺术作品的创作者。刘正埮等(1984)认为现代汉语中的"作者"源于日语"作者(sakusha)",是对译英文 author、writer 的产物。笔者认为,"作者"

意义的固化有可能受到了日语的影响,但这一意义本身却是古已有之,不是来自外语。

学者

  大匠诲人,必以规矩,学者亦必以规矩。(《孟子·告子上》)
  客有教燕王为不死之道者,王使人学之,所使学者未及学而客死。(《韩非子·外储说》)
  学者有四失,教者必知之。(《礼记·学记》)
  国王人民及大长者之众,皆是维卫如来至真同时学者。(晋·竺法护译《生经》卷四)
  佛告诸学者,其首达者则吾身是。(同上卷五)

以上例中的"者"也是名词化标记,"学者"义为"学习的人"。当"者"的名词化功能衰落之后,"学者"的意思发生了专指化,只指"在学业上有一定成就的人",而不再泛指所有学习的人。

在古代汉语中"者"可以自由出现在短语之后,如:

  吏人之与叔孙居于箕者,请其吠狗,弗与。(《左传·昭公二十三年》)
  子孙之守宗庙社稷者,其先祖无美而称之,是诬也。(《礼记·祭统》)

在现代汉语中,"者"在书面语中偶尔仍可出现在短语之后,如"破坏社会主义秩序者",但已非常受限,其活动范围主要是在词汇层面,由"者"构成的成分逐渐词汇化了。

2. 动词十体标记"取"→双音词

"取"是唐宋以来表示动词体的语法标记之一,可以表示动作的完成体或持续体(参看刘坚等1992,曹广顺1995)。

"取"最初是一个实义动词,表示"取得",可以跟在其他动词之后

构成并列动词性结构,如:

愿足下急复进兵,收取荥阳。(《史记·郦生陆贾列传》)

乃往过去久远世时,有诸鸟巢,宾近家居,人数喜探,欲捕取之。(晋·竺法护译《生经》卷五)

打取杏仁,以汤脱去黄皮,熟研,以水和之,绢滤取汁。(北魏·贾思勰《齐民要术》卷九)

文规有数岁孙,念之,抱来。左右鬼神抢取以进,此儿不堪鬼气,便觉。(《古小说钩沉·甄异传》)

乞钵入家,盛取百味饮食。(隋·阇那崛多译《佛本行集经》卷三十二)

以上例中"取"跟在有获得义的动词之后,意义还比较实在。后来"取"的搭配范围逐渐变广,可以跟在一些无获取义的动词之后,在功能上发生了虚化,成为一个完成体标记。如:

谁将古曲换斜音,回取行人斜路心。(唐·王建《斜路行》诗)

一声歌罢刘郎醉,脱取明金压绣鞋。(唐·李郢《张郎中宅戏赠》诗)

老人抚之,谓仲殷曰:"止於此矣,左右各教取五千人,以救乱世也。"(《太平广记》卷三〇七,"张仲殷"条,出《原化记》)

以上例中的"取"分别与"回""脱""教"搭配,已经没有取得义,可以看作一个完成体标记了。由此进一步发展出持续体标记用法,如:

若遇丈夫旹调御,任从骑取觅封侯。(唐·秦韬玉《紫骝马》诗)

少年留取多情兴,请待花时作主人。(唐·刘禹锡《酬思黯代书见戏》诗)

千官待取门犹闭,未到宫前下马桥。(唐·王建《宫词》诗)

师儒曰:"和尚厄且至,但记取去岁数日莫出城,莫骑骏马子。"(《太平广记》卷八十四,"宋师儒"条,出《逸史》)

"取"的持续体用法是由完成体用法发展出来的,因为持续状态本身就是某些动作的一种结果,对有些动词来说,它的实现就是一种持续状态的产生(曹广顺 1995)。如动词"记"的结果就是保持某种记忆,"留"的结果就是将某种物体存在的状态保持下去。当表示完成体的标记跟在这类动词后时就很容易转化为表示持续体。

应该说,"取"的体标记用法发展得并不十分成熟,较多出现在唐诗中,分布并不广泛。后来"取"的体标记用法被淘汰了,完成体功能转而由后起的体标记"了"来实现,持续体功能则由"着"来表示。"取"与动词性成分组成的结构有一些就变成了词,如"听取":

胡言汉语真难会,听取胡歌甚可怜。(《敦煌曲子词·何满子》)

稻花香里说丰年,听取蛙声一片。(宋·辛弃疾《西江月·夜行黄沙道中》词)

以上例中"取"是体标记[①]。到了现代汉语中"听取"成了一个

---

① 这些"取"可能是完成体标记,也可能是持续体标记,由于出现在韵文中,因而到底是表完成还是表持续不是很清楚。但这并不在实质上影响我们的结论。曹广顺(1995)指出,在唐宋时期,除完成体和持续体之外,"取"还有动词词缀的用法,这类"动+取"常是陈述一些未然的事件,带有祈使、劝诱的意思,"动+取"在意思上就相当于"动"。如:

是赌时须赌取,不妨回首乞闲人。(唐·冯衮《掷卢作》诗)

谓李公曰:"慎勿多言,领取十年宰相。"(《太平广记》卷九六,"懒残"条,出《甘泽谣》)

为乐凡几许,听取舟中琴。(唐·骆宾王《称心寺》诗)

欲知恨情深处,听取长江旦暮流。(唐·薛逢《越王楼送高梓州入朝》诗)

曹广顺指出,这种用法是在动态助词"取"广泛应用的基础上派生出的。我们认为,实际上这种词缀用法是"取"从体标记到词内组成成分的过渡,其搭配范围仍然很广,在这一点上保留着原来作为体标记时的特征,但语法功能已经模糊,因而可以进一步固化为双音词内不可分析的组成成分。

词,其后宾语多表示意见、反映、汇报等,而不是具体的声音。

3. 定指标记"其"+名词性成分→双音词

一般认为,古汉语中的"其"是一个代词,经常做定语,相当于"名词+之"。但是在不少情况下,"其"可以看作一个定指(definite)标记,可对译为英文的定冠词 the。如:

修辞立其诚,所以居业也。(《易·乾卦》)

大叔完聚,缮甲兵,具卒乘,将袭郑,夫人将启之。公闻其期,曰:"可矣。"(《左传·隐公元年》)

孔子曰:"赐也,尔爱其羊,我爱其礼。"(《论语·八佾》)

王笑曰:"是诚何心哉?我非爱其财而易之以羊也。宜乎百姓之谓我爱也。"(《孟子·梁惠王下》)

王闻之,使人问其故。(《韩非子·和氏》)

学之经莫速乎好其人,隆礼次之。(《荀子·劝学》)

由其道,功名之不可得逃,犹表之与影,若呼之与响。(《吕氏春秋·功名》)

佛问其人:"汝何以故,本制其心,今者诸根变没不常?"(晋·竺法护译《生经》卷二)

其太子睡校(觉),遍体汗流,端然如(而)座。(敦煌变文《太子成道变文》斯四六三三)

在现代汉语中还保留有"张三其人"这样的书面语用法,意思就相当于"张三那个人",当中的"其"也可看作定指标记①。

---

① 在古代汉语中"其"相当于"代词+之"的用法也很多,如:
　　仲子生而有文在其手,曰"为鲁夫人",故仲子归于我。(《左传·隐公元年》)
　　医不三世,不服其药。(《礼记·曲礼下》)
这种用法在现代汉语的书面语中也还保留着。这实际上是一种代词的所有格用法,相当在发展过程中,"其"作为定指标记的功能逐渐弱化了,与之相关的结构有的就变成了词。比如"其实",原来是一个表示定指的名词结构,其中的"其"表定指,"实"是名词,义为"本质、实际情况","其实"相当于英文的 the fact 或 the essence。如:

吾有卿之名,而无其实。(《国语·晋语八》)

夏后氏五十而贡,殷人七十而助,周人百亩而彻,其实皆什一也。(《孟子·滕文公下》)

太史公曰:学者皆称周伐纣,居洛邑,综其实不然。(《史记·周本纪》)

考之於经传,咸得其实,靡不协同。(《汉书·律历志》)

佛不虚言,其实如此也。(汉·昙果共康孟详译《中本起经》下)

盖班氏之言近得其实。(《史记·夏本纪》唐·司马贞索隐)

在以上例子中,"其实"作为一个名词性结构充当句子的主语或宾语,"其实"做主语的一些例子中,谓语是由名词性成分充当的,所构成的是没有系词的判断句。

当"其实"前有一个小句,而其后出现的又是谓词性成分充当的谓语时,"其实"就有了被重新分析的可能,如:

今立者乃在南阳,王莽尚据长安,虽欲以汉为名,其实无所受命,将何以见信於众乎?(《后汉书·隗嚣传》)

以上例中的"其实"实际上还可以看作表示"实际情况",但已有

于英文中的 his,her,their 或 its。"其"的定指用法与代词所有格用法是有联系的,二者都可以被"限定词"(determiner)这一大的范畴所涵盖。在生成语法的 X 标杆理论中,限定词的句法功能是出现在名词短语的标志语(Spec,specifier)位置。比如英文的 his book, the book 中的 his 和 the 都是限定词,都出现在名词短语的标志语位置,这一位置是名词短语的最外层,其外不可能再加上任何修饰性成分。"其"兼有所有格代词及定指冠词的用法,因而我们可以认为,"其"是古代汉语中一个意义宽泛的限定词。

了演变的苗头。由于"其实"前有另外一个小句,"其实"所在的小句与前一小句在语义上形成对比(前一小句说意愿怎样,"其实"所在的小句说实质如何);又由于古汉语中主语省略是很经常的,"其实"是一个无生名词,其语义显著度不大,因而其主语地位变得不突出。再加上"其实"出现在谓词性成分前,所以有被当作副词的可能性。

在宋代时,"其实"发生了词汇化,成为一个副词,义为"实际上",相当于英文的 in fact:

其实后即叟之长女也。(《旧五代史·后妃列传》)

词汇化发生以后,"其实"既可以紧贴动词做状语,如"他其实明白我说的是什么意思";也可以出现在主语的前面,做句首状语,如"其实他很有钱"。

同样来源的词还有"其次、其中、其余"等。

第二节 后置词与其前名词性成分的词汇化

在古汉语中存在着一个表方位的后置词(postposition)系统(董秀芳 1999a),如"边、许、间、处、所、行、下"等都有后置词的用法。这些后置词还都有虚化为格标记(case marker)的倾向。下面举例说明古汉语中后置词的使用情况。

"行"做后置词的例子(参看江蓝生 1998):

最苦梦魂,今宵不到伊行。(宋·周邦彦《风流子·大石》词)

那婆娘要逞好手,又去知县行说了,定要把雷横号令在勾栏门首。(元·施耐庵、明·罗贯中《水浒传》第五十一回)

"伊行"即"她那里","知县行"即"知县那里"。在这里,"行"是一个表实际方位的后置词。

> 你晓夜兼程来探访,都只为我行。(元·李寿卿《伍员吹箫》第一折)

此例中,"行"不是表示具体方位,意义已虚化,几乎成为一个格标记,在这里是表示受益格(beneficial)。"行"还可以表示与事格、对象格等。举例从略。

"边"做后置词的例子如:

> 迦叶夜起占候,见佛边火光倍于昨四火明。(三国吴·支谦译《太子瑞应本起经》下)

"佛边"即"佛那里"。此例中的"边"是一个表实际方位的后置词。

> 夫受斋法,必从他人边受。(汉·失译《大方便佛报恩经》卷六)

此例中"边"的意义虚化了,"他人边"即"他人那里",但这里的"那里"不是表示具体的方位。"边"近似一个格标记,标示"来源格"(source),与"从"构成框式介词(刘丹青 2002)。

"许"做后置词的例子如:

> 许侍郎、顾司空俱作王丞相从事,尝夜在丞相<u>许</u>戏。(《古小说钩沉·郭子》)(加下划线的"许"为后置词)

> 孙安国往殷中军许共论,往反精苦,客主无间。(南朝宋·刘义庆《世说新语·文学》)

以上例中的"许"出现在指人名词后,"丞相许""殷中军许"即"丞相那儿""殷中军那儿",其中的"许"是表实际方位的。

> 王有大恩在我许。(三国吴·康僧会译《旧杂譬喻经》卷上)

以上例中,"许"的意义虚化了,类似于一个表示对象格的格标记。"有大恩在我许"即"对我有大恩"。

"所"做后置词的例子如：

> 后人来至蛇所。(《史记·高祖本纪》)

> 世尊天眼早观见,电转之间到树所。(《敦煌变文集·难陀出家缘起》)

以上例中的"所"是表实际方位的后置词。

> 学黄老术于乐巨公所。(《史记·万石张叔列传》)

以上例中的"所"已有虚化倾向,近似于一个表示来源格的格标记。

"下"做后置词的例子如：

> 庾太尉在洛下,问讯中郎。(南朝宋·刘义庆《世说新语·赏誉》)

> 王恭随父在会稽,王大自都来拜墓,恭暂往墓下看之。(南朝宋·刘义庆《世说新语·识鉴》)

> 昨夜失了这件东西,以此心下不乐。(元·施耐庵、明·罗贯中《水浒传》第五十六回)

"处"做后置词的例子如：

> 萍间日彩乱,荷处香风举。(唐·李世民《帝京篇》)

> 陈郎中处为高户,裴使君前作少年。(唐·白居易《戏赠梦得兼呈思黯》诗)

古汉语中的这些后置词曾经是非常活跃的语法成分,但在汉语发展过程中一些后置词的功能逐渐消失了。一些由这些后置词参与组成的结构就作为一种遗迹保存下来,并固化为词,比如后置词"间"参与形成的一些结构就是这样。

首先让我们来看一下"间"作为后置词的用例。"间"作为后置词,可以表示方位：

每食,辄有小蛇,头上戴角,在床间,姥怜而饴之食。(晋·干宝《搜神记》卷二十)

每当至讲时,辄窃听户壁间。(南朝宋·刘义庆《世说新语·文学》)

须臾,奴子自外来,云:"郎求镜。"妇以奴诈,乃指床上以示奴。奴云:"适从郎间来。"(旧题晋·陶潜《搜神后记》卷三)

东宫典书答云:"我识巴陵间一左右,当为汝向道。"(《宋书·文九王传·巴陵哀王休若》)

当与思和往诸司命间论之。(南朝梁·陶弘景《周氏冥通记》卷三)

猕猴主往缘觉间,见诸缘觉,生欢喜心。(南朝梁·宝唱《经律异相》卷四十七,出《阿育王经》)

今夜兄长自与家间二三人去看灯,早早的便回。(元·施耐庵、明·罗贯中《水浒传》第三十三回)

"间"的这种指示方位的后置词用法在现代汉语普通话中已消失,但还保留在一些方言里,如一些山东方言。

"间"作为后置词,意义逐渐虚化,还可以跟在表时间的词之后。这一点不难理解,因为从空间到时间的隐喻引申在语言演变中是很普遍的。"间"用在时间词后的例子如:

忽地晴天作雨天,全无暑气似秋间。(唐·杜荀鹤《春日登楼遇雨》)

时下间,便带将他的老小、部所属军,不辞黄巢,迤逦向同州路去。(《新编五代史平话·梁史平话》)

往常间把义仓谷子偷将家去,养老婆孩儿了。(元·高明《琵琶记》第十七出)

亭午间,风雷忽作,光及男并所养一黄犬并震死。(《太平广

记》卷一二四,"樊光"条,出《报应录》)

　　伊不说一日价不见您,从早晨间只管价等。(宋·无名氏《张协状元》)

　　望烦节级哥哥看日常间弟兄面上,可怜见我这个孩儿,看觑看觑。(元·施耐庵、明·罗贯中《水浒传》第五十一回)

由以上诸例可以看出,作为一个后置词,"间"的结合面是很宽的。但当其语法功能消失之后,其结合能力就受到了很大的限制,原来的一些句法结构就发生了词汇化,从句法单位变为了词汇单位。

表方位的"间"与其前成分发生词汇化的例子如:
世间

　　夫人生居世间也,譬犹骋六骥过决隙也。(《史记·李斯列传》)

　　何以明人年以百为寿也?世间有矣。(汉·王充《论衡·气寿》)

　　死至命尽,所有财物,官爵俸禄,故在世间,不随人魂神去。(三国吴·支谦译《四愿经》)

　　多念世间人,凤驾咸驱驰。(三国魏·嵇康《述志》诗)

　　有酒不肯饮,但顾世间名。(晋·陶潜《饮酒》诗之三)

　　诸佛大龙出,雷音遍世间。(萧齐求那毗地译《百喻经·观作瓶喻》)

　　世间非老奴不能毙此犬耳。(唐·裴铏《传奇·昆仑奴》)

　　高枕闲看古篆香,世间万事本茫茫。(宋·陆游《高枕》诗)

"世间"中的"间"本是表方位的后置词,"世间"在古汉语中出现频率很高,当"间"的后置词用法消失之后,"世间"就凝固化为一个名词,一般的语言使用者就不再知道"间"原来的含义了。

心间

　　所乘马死,剖之得一小蛇于心间,私自异之。(宋·张唐英《蜀梼杌》卷上)

　　腹中愁,心间闷,九曲柔肠闷损。(元·杨果套数《仙吕·赏花时》)

　　漫说尊王申大义,到来功利在心间。(明·冯梦龙、蔡元放《东周列国志》第二十回)

以上例中的"间"本也是表方位的后置词,后来与"心"词汇化为一个单一的名词。

类似的例子还有"田间、舍间、乡间"等。

用在时间词后的后置词"间"也可以与其前的时间词黏合成词。如"夜间、晚间、日间"等:

　　妻问:"夜间何得而归?"(旧题晋·陶潜《搜神后记》卷三)

　　今日中秋,天气甚清,夜间必有好月色。(宋·周密《武林旧事》卷七)

　　如今憔悴,风鬟雾鬓,怕见夜间出去。(宋·李清照《永遇乐》词)

　　日里夜间,一二百士兵巡绰。(元·施耐庵、明·罗贯中《水浒传》第四十二回)

　　孛端察儿每日间放鹰,到这百姓处讨马奶吃,晚间回去草庵子里宿。(《元朝秘史》卷一)

　　若早间说的话晚夕改了,晚间说的话早晨改了,莫不被人言说呵羞耻?(同上卷十二)

　　如夏月取罪人,早间在西廊,晚间在东廊,以辟日色。(明·刘元卿《贤弈编》卷二)

　　不想却有一个做不是的,日间赌输了钱,没处出豁,夜间出

来掏摸些东西。(明·冯梦龙《醒世恒言·十五贯戏言成巧祸》)

牛布衣日间出去寻访朋友,晚间点了一盏灯,吟哦些什么诗词之类。(清·吴敬梓《儒林外史》第二十回)

梦,有人说是日间的焦虑的再现。(茅盾《创造》一)

以上例子中的"夜间、晚间、日间"本来也是由后置词"间"与时间词参与构成的后置词结构,其使用频率比较高,在"间"的后置词功能消失以后,这些形式都词汇化为时间名词,《现汉》对这三个词都有收录[①]。

顺便提到一点,宋代以后在时间词后出现的"价、家"很可能是"间"的变体。

用"价"的例子如:

经年价两成幽怨。(宋·柳永《凤衔杯》词)

雪后雨儿雨后雪,镇日价长不歇。(宋·杨无咎《天下乐》词)

每日价烦烦恼恼,孤孤令令。(元·郑德辉《倩女离魂》第四折)

[①] 中古汉语中的"时间"有两个不同的意思,一是"一时之间",形容短暂,在这一意义之下,"间"是一个普通名词,义为"间隙",而不是一个后置词。如:

窋既洗沐归,时间,自从其所谏参。(《汉书·萧何传》)唐·颜师古注曰:间谓空隙也。

当"间"是后置词时,"时间"义为"目下,现时",如:

时间尚在白衣,目下风云未遂。(金·董解元《西厢记诸宫调》卷一)

久已后虽然成佳配,奈时间怎不悲啼!(元·王实甫《西厢记》)

虽则时间受窘,久后必然发迹。(元·秦简夫《剪发待宾》第一折)

由于"间"是后置词,上述"时间"的语义主要是由"时"来表示的。"时"单用就可以指"当时,那时",如:

时举於秦,知穆公之可与有行也而相之。(《孟子·万章上》)

时先主屯新野。(《三国志·蜀志·诸葛亮传》)

李深源、元克己时同游,皆大喜。(唐·柳宗元《钴鉧潭西小丘记》)

不过,现代汉语中的名词"时间"并不是直接来自包含后置词"间"的结构,而是来自日语,日语用"时间"对译英语的 time 一词,后来借入中国(参看刘正埮等1984)。感谢汪维辉先生指出这一点。

自此以后,常在门首成天价拿银钱买剪截花翠汗巾之类,甚至瓜子儿四五升里进去,分与各房丫鬟并众人吃。(明·兰陵笑笑生崇祯本《金瓶梅》第二十三回)

用"家"的例子如:

镇日家贪酒迷花。(金·董解元《西厢记诸宫调》卷三)

心劳意攘,一会家情牵恨惹,一会家腹热肠荒。(元·荆干臣套数《醉花阴北·闺情》)

每日家告遍街坊,谁肯斩(惭)惶?(元·无名氏《小张屠焚儿救母》)

要说叫我摆个东道请他二位吃三杯,我这倒还也擎架的起。成天家开口,甚么土拉块么?(清·西周生《醒世姻缘传》第三十四回)

你成日家忙的是什么?(清·曹雪芹《红楼梦》第二十八回)

"价"和"家"与"间"在语音上的区别是前二者缺乏"间"中的鼻音韵尾。这种转变属于阴阳对转的类型,是一种汉语史中常见的语音变化。"间"的鼻音韵尾的丧失应该是语音弱化的结果。"间"从表示"间隙"的一个名词变为一个后置词,是发生了语法化。一个成分在语法化之后语音上往往要发生弱化,这是语法化研究中发现的带有规律性的现象(Hopper & Traugott 1993)。"间"变为后置词后,其鼻音韵尾因语音弱化而脱落是很自然的。由于后置词的意义比较空灵,所以当后代的人们不了解其来源之后,选用一个更为切近其弱化语音的字来代替它也是很自然的事。

但是,据冯春田(2000)的研究,除时间词外,"价"和"家"还可以用在其他的副词性修饰语后,如:

气长长价吁,泪冷冷价落。(宋·无名氏《张协状元》)

无奈那雀儿成群结队价来偷吃谷粟。(《新编五代史平话》)

> 你告状的全不似那古贤师,这般家闲刁刺。(元·萧德祥《杀狗劝夫》)
>
> 店主人便去打两角酒,大碗价筛来,教武行者吃。(元·施耐庵、明·罗贯中《水浒传》第三十二回)
>
> 一日三顿家馈他饱饭吃。(《朴通事谚解》)

由上面的例子可以看出,"家"和"价"在宋代以后几乎成了一个状语的标志。有一种可能是"家"和"价"在使用过程中功能扩大,从最初只用在时间词后推衍到也可以用在其他状语成分后。但这还只是一种猜测,"价""家"是否真与"间"同源,需要进一步的验证①。

像"间"一样由表空间的名词发展为表空间和时间的后置词的还有"际"。"际"本是一个名词,表示"边际,边缘处"。后来由名词发展为后置词,并从表示空间发展为表示时间。如:

> 开荒南野际,守拙归园田。(晋·陶潜《归园田居》诗之一)
>
> 晚际为上帆而回。(《入唐求法巡礼行记》卷二,天成四年六月二日)②

由表示空间的后置词变为表示时间的后置词的例子还有"头"(参看蒋绍愚 1992)。

"头"做表示空间的后置词的例子如③:

> 监寺僧方起等於库头设空饭。(《入唐求法巡礼行记》卷一,开成三年九月二日)

"头"作为表时间的后置词的例子有:

---

① 赵元任(Chao 1968)认为 -·jia 或 -·jie(写成"家"或"价"-·jie)是副词词尾,举的例子是"别·jie""成天·jie 玩ㄦ"等,并指出这个词尾的常用性很有限。赵元任的研究是基于现代汉语,可见原来的后置词发展到现代汉语中已进入了词汇层面,能产性已经大大萎缩了。

② 此例引自蒋绍愚(1992)。

③ "头"的后置词用法还保留在一些四川方言中,如可以说"屋头",义即"屋里"。

今日已晚,夜头停宿。(《入唐求法巡礼行记》卷一,开成三年七月二日)

二十三日晚头,开元寺牒将来。(同上卷一,开成三年八月二十三日)

晓头,直岁典座引向新罗院安置。(同上卷二,开成五年三月二十四日)

有趣的是,像"价""家"一样,"头"也可以用在副词性修饰语后①:

三魂无倚住,七魄散头飞。(唐·王梵志诗015)②

齐头送到墓门回,分你钱财各头散。(唐·王梵志诗307)

但愿长头醉,作伴唤刘伶。(唐·王梵志诗263)

争头觅饱暖,作计相嗷食。(唐·寒山诗,《全唐诗》9074)

我若东说西说,则竟头向前采拾。(《祖堂集》卷五)

第三节 代词结构的词汇化

汉语史上,不少包含代词的句法结构在发展过程中变成了词。由代词参与组成的句法结构比较容易发生词汇化,可能是因为代词在语音上倾向于轻化,易于与其相邻的成分发生贴附,这一点具有语言普遍性,如罗曼语言(Romance languages)中有一套变为附着形式的轻读代词。在汉语中的另外一个证据是:代词容易与其他成分

---

① 蒋绍愚(1992)认为"头"可以用作动词、形容词的词尾,其实所举例子大多可看作状语成分的标记,至于"研尽大地石,何时得歇头?"(寒山诗,《全唐诗》9097)中的"头"实际上是一个名词词缀,放在动词后使之变为名词。

② 王梵志诗例句后采用张锡厚《王梵志诗校辑》(中华书局,1983)的编号。

构成合音词(这一点在第五章还要论及)。

1. "相"＋动词性成分①→双音词

"相"最初是一个交互代词(reciprocal anaphor),相当于英语中的 each other。如:

> 臣以为布衣之交尚不相欺,况大国乎?(《史记·廉颇蔺相如列传》)

"相欺"指互相欺骗,相当于英文的 cheat each other。"相"的句法位置是在动词之前,这可能是远古汉语宾动语序的残存(邢公畹1947、王力1958、裘锡圭1979、俞敏1981、冯胜利2000b 等),我们这里不做详细讨论。

到魏晋南北朝时期,"相"从交互用法发展出一种"偏指用法"(吕叔湘1942)。在这种用法中,"相"不再表示两个事物互为施受的关系,转而表示一方对另一方的动作行为。这种所谓的偏指用法的"相"是一个不限人称的起照应作用的代词,即"照应词"(anaphor)。其先行语可以为第一人称、第二人称或第三人称。为指称方便,在本书中我们仍沿用吕叔湘的术语,把这种用法称为"偏指用法"。如:

> 一夫有死,皆亮之罪,以此相贺,能不为愧?(《三国志·蜀志·诸葛亮传》)

上例出于对话语境,说话人为诸葛亮。"亮"是其自称。"相贺"在语义上相当于"贺我"。"相"在句中相当于一个第一人称照应词。

> 以卿善射有无,欲相试耳。(《三国志·吴志·赵达传》)

此例也是出现在对话语境中,"卿"是第二人称的尊称,"相试"在

---

① "相"后的成分可以是动词、形容词等,但形容词等出现在"相"后也被认为是动词化了。

意义上等于"试汝"。"相"在句中相当于一个第二人称照应词。

> 长卿故倦游,虽贫,其人材足依也,且又令客,独奈何相辱如此?(《史记·司马相如列传》)

"长卿"是"相"的先行语,"相辱"犹言"辱之"。"相"在句中相当于一个第三人称照应词。

在以上诸例中,"相"实际上是其后动词的宾语,其先行语或由语境可知(先行语是对话语境中的说话人或听话人),或在上文中已经出现。

后来"相"的句法功能逐渐衰退,做交互代词用的"相"由后来的双音词"互相"代替;表偏指的即作为照应词的功能则完全消失了。一些由"相"与其后的动词所构成的结构有些就发生了词汇化,变成了双音词①,如:

相信

> 赵氏上下不相亲也,贵贱不相信也。(《韩非子·初见秦》)
> 盟者,不相信也,故谨信也。(《谷梁传·僖公五年》)
> 为义者则不然,始而相与,久而相信,卒而相亲,后世以为法程。(《吕氏春秋·慎行》)

---

① 在分析动宾短语的词汇化条件时,我们提出指称性弱的名词比指称性强的名词更容易与动词黏合成词。代词比一般名词的指称性更强,因而代词应该比较难于与动词黏合,对比"打人"与"打他",虽然"打人"还不完全是词,但因其中的宾语"人"是一个泛指名词,不具有个体性,指称性弱,因而其词汇化倾向很明显。但"打他"中的"他"是代词,具有很高的指称性,所以没有词汇化倾向。但是为什么做宾语的代词"相"以及后文要谈到的"自"等可以与动词黏合成词呢?这一方面是因为代词的语音容易轻化,另一方面也是因为这些代词做宾语时位置在动词之前,这是远古汉语宾动语序的残留。在从宾动语序到动宾语序的转换过程中,名词先变而代词后变,到了上古汉语中名词以及很多代词都位于动词之后了,代词位于动词之前的结构就成了一种不合普通语序的有标记结构。特殊的句法格式作为早期句法构造的遗迹容易发生词汇化,这可能就是导致"相"字结构、"自"字结构词汇化的一个重要因素。

两主二臣,剖心析肝相信,岂移於浮辞哉?(《汉书·邹阳传》)

受任在万里之外,审主之所授官,必己之所以投命,虽有构会之徒,泊然不以为惧者,盖君臣相信之明效也。(《三国志·魏志·陈思王传》南朝宋·裴松之注引《魏略》)

若作誓说,何师生之间不相信如此?(《朱子语类》卷三十三)

以上例中的"相信"指彼此互相信任,其中的"相"为一个交互代词,"相信"是一个"代词+动词"的结构,还不是一个词。

玄言曰:"郎不相信,请置符於怀中,明日午时,贤宠入门,请以符投之,当见本形矣。"(唐·牛僧孺《玄怪录·王煌》)

此例中"相信"犹言"信我"。"相"是偏指用法,相当于一个第一人称的照应词,由于是出现在对话中,其先行语可由语境推知。这里"相信"还不是一个词,但已有了被看作词的可能。

人说楷曰:"……若恭得志,以卿为反覆之人,必不相信,何富贵可保,祸败亦旋及矣!"(《晋书·简文三子列传》)

此例中,"相"也是偏指用法,出现在对话语境中,相当于一个第二人称的照应词,其先行语是"卿","相信"义同"信汝"。

母曰:"二年之别,千里结言,尔何相信之审耶?"(晋·干宝《搜神记》卷十一)

此例中的"相"也是偏指用法,相当于一个第三人称的照应词,"相信"义同"信之"。

后来,"相信"发生了词汇化,成为一个动词,义为"认为正确或确实,不怀疑",其后可另带宾语。词汇化的直接源头可能是表偏指的"相"字结构,因为表偏指的"相"出现的语境中主语可以是单数的,但表互指的"相"则必须出现在主语是复数的语境中。这样,表偏指的

"相"字结构出现的语境与作为及物动词的"相信"出现的语境更相似,所以由前者词汇化为后者更为自然。

相继

  鲁之於晋也,职贡不乏,玩好时至,公卿大夫相继於朝,史不绝书,府无虚月。(《左传·襄公二十九年》)

  至於秦政刻文,爱颂其德,汉之惠景,亦有述容,沿世并作,相继於时矣。(南朝梁·刘勰《文心雕龙·颂赞》)

这两例中的"相"是表互指的代词,"相继"义为"互相接续"。

  大任先去冢未乾,小任相继呼不还。(宋·苏轼《任师中挽词》)

此例中的"相"是一个偏指代词,其先行语是"大任","相"相当于一个第三人称照应词,"相继"义同"继之"。后来"相继"词汇化为一个副词,义为"一个跟着一个"。

相好

  兄及弟矣,式相好矣。(《诗·小雅·斯干》)

  仁恩施行,是以其民和亲而相好。(《韩诗外传》卷四)

以上例中的"相"是一个交互代词,"相好"义为"彼此友善"。

  五衢之民,男女相好,往来之市者,罢市,相睹树下,谈语终日不归。(《管子·轻重丁》)

  李由之母少寡,与李音窃相好而生由。(《孔丛子·陈士义》)

以上例中,"相好"语义专指化了,特指男女恋爱。后来"相好"由此义发生了转类,词汇化程度进一步提高,变为一个名词,指恋人,如"她是张三的老相好"。

相识

  以为故耶?则未尝相识也。(《荀子·君道》)

夜战声相知,则足以相救;昼战目相见,则足以相识;欢爱之心,足以相死。(《汉书·晁错传》)

及同郡徐原,爰居会稽,素不相识,临死遗书,托以孤弱,瑁为起立坟墓,收导其子。(《三国志·吴志·陆瑁传》)

骨肉生离,不复相识。(《后汉书·班超传》)

以上例中的"相"是一个互指代词,"相识"指"彼此认识"。

嗣明与敬真多引海内相识,冀缓其死。(《旧唐书·张光辅传》)

此例中"相识"已词汇化为一个名词,指"彼此认识的人、熟人"。董志翘、蔡镜浩(1994)指出,"相"字结构有时后面又出现了宾语,这时"相"已没有什么意义,可以看作一个动词词缀。如:

昨道诸书,今示卿相见之。(晋·王羲之杂帖,《全晋文》卷二十三)

为诏之辞,不得不云有兵谋,非事实也。故相报卿知。(《宋书·文九王传》)

晞无子,帝将赐之妾,使小黄门就宅宣旨,皇后相闻晞妻。(《北齐书·王晞传》)

拿起箸来,相劝戴宗、李逵吃,自也吃了些鱼,呷了几口汤汁。(元·施耐庵、明·罗贯中《水浒传》第三十八回)

以上诸例中,由于动词后宾语的出现,"相"的代词性已消失,"相"与其后动词已经发生了词汇化,只是有些形式并未保留到现代汉语。

现代汉语中保留下来的由"相"字结构变来的词还有"相思、相传、相应、相关、相当、相爱、相会、相比、相反、相似、相等、相间、相遇、相符、相逢、相连、相约、相宜、相向、相知"等。这些形式在词汇化中有些发生了转类,变成了名词。没有发生转类的比发生了转类的词汇化程度低一些。

2. "见"+动词性成分→双音词

在中古时期,与"相"字的代词用法相类似的还有一个"见"字。"见"的一个常见用法是做表被动的助词,如:

汝可疾去矣,且见禽。(《史记·商君列传》)

信而见疑,忠而被谤。(《史记·屈原贾生列传》)

在中古时,"见"出现了指代词用法。吕叔湘指出:"'见'字之指代用法,其兴起视'相'字之指代用法为略后,而并盛于魏晋六朝。"(吕叔湘 1943)吕先生还观察到"见"字起指代作用时的一个特点:"'见'字表被动,其主语(亦即'见'后动词之受事,R)不限于三身之任何一身……至于指代性用法盛见之后,则率施于 R 为第一身之句。"(吕叔湘 1943)这就是说,"见"表指代时,是一个单纯的第一人称代词,在句中也是起照应作用。以下是一些"见"作为指代词的用法:

若使君不见听许,登亦未敢听使君也。(《三国志·蜀志·先主传》)

前实怨不见救,定至今日乃知调度自有方耳。(《三国志·吴志·陆逊传》)

时文雅之士,焕然并作;同僚见命,乃作赋曰:……(晋·陆云《愁霖赋·序》)

既无文殊,谁能见赏?(南朝宋·刘义庆《世说新语·文学》)

"见"的这种代词功能在后代也消失了,原先的一些由代词"见"参与组成的结构就固化成词了。以下两例反映了"见怪"成词前后的变化:

休公谓韦公曰:"我得得为渠入蜀,何意见怪?"(宋·孙光宪《北梦琐言》卷二十)

只怕有些见怪令婿。(明·凌濛初《初刻拍案惊奇》卷十二)

第一例中的"见"是一个代词,但第二例中"见怪"已黏合为词,其后带上了宾语。在"见怪"成词之后,"见"原来的意义消失了,"见怪"变为一个及物动词,意思基本上相当于原来"怪"的意思,义为"怪罪"。但"见怪"的及物用法并不多见,或许只是南方方言中的用法。到了现代汉语普通话中,"见怪"的及物用法消失了,"见怪"基本只做不及物动词用了。

同样来源的词还有"见笑、见称、见外、见教、见谅"等,这些词一般都是不及物动词。

3."自"+动词性成分→双音词

"自"作为一个反身代词,在古汉语中一度是很活跃的。"自"有两种用法,一种是强调用法,即强调动作是施事者亲自发出的,充当状语,如:

我将自往请之。(《史记·赵世家》)

"自往"义为"自己前往",强调动作是由主语"我"亲自发出的。这种强调用法在其他语言的反身代词中也存在,如以上例中的"自"就相当于英文 I myself will go to ask for that 中的 myself。

"自"的另外一种用法是照应用法,在句中做宾语,位置是在动词之前。如:

孙叔敖者,楚之处士也。虞丘相进之於楚庄王以自代也。(《史记·循吏列传》)

在上例中,"自"是"代"的宾语,它的先行语是"虞丘相"。在这里"自"相当于一个第三人称反身代词。再如:

夫子立而天下治，而我犹尸之，吾自视缺然，请致天下。（《庄子·逍遥游》）

此例中"自视"义为"看待自己"，其中"自"相当于一个第一人称反身代词。

会高帝崩，吕后德留侯，乃强食之，曰："人生一世间，如白驹过隙，何至自苦如此乎！"（《史记·留侯世家》）

此例出现在对话语境中，"自"相当于一个第二人称反身代词。

我们这里讨论的发生了词汇化的"自"与动词性成分形成的结构，其中的"自"都是照应用法。

汉代以后，"自"的代词功能逐渐为后起的双音词"自己"所替代，做宾语时，位置也从动词前转到了动词后。"'自'＋动词性成分"这样的结构变为一种历史句法的遗迹，有些在发展过程中就慢慢凝固成了词。如：

自杀

郑人缓也，呻吟裘氏之地。……十年而缓自杀。（《庄子·列御寇》）

不许，遂自杀。（《韩非子·内储说下》）

"自杀"这一组合产生得很早，这很可能会使人们认为"自杀"很早就是一个词了。比如以上两例中的"自杀"看起来就很像词。然而似是而非，比照其他"自"参与构成的结构，可以判断上两例中的"自杀"是一个做宾语的反身代词与动词的组合，因此以上的"自杀"相当于英文中的自由句法结构"kill himself/herself"（杀死他/她自己），而不相当于英文中习语性的"commit suicide"（自杀）①。以下的句

---

① 程湘清(1992)的系列研究中把"自杀"处理为主谓式，另外还有不少论著也对"自"字形成的结构做了类似的分析，这种观点很普遍，但实际上是不妥当的。除了本书列举的用例可以作为证据之外，从理论上分析，"杀"是一个及物动词，应与宾语的关系更密

子可以作为我们这样分析的一个佐证:

>　　苏秦、吴起以权势自杀,商鞅、李斯以尊重自灭。(汉·桓宽《盐铁论·毁学》)

以上例中的两个"自"都是照应用法,语义解释依赖于先行语。第一个"自"的先行语是"苏秦、吴起";第二个"自"的先行语是"商鞅、李斯"。这两个"自"都是第三人称反身代词,在句中相当于英文中的themselves。此例中的"自杀"由于是一个由代词宾语与动词构成的结构,还不是一个词,"自"与"杀"是两个句法上分立的单位,因而在语义上也不同于作为词的"自杀"。该代词结构只是表明"自"是"杀"的受事,充当宾语,动作是不是由"自"的先行语发出的,这一点结构自身没有表明。根据史实,苏秦和吴起并非自杀,而是被杀。因此这个例子中"杀"的施事不是"自"的先行语,也就是说"自杀"在以上例中并不是表示一个人有意地杀死自己,词汇化之后才有了这样的意思。类似地,上例中"自灭"的施事也不是商鞅、李斯,"自"只是"灭"的受事,充当宾语。

与"自杀"类似的还有"自卑"。"自卑"在古汉语中也是一个由代词参与构成的动宾结构。其中"自"是前置的代词宾语,"卑"是具有使动用法的形容词,义为"使(地位)低于(他人)、使卑下"。如:

>　　礼者,自卑而尊人。(《礼记·曲礼上》)
>　　是故君子虽自卑,而民敬尊之。(《礼记·表记》)
>　　谦尊自卑者,仁贤之所事也。(汉·董仲舒《春秋繁露·通

切,与主语的关系疏远,不太可能与主语成词(参看第二章第五节的分析)。"自杀"译成现代汉语是"杀了自己"而不是"自己杀"。"杀了自己"是一个可以站得住的结构而"自己杀"则不是可以独立的结构。在句法层面分析,"自"只能是"杀"的宾语,不能因为它在所指上与主语大多数情况下都是相同的就认为它是主语,应该将句法平面与语义平面区分开来。而且,"自"是一个反身代词(董秀芳 2002),跨语言的调查表明,反身代词一般是不能充当主语的,这也从一个侧面证明把"自杀"看作主谓结构是不合适的。

国身》)

行冠事必於祖庙,以祼享之礼以将之,以金石之乐节之,所以自卑而尊先祖,示不敢擅。(《孔子家语·冠颂》)

注意,以上例中的"自"的先行语具有泛指性质,指的不是某一个特定的人。后来"自卑"变成一个形容词,指"轻视自己,以为自己太差,赶不上别人"。如:

穷荒益自卑,飘泊欲谁诉?(唐·杜甫《雨》诗)

自由

古既待放,须起乃逝,何得乱道,进退自由,傲很天常,若无君父。(汉·应劭《风俗通义·过誉》)

方今权宦群居,同恶如市,主上不自由,诏命出左右。(《三国志·魏志·贾诩传》南朝宋·裴松之注引《九州春秋》)

晏执金吾,兄弟权要,威福自由。(《后汉书·阎皇后纪》)

太宗曰:"魏征每庭辱我,使我常不得自由。"(唐·刘肃《大唐新语·规谏》)

以上例中的"自由"是一个代词与动词组成的动宾结构,义为"顺由自己(的心意)"。后变为一个词,指"在法律规定范围内,随自己意志活动不受限制的权利"。这一词的形成中有外来语的影响,是日本人首先用古汉语中的"自由"这个形式来对译英文的 freedom, liberty(刘正埮等 1984),这一用法与"自由"原来的意思是紧密相关的。

由"自"与动词性成分组成的结构词汇化而来的词还有:自慰、自信、自首、自励、自私、自刎、自勉、自尽、自卫、自嘲、自新、自给、自强、自称等。

汉语中包含"自"的双音词比较多,但"自"还不能说已经变为词缀了,因为它的出现还远远不具有周遍性,它和动词性成分之间还保留有一定的分立性,只能说"自"具有一定的词缀化倾向。对比其他语言中的情况,比如古挪威语中的反身代词 sik 后来变成了一个词缀-sk,原来词之间的空隙被取消了,字母拼写方式也发生了变化(Hopper & Traugott 1993)。挪威语中这个表示反身意义的词缀与动词词根的融合程度要高于汉语双音词中"相"与动词性成分的融合程度。可见,相似的演变过程可能在不同的语言中存在着,只是变化的程度和细节表现不同而已。

4. 谓词性代词"然"参与形成的结构的词汇化

古汉语中的"然"是一个谓词性代词,相当于英语中的"so",义为"这样,如此"。比如:

河东凶亦然。(《孟子·梁惠王上》)
今世君不然,释法而以知,背功而以誉。(《商君书·君臣》)
太子所以然者,不过以妾及奚齐之故。(《史记·晋世家》)

由于"然"作为代词是谓词性的,副词可以出现在"然"的前面做状语。一些单音副词或助动词与"然"组成的结构在后代发生了词汇化。如:

果然(此条参看董志翘、张意馨 1992)

乃召其堂下而谯之,果然,乃诛之。(《韩非子·内储说下》)
说者曰:"人言楚人沐猴而冠耳,果然。"(《史记·项羽本纪》)
天下谓刀笔吏不可为公卿,果然。(《汉书·汲黯传》)
我所以不令贾复别将者,为其轻敌也。果然,失吾名将。(《后汉书·贾复传》)

以上例中"果然"是状中结构,义为"果然如此,的确如此"。其中,"果"是一个副词,做状语;"然"是一个谓词性代词,做谓语。后来"果然"变为一个副词,表示实际情形跟预料的完全相符。如:

朕忆当时仙人语,太子长大去修持,皇官不绍金轮位,居山定证佛菩提。果然今日抛吾去,因为西门见死尸。(《敦煌变文集新书·太子成道变文》)

一昨题诗诉苦霖,果然连夜卷曾阴。(宋·范成大《离巫山好晴》诗)

"果然"从短语到副词的转变是发生在动词前的语境中的。

当然①

人生无常在,吾身亦当然。(汉·竺大力共康孟详译《修行本起经》下)

奴醉击长寿亭长,亭长将诣第白之。弘即见亭长,赏钱五千,励之曰:"直健当然"。(《东观汉记·邓弘传》)

太宗笑曰:"理实当然。魏征之言,亦何由可得?"(唐·王方庆《魏郑公谏录》卷二)

每论事必以人物为先,凡所进退,皆天下所谓当然者。(宋·苏轼《司马温公行状》)

以上例中,"当"是一个助动词,义为"应当","当然"是两个词组成的状中结构,义为"应当这样"。在这一意义上,"当然"后来固化为一个形容词,如"这是当然的"。"当然"还发展出副词的用法,表示"合于事理或情理,没有疑问",在句中做状语。如:

元曲中语乃与经疏暗合,当然雅驯,何止非俗?(清·况周颐《眉庐丛话》)

我们四友里头,文章学问,当然要推你做龙头,弟是娄尾。(清·曾朴《孽海花》第三回)

---

① "当然"和下例"必然"也属于助动词结构词汇化的例子,参看本章第六节。

必然

　　此然是必然,则俱。(《墨子·经说下》)

　　圣人知必然之理、必为之时势,故为必治之政,战必勇之民,行必听之令。(《商君书·画策》)

　　今兼听杂学缪行同异之辞,安得无乱乎?听行如此,其於治人又必然矣。(《韩非子·显学》)

　　死者,人之所必不免也。处必然之势,可以少有补于秦,此臣之所大愿也。臣何患乎?(《战国策·秦三》)

　　所任非其人,谓之主卑国危,万世必然,无所疑也。(汉·董仲舒《春秋繁露·精华》)

以上例中,"必"是一个助动词,"必然"义为"肯定是这样"。在后代"必然"黏合为一个形容词,表示事理上确定不移,可以做定语,也可以做状语。如:

　　售盐以利之,通粮以济之,彼虽远夷,必然向化。(《宋史·李至传》)

虽然

　　王曰:"善哉!虽然,公输盘为我为云梯,必取宋。"(《墨子·公输》)

　　为人臣不忠,当死;言而不当,亦当死。虽然,臣愿悉言所闻,唯大王裁其罪。(《韩非子·初见秦》)

　　(重耳)对曰:"子女玉帛,则君有之;……其何以报君?"曰:"虽然,何以报我?"(《左传·僖公二十三年》)

以上例中,"虽"是一个连词,意义相当于"虽然、即使是"。"虽然"义为"虽然是这样、即使是这样"。后来"虽然"发生了词汇化,变为一个连词,意义相当于原来的"虽",如:

　　神仙虽然有传说,知者尽知其妄矣。(唐·韩愈《谁氏子》

诗)

虽然同是将军客,不敢公然子细看。(唐·李商隐《天平公座中呈令狐令公》)

包含谓词性代词"然"的结构词汇化之后,"然"原来的代词义就消失了。

5. 指示代词"许"与形容词的词汇化

"许"在近代汉语中可以充当修饰性指示代词,义为"如此,这般",相当于英语中的 so。如:(以下有些例子引自冯春田 2000)

数回细写愁仍破,万颗匀圆讶许同。(唐·杜甫《野人送朱樱》诗)

时径山有盛名,常倦应接,诉于三姑。姑曰:"皆自作也。试取鱼子来咬着,宁有许闹事!"(唐·李肇《唐国史补》卷上)

贯大惊曰:"金人国中初定,些少人马在边上怎敢便做许大事?"(宋·徐梦莘《三朝北盟会编·茅斋自叙》)

太师于洪武八年凤阳盖造官殿,差往兴原转运茶,与陈进兴说:"许大年纪,教我运茶,想只是罚我。"(清·钱谦益《牧斋初学集》)

今日初谒师门,怎得有许长工夫合他把《儿女英雄传》前三十五回的评话从头讲起?(清·文康《儿女英雄传》第三十六回)

后来,"许"作为指示代词的这一功能消失了,一些由"许"与形容词形成的结构就发生了词汇化,如"许多""许久"(冯春田 2000 已指出了"许多"的来源)。

许多①

　　蕴奏曰:"此大不逊,天下何处有许多贼?"(《隋书·裴蕴传》)

　　只恐双溪舴艋舟,载不动,许多愁。(宋·李清照《武陵春》词)

　　佛法无许多事,那里著得情见来?(宋·圆悟克勤《碧岩录》)

　　请太师问归朝官,按月请受尚有拖延不足之时,那里得许多金银?(宋·徐梦莘《三朝北盟会编·靖康城下奉使录》)

　　斡离不云:"待道是贼来,怎生有许多贼?……"(同上)

以上例中"许"是指代词,"许多"包含两个分立的词,是"这么多"的意思。

　　若能于一处大处攻得破,见那许多零碎,只是这一个道理,方是快活。(《朱子语类》卷八)

　　(唐太守)连相待之意,比平日也冷淡了许多。(明·凌濛初《二刻拍案惊奇》卷十二)

以上例中的"许多"已成为一个词,义同"很多"。

许久

---

① 《大词典》在"许"字头下列了一条义项"多,许多",所引最早书证出自《太平广记》。照此看来,"许多"好像也有可能最初构成的是并列结构。但《大词典》中列在"许"的"多,许多"义项之下的例子中的"许"都处于时间词之前,如"许日、许年、许时",实际这样的"许"可以解作"这些","许日""许年""许时"就是"这些日子""这些年""这些时","许"可看作形容词性指示代词,而不一定要解作"多"义,"多"义是在语境中获得的。观察文献中出现较早的"许多"的用例,"许"都是指示代词"这么"之义,而且,"许多"还可说成"如许之多",如:

　　文靖曰:"此虽微物,而禁中偶乏而吾家乃有如许之多,可乎?吾非靳也。"(宋·徐度《却扫编》卷下)

这进一步证明"许多"最初是一个偏正结构,因此我们排除了"许多"来自并列结构的可能性。

与君相从许久,苦留不住。(宋·陈鹄《耆旧续闻》卷七)

近方见其墨迹于士友处,云得于鬻书者。时历七八十年尚存,许久无采取者,岂憎人憎及储胥耶?(宋·周煇《清波杂志》卷三)

怎么差去的人去了许久,还不见来回报?(元·纪君祥《赵氏孤儿》第一折)

以上"许久"义为"这么久","许"是指示代词,"久"是形容词。

后此女沦落许久,嫁里中黄生,亦名家子也。(明·沈德符《万历野获编》卷二十三)

行者还只管撞钟不歇,或紧或慢,撞了许久。(明·吴承恩《西游记》第十六回)

以上例中"许久"已发生了词汇化,成为一个词,义为"很久"。

第四节 否定结构的词汇化

由"不、无、非"等否定词与谓词性成分组成的否定结构有些发生了词汇化,演变成了双音词。这一类双音词数量比较多。本节就集中讨论这一类现象。因篇幅所限,除个别例子,一个形式作为否定句法结构和作为词的用法只各举了一例。举例中序号①后列否定结构义和书证,序号②后列词义和书证。

1. 由"不"① 参与形成的否定结构的词汇化

(1)词汇化为一个副词

不失

① 不偏离,不失误。

　　出门交有功,不失也。(《易·随卦》)唐·孔颖达疏:"以所随之处不失正道,故出门即有功也。"

② 还算得上,不愧。

　　故蹈元之辙,不失为小乘;入宋之门,多流於外道也。(明·胡应麟《诗薮·外编·元》)

作为否定结构的"不失",是对"失"的否定。"不"和"失"之间的句法关系很明显,并且在语言中存在一个与之对应的肯定形式"失",如:

　　以约失之者,鲜矣。(《论语·里仁》)

当其发生词汇化后,"不失"变成了一个副词。作为副词的"不失","不"与"失"之间原有的句法关系变得模糊了,并且没有了与之相对应的肯定形式:"失"在语义上不能作为词"不失"的对立面。比较下面的两个句子:

　　a.这不失为一种聪明的做法。

　　b.＊这失为一种聪明的做法。

b 句的不合法说明"不失"不是对"失"的简单否定,而是构成了

---

① "不"不是一个一般的副词,它有很多特殊的语法性质,代表了一个很重要的语法范畴:否定(negation)。"不"在句法上是一个功能性最大投射(functional maximal projection)——否定短语(NegP)的中心词(head),因而其语法性远远高于一般的词汇性还比较强的副词。"不"可以看作是一个句法上的否定算子(negative operator),这就是我们把否定结构的词汇化看作是一种句法结构的词汇化而不看作偏正短语的词汇化的原因。

一个意义上独立的词汇单位,"不"和"失"已经是"不失"这个词中的构词成分了。

作为词的"不失"与作为否定结构的"不失"的语义联系是比较明显的,因而我们断定前者是由后者演变来的。以下的例子也都是这样。我们不再一一做详细分析。

不免

①不能免除,不免除。

夫阳子行廉直於晋国,不免其身,其知不足称也。(《国语·晋语八》)

②免不了。

希闻此语,不免饮之。(晋·干宝《搜神记》卷十九)

不定

①没有一定。

是以别方不定,别理千名。(南朝梁·江淹《别赋》)

以上例中"定"是一个形容词。"不定"最初是一个否定词与形容词组成的结构。

②表示说不清。

她知道老人在这几天不定盘算了千次万次,怎么过生日,可是故意地说不要贺生。(老舍《四世同堂》)

不料

①不估计。

夫以弱攻强,不料敌而轻战,国贫而骤举兵,此危亡之术也。(《战国策·楚策一》)

②没想到,没有预先料到。

不料此人外亲内疏,挟诈而取益州。(元·关汉卿《单刀会》第一折)

不禁①

①准许,不禁止。

　　欲民之正,则微邪不可不禁也。(《管子·权修》)

②抑制不住,不由自主。

　　不禁清泪,暗里洒向孤灯结成冰。(明·刘基《怨王孙》词)

(2)词汇化为一个助动词

不堪

①不能承担,不能胜任。

　　众以美物归女,而何德以堪之,王犹不堪,况尔小丑乎!(《国语·周语上》)

②不可,不能。

　　山中何所有,岭上多白云,只可自怡悦,不堪持赠君。(南朝梁·陶弘景《诏问山中何所有赋诗以答》)

不得

①不能得到,得不到。

　　求之不得,寤寐思服。(《诗·周南·关雎》)

②不能,不可。

　　阍,门者也,寺人也。不称姓名,阍不得齐於人;不称其君,阍不得君其君也。(《谷梁传·襄公二十九年》)

(3)词汇化为一个连词

不拘

①不拘泥,不计较,不限制。

　　故圣人法天贵真,不拘於俗。(《庄子·渔父》)唐·成玄英

---

① 作为短语的"不禁"中的"禁"读去声,而成词后的"不禁"中的"禁"读阴平,虽然语音有变化,但二者从意义上看,显然具有继承发展关系。

疏:"不拘束於俗礼也。"
②不论,不管。

想夫人处必有佳馔,烦汝敬谒,不拘多寡,以疗宿饥,可乎?(金·董解元《西厢记诸宫调》卷五)

不管
①不顾,不考虑。

从棹尾,且穿腮。不管前溪一夜雷。(唐·佚名《和张志和〈渔父〉》)
②不论。

财物器藏,任意般将,不管与谁,进(尽)任破用。(《敦煌变文集·八相变》)

不论
①不考察,不评论。

不恤是非,不论曲直,以期胜人为意,是役夫之知也。(《荀子·性恶》)
②表示条件或情况不同而结果不变。

且要身心不越常,能於苦海作桥梁。不论高下皆如下,此个名为真道场。(《敦煌变文集·维摩诘经讲经文》)

(4)词汇化为一个名词

不测
①难以意料,不可知。

阴阳不测之谓神。(《易·系辞上》)
②料想不到的事情。多指祸患。

帝自出关,畏不测,常默坐流涕。(《新唐书·奸臣传下·玄晖》)

不才

①没有才能。

此子也才,吾受子之赐;不才,吾唯子之怨。(《左传·文公七年》)

②对自己的谦称。

胜概唯诗可收拾,不才羞作等闲来。(宋·王安石《落星寺南康军江中》诗)

还有因委婉用法而形成的名词:

不讳

①不避尊长的名字。

诗书不讳,临文不讳,庙中不讳。(《礼记·曲礼上》)

②死亡的婉辞。

君即有不讳,谁可以自代者?(《汉书·丙吉传》)唐·颜师古注:"不讳,言死不可复讳也。"

(5)词汇化为一个动词

不审

后不审何年,高渐丽以筑击始皇,不中。(汉·王充《论衡·变虚》)

援翰曰:"……不审尊体起居如何?"(南朝宋·刘义庆《世说新语·言语》)

闻达之日,声论当兴,将谓二宫有不顺之怨,不审陛下何以解之?(《三国志·吴志·孙霸传》)

以上例中的"不审"是一个否定结构,是"不知道、不清楚"的意思。"审"单用表"知道、清楚"的例子如:

夫辩者,将以明是非之分,审治乱之纪。(《墨子·小取》)

远听而近视以审内外之失,省同异之言以知朋党之分。

(《韩非子·备内》)

在六朝时,"不审"常用在表示问候的寒暄语中。后来,"不审"就变为一个问候语和表示"问候"的动词,如:

在夹山有僧到石霜,才跨门,便问"不审"。石霜云:"不必,阇梨。"(《祖堂集》卷七)

直至庵前,高声不审和尚。(《敦煌变文集新书·庐山远公话》)

成词的"不审"并没有流传至现代汉语。

(6)词汇化为一个形容词

不学

①不学习,不求学。

不学《诗》,无以言。(《论语·季氏》)

②谓没有学问。

又以《文选》李善注在五臣后,其疏浅不学,几於王侍书题阁帖矣!(明·胡应麟《少室山房笔丛·经籍会通二》)

不满

①不充满。

盛而不落者未之有也。故有道者不平其称,不满其量。(《管子·宙合》)

②不满足,不满意。

敢避其烦黩,怀不满之意于受恩之地哉?(唐·韩愈《上郑尚书相公启》)

现代汉语词汇系统中,有些由"不"构成的词语与否定结构在语义上没有什么显著区别,词性也未发生转移,如"不致、不乏、不实、不逊、不休、不宜、不符"等(《现汉》对这些词都有收录)。它们之所以在后来成词,主要是因为"不"后被否定的词在现代汉语中不能单独使用了,已由自由成分变成了黏着成分,因而"不+X"就没有了与之直接对立的肯定式"X",变成了一个不能再做内部句法分析的词汇单位。这类词多是书面语,其词性随"不"后原中心词的性质而定,可属于动词或形容词。

2. 由其他否定词组成的否定结构的词汇化现象

与"不"相类似,否定词"非、无、未"等也有与其中心词发生黏合的现象。略举几例,以资参证。

非常
①不同寻常。

盖世必有非常之人,然后有非常之事;有非常之事,然后有非常之功。非常者,固常之所异也。(《史记·司马相如列传》)

②很,十分。

其端氏城,是刘从谏近年修筑,非常牢固。(唐·李德裕《昭义军事宜状》)

"非常"作为一个否定结构,有肯定对应形式"常",义为"寻常、普通"。如:

夫常人安於固习,学者溺於所闻。(《商君书·更法》)

词汇化发生后,"非常"变成了一个程度副词,不再有肯定对应形式:

a.这里的景色非常漂亮。

b.＊这里的景色常漂亮。

无妨
①没有祸害,没有妨害。

归反故室,敬而无妨些。(《楚辞·招魂》)汉·王逸注:"妨,害也。"

②不妨,没有关系。副词。

只此共栖尘外境,无妨亦恋好文时。(唐·司空图《争名》诗)

无事

①没有变故。多指没有战事、灾异等。

天子无事,与诸侯相见,曰朝。(《礼记·王制》)

②无端,没有缘故。副词。

今若无事背王,规相攻讨,则使身及子孙,还如王誓。(《北齐书·神武帝纪下》)

无任

①不能胜任,无能。

大王已知魏之急而救不至者,是大王筹策之臣无任矣。(《战国策·魏四》)

②敬词,犹不胜。副词。

凡在率土,实多庆赉,无任忻戴忭跃之至。(唐·张九龄《请御注〈道德经〉及疏施行状》)

未免

①不免,免不了。

舜,人也;我亦人也。舜为法於天下,可传於后世,我由未免为乡人也,是则可忧也。(《孟子·离娄下》)

②犹言不能不说是。副词。

这是他的独到,然比着前一段却未免逊一筹了。(清·刘鹗《老残游记》第二回)

以上都是否定词与其后的成分词汇化为副词的例子,只是除"非常"和"未免"以外,其他几个例子作为词的用法没有流传到现代汉语。

无能
①没有才能,没有能力。
> 其难进而易退也,粥粥若无能也。(《礼记·儒行》)

②谦词。犹不才。名词。
> 无能幽州涿郡大桑村人也。(元《三国志平话》卷上)

此例中"无"与其后的成分词汇化为一个名词,但作为词的用法也没有流传到现代汉语。

无论
①不要说。
> 愿王慕其大勇,无论匹夫之小勇。(《孟子·梁惠王下》东汉·赵岐注)

②连词,不论,不管。
> 游人杜陵北,送客汉川东。无论去与住,俱是一飘蓬。(隋·尹式《别宋常侍》诗)

3. 否定结构的词汇化在共时状态下的表现

否定结构的词汇化在共时状态下也有一定表现,如现代汉语中的"不错"可以指一个与"错"相对的意思,义为"对、正确",如"你说的不错,情况正是如此"。在这种情况下,我们可以认为"不错"是一个短语。但"不错"还可以表示"不坏、好"的意思,在这种情况下,它是一个形容词,如"人家待你可真不错"。再如"不对",在"这道题他答得不对"这一例中是与"对"意思相反的一个否定结构,但在"那人神色有点儿不对"中则是一个形容词,义为"不正常"。

4. 词汇化对于否定词功能的影响

否定结构的词汇化对于否定词的功能也有影响,它使得否定词由独立走向黏着,有变为否定词缀的倾向。这很容易理解,词汇化的过程就是使否定成分与被否定成分融为一体,在这种融合过程中,否定成分的独立性自然在一定程度上受损,甚至变得不再能自由使用,必须与其后的被否定成分共同行动。

在古汉语中,"非"和"无"原来都是动词,也可以用作副词,"未"是否定副词,但到现代汉语中除了在一些固定的句法搭配(如"非……不……")中之外,几乎都不能单用了。只有"不"在现代汉语中除了做构词成分外还能单用。"非"和"无"在性质上已经接近于前缀,赵元任(Chao 1968)称之为"新兴前缀"。

类似的情况在英语中也有反映。英语中有不少表示否定的语素,其中前缀有:non-、dis-、un-、in(im、il、ir)-、a(an)-,后缀有-less,词根有no。这些否定语素原来也大都是独立的词,到了现代英语中,只有no还保留了一定的独立性,除作为构词成分外,还可作为词使用,其余都不能独立使用了(参看陈平 1985)。

可见,否定结构的词汇化不仅造就了一批新词,也造就了一批否定词缀,为词汇系统提供了构词手段。以此为基础,就可直接造出一批新词。

5. 否定结构词汇化的句法与语义基础

Huang(1988)指出,否定成分的句法位置需要词汇性语素的持助,也就是说,否定成分必须与一个相邻的词汇形式结合在一起,组成一个独立的复杂单位。这一要求就决定了否定成分与词汇成分在句法上的紧密关系,长期连用的结果就造成一些组合不仅在句法上是一个整体,而且在意义上也变为一个整体,因而词汇化就发生了。

否定结构容易发生词汇化,在一定程度上是因为否定成分与被否定成分在概念上关系紧密。从意义上看,"不 X"虽然看起来类似于偏正短语,但实际上却不同于一般的偏正短语。与后者相比,它有更大的意义完整性。吕叔湘(1965)很敏锐地指出:"假如'X'没有反义词'Y',那么'不 X'就是'X'的反义词。'不 X'在语义上构成一个整体,不仅仅是'X'这个概念的否定,'X'可以有程度的差别,'不 X'也可以有程度的差别。"如"不乐意"可以看作"乐意"的反义词,可以对其加以限定,可以说"很不乐意",也可以说"有点不乐意"等。这些例子中的程度副词修饰的对象是"不 X"这个整体组合,而不是只修饰其中一部分。这种意义完整性为否定词与被否定词的黏合创造了条件。

第五节　介宾结构的词汇化

一些介词与其宾语组成的结构在发展过程中变成了词,本节就讨论这一类现象。

汉语中的介词本身是从动词语法化而来的。现代汉语中很多介词的语法化程度还不是很高,这表现在很多介词还兼有动词的用法,而且其最初的词汇意义还比较明显。但是在古代汉语中也有一些产生很早、已经非常纯粹的介词,如"于(於)",这些介词的词汇性意义很早就消失了,语法化程度很高。发生词汇化的介宾结构中的介词属于这一类。

"于(於)是"就是一个发生了词汇化的介宾结构。清代王筠认为,"於"字的本义是"乌鸦",用作动词和介词,是借为"于"字。段玉裁说"于"和"於"是古今字。甲骨文里只有"于"字,没有"於"字。到了周代的金文里,才出现"於"字。从文献上看,这两个字用作介词时基本上是可以互换的(参看闻宥 1984、解惠全、洪波 1988)①。因此我们把"於是"和"于是"看作同一形式的不同写法。

"于(於)是"作为一个介宾结构,由于"是"的多义性,可以表达不同的意思。如:

　　於是,陈蔡方睦於卫。(《左传·隐公四年》)

　　五年春正月,甲戌,己丑,陈侯鲍卒,再赴也。于是陈乱,文公子佗杀大子免而代之。(《左传·桓公六年》)

　　于是江、黄、道、柏方睦于齐,皆弦姻也。(《左传·僖公五年》)

以上例中,"于(於)"是一个介词,其宾语"是"是一个时间代词。"于(於)是"义为"在这个/那个时候"。

　　君子无终食之间违仁,造次必于是,颠沛必于是。(《论语·里仁》)

　　"抑王兴甲兵,危士臣,构怨于诸侯,然后快于心与?"王曰:"否!吾何快于是?将以求吾所大欲也。"(《孟子·梁惠王下》)

　　口之宣言也,善败於是乎兴。(《国语·周语上》)

　　是持宠处位终身不厌之术也,虽在贫穷徒处之势,亦取象於是矣。(《荀子·仲尼》)

以上例中,"于(於)"的宾语"是"相当于一个代词,指代前文已出现过的一个名词性成分。"于(於)是"相当于"在此",可以表示"在这个/那个方面""在这/那一点上"等意思。

发生词汇化的"于(於)是"是其中的"是"为时间代词的那一类。时间关系容易转化成因果关系,如英语中的 since 就是从表示时间

---

① 蒲立本(Pulleyblank 1986)认为"于"和"於"作为介词本是有区别的:"于"的介词用法是由动词用法语法化而来的,"于"作为动词,义为"去,往"。"於"最初的动词义应为表静态的"在……里"。但后来"于"和"於"作为介词的功能混同了。

关系的连词变成表示因果关系的连词的(Hopper & Traugott 2003)。以下例子中"于(於)是"已发生了词汇化,变为一个连词,表示后一事紧接着前一事发生,后一事往往由前一事引起。如:

当是时,商君佐之,内立法度,务耕织,修守战之备,外连衡而斗诸侯,于是秦人拱手而取西河之外。(汉·贾谊《过秦论》)

郑入滑,滑听命。已而,反与卫,於是郑伐滑。(《史记·郑世家》)

在古代汉语中,介宾结构既可以出现在动词前也可以出现在动词后[①],变为连词的介宾结构只能是出现在动词之前的。由于在古代汉语中主语常因在前文出现过而被省略,这样动词前的句法位置从表层形式上看有时就是分句首的位置,而这正是句子层次上的连词出现的典型位置。处于这样位置的介宾结构就有可能被重新分析为一个连词。

第六节 助动词结构的词汇化

助动词与其后动词构成的结构也有词汇化的倾向,由这种结构词汇化而来的双音词的数量比较多。

不少由助动词"可"与其后动词性成分组成的句法结构词汇化后变成了形容词,有一些变成了动词。如:

可恶

食之可欲,忍而不入;死之可恶,然而不避。(《战国策·楚

[①] 根据孙朝奋(Sun 1996)的数量统计,在上古出现于动词前与动词后的介宾结构的数量几乎是相等的,只是在中古以后动词后的介宾短语才前移至动词前。

策一》)

见其可欲也,则必前后虑其可恶也者;见其可利也,则必前后虑其可害也者,而兼权之,孰计之,然后定其欲恶取舍。(《荀子·荣辱》)

故其国刑不可恶,而爵禄不足务也,此亡国之兆也。(《商君书·算地》)

以上例中的"可恶"是一个助动词与动词构成的结构。"可"是一个助动词,义为"可以,值得";"恶"是一个动词,义为"憎恶、讨厌"。在上举最后一例中,"可"与"足"对举,可证二者语义相近。

"可"作为助动词与动词组成的结构是自由的句法结构,因而组配很多。但"可"的助动词功能在后代被双音词"可以"替代了,"可"与一些动词的高频组合就发生了词汇化,从句法层面转入了词汇层面。"可恶"就是由于这样的原因变为了一个形容词,义为"令人厌恶的"。注意,"可+V"从"助动词+动词"的结构变为形容词后,在意义上的改变并不十分明显,主要的表现在于"可"原有的意义模糊了,"可"与动词之间原有的词的界限失落,人们不再分析"可"与动词之间的语义关系,而把词汇化了的"可V"形式直接看作一个密不可分的表义单位了。能不能做定语不能作为形式判断标准,因为"助动词+动词"的结构也是可以做定语的;能不能加程度副词也不是一个很好的判断标准,因为古汉语中的"助动词+V"结构前可加程度副词"甚"或"大",如可以说"甚可嘉羡""大可不必"等。现代汉语的助动词结构前有时也可加程度副词"很",如可以说"很应该去"。因此,判断"可+V"是否词汇化就有一定难度,在这种情况下,一方面要考虑语义方面的变化,另一方面出现频率的高低也可以作为一个参照标准,一般来讲,成为词的形式使用频率要高于自由句法结构的出现频率,当出现频率由低变高时,"可+V"就有可能是发生了词汇化了。

在有些方言里,"可恶"可以被用为及物动词,"可"的意义完全失落了:

  大人最可恶他,一向是不许他上门的。(洪深《劫后桃花》)

以上例中"可恶"带了宾语。但这种用法没有在现代汉语普通话中被采用。

可爱

  故君子在位可畏,施舍可爱,进退可度,周旋可则,容止可观。(《左传·襄公三十一年》)

  淳均之剑不可爱也,而欧冶之巧可贵也。(《淮南子·齐俗》)

以上例中的"可爱"是"值得爱慕,值得珍惜"的意思,其中"可"为助动词。词汇化后变为一个形容词,义为"让人喜欢的"。

另外,在一些地方"可爱"词汇化为动词,义同"爱","可"的意义失落,但这种用法没能保留下来:

  李诗宛如姑射仙子,有一种落花流水之趣,令人可爱。(清·沈复《浮生六记·闺房记乐》)

可观

  物大然后可观。(《易·序卦》)

  虽小道,必有可观者焉。(《论语·子张》)

  然封立三王,天子恭让,群臣守义,文辞烂然,甚可观也,是以附之世家。(《史记·三王世家》)

以上例中,"可观"是由助动词"可"与动词"观"组成的结构。"观"的意义是"看","可观"就是"值得看"。到现代汉语中,"可观"已变为一个形容词,义为"达到比较高的程度"。如"这个数字相当可观"。在这一意义下,"可观"已经抽象化了。

可怜

  汝欲返性情而无由入,可怜哉!(《庄子·庚桑楚》)唐·成玄英疏:"深可哀愍也。"

  此心此志,可怜可矜。(《南齐书·王思远传》)

  辞无可怜,罪有不测。(《梁书·王僧孺传》)

以上例中的"可怜"是一个助动词结构,义为"值得怜悯"。后来黏合成一个形容词,指"令人怜悯的"①。而且还发展出动词用法,可以带宾语:

  从此里中父老,人人薄许武之所为,都可怜他两个兄弟。(明·冯梦龙《醒世恒言·三孝廉让产立高名》)

"可怜"的形容词用法和动词用法都保留在现代汉语里。

可取

"可取"作为一个助动词加动词构成的结构,由于"取"的不同意义而可以有不同的含义。如:

  公曰:"鲁可取乎?"(《左传·闵公元年》)

以上"可取"义为"可以攻取"。

  财物皆可取耳,诸母衣不可得。(《后汉书·朱晖传》)

  夫物之所美,己不可收;人之所贵,我不可取。(《晋书·王湛传》)

以上例中"可取"义为"可以拿"。

  王华贼亡之余,赏擢之次,先帝常见访逮,庶有一分可取。(《宋书·谢晦传》)

  朕顷年以其人识见可取,故简司狱官,小优劣不足为差。

---

① "可怜"在古代还有"**值得怜爱**"之义,如:
  可怜九月初三夜,露似珍珠月似弓。(唐·白居易《暮江吟》诗)
但这一意义没有沿用至现代汉语,只在成语"楚楚可怜"中还有体现。

(《魏书·广陵王传》)

若有名行显著,操履修洁,及学业才能,一艺可取,咸宜访采,将身入朝。(《隋书·炀帝纪》)

以上例中的"可取"义为"可以采纳"。这是现代汉语中作为形容词的"可取"的直接源头。"可取"成词后指"可以采纳接受的"。

由助动词"可"与动词黏合而成的词还有"可笑、可怕、可贵、可惜、可叹、可悲、可靠、可疑、可耻、可信"等。

由"可"参与构成的这些词内部形式比较明显。除了那些发生了转类的如"可怜"之外,在意义上的变化似乎也不明显。从助动词结构到形容词是经过了一个范畴的改变,之所以这种范畴的改变在语义上没有明显的反映是由于汉语中形容词和动词在句法性质上的差异不明显。汉语中的形容词和动词一样可以直接做谓语;有些动词也能像形容词一样直接做定语。这样就使得一个包含"可"的形式出现在谓语或定语位置时,既可以作为形容词来理解也可以作为助动词结构来理解。

有些形式在词汇化之前是多义形式,如"可惜"在未成词前可以表示"值得珍惜""值得惋惜"两种意思,因为"惜"是多义词,随着"惜"的意思的不同,"可惜"的意思也就不同。但词汇化以后只有一种意思,相当于"遗憾",显然这种意思是从"值得惋惜"这一意义发展出来的。"可惜"在词汇化之前表示"值得珍惜"的例子如:

生可惜也,死可畏也,然长生养性辟死者,亦未有不始于勤,而终成于久视也。(《抱朴子·地真》)

已成之基,可惜之宝,莫复是加。(《南齐书·崔慧景传》)

张载《铭》云:"世乱则逆,世清斯顺。"此之一言,良可惜矣。(《魏书·邢峦传》)

光阴可惜,譬诸逝水。(北齐·颜之推《颜氏家训·勉学》)

这一意义上的"可惜"没有发生词汇化。
容易(此条参看董志翘、张意馨 1992)

　　吴王曰:"可以谈矣,寡人将竦意而听焉。"先生曰:"於戏!可乎哉!可乎哉!谈何容易!"(《文选·东方朔〈非有先生论〉》)唐·李善注:"言谈说之道,何容轻易乎?"

　　郎中丘常谓恽曰:"闻君侯讼韩冯翊,当得活乎?"恽曰:"事何容易!脛脛者未必全也。"(《汉书·杨恽传》)

　　吾曰:"凡如此例,不预研检,忽见不识,误以问人,反为无赖所欺,不容易也。"(北齐·颜之推《颜氏家训·勉学》)

　　校定书籍,亦何容易,自扬雄、刘向,方称此职耳。(同上)

以上例中,"容"是一个助动词,义为"可以,能够"①;"易"是一个动词,义为"轻视"。"容易"整体义为"能够轻视"。后来词汇化为一个形容词,表示"做起来不费力,不难"。如:

　　不觉已及徽安门。门闭,过之亦如去时容易。(唐·张鷟《朝野佥载》卷六)

这一用法一直保留至今。不难的东西就能够被轻视,因而"能够轻视"义可以发展为"不难"义,这是溯因推理(abduction)造成的语义演变。溯因推理是从小前提和事实推出大前提的一种推理形式,可以表示为:如果 p 那么 q,q,那么很可能 p。比如"如果屋里温度过高,孩子会出汗,现在孩子出汗了,可能是屋里温度过高了。"溯因推理的结论不一定总为真,是或然性的,但是溯因推理是人们日常生活中经常用到的推理形式,在语义演变中也起着重要的作用。

"容易"在唐代前后曾可以表示"轻易,草率"之义,但这个意义没

----
① "容"作为助动词是从动词语法化来的,做动词时义为"允许"。语法化为助动词后,"容"只能出现在否定环境中,是古汉语中的一个否定极项(Negative Polarity Item,NPI)。

有能存活到现代汉语,如:

> 兵之道,切忌起无名。不正少功虚效力,逡巡反复祸危倾,容易勿言兵。(唐·易静《兵要望江南·占委任第一》)

还有一些助动词结构词汇化后变为一个副词,如:

可能

> 孟庄子之孝也,其他可能也,其不改父之臣与父之政,是难能也。(《论语·子张》)

> 凡禹之所以为禹者,以其为仁义法正也。然则仁义法正有可知可能之理。(《荀子·性恶》)

> 养可能也,敬为难。(《礼记·祭义》)唐·孔颖达疏:供养父母可能为也,但尊敬父母是为难也。

> 子曰:"天下国家可均也,爵禄可辞也,白刃可蹈也,中庸不可能也。"(《礼记·中庸》)

> 每览史籍,至蔺相如降屈於廉颇,辄绝叹以为不可能也。(《晋书·刘毅传》)

以上例中,"可"是一个助动词,义为"可以";"能"是一个动词,义为"胜任,能做到"。"可能"义为"可以做到"。

"能"作为动词表"胜任"义单用的例子如:

> 东阳少年杀其令,相聚数千人,欲置长,无适用,乃请陈婴,婴谢不能。(《史记·项羽本纪》)

> (李德)洪武三年,以明经荐授洛阳典史,历南阳、西安二府幕官,并能其职。(《明史·李德传》)

后来,"可能"变成一个副词,表示推测。这一变化过程是在多动词句的语境中实现的,如下面的例子:

> 我无钱财,但有方便,可能令汝大得珍宝。(三国吴·支谦译《菩萨本缘经》上)

以上例子中的"可能"还是"可以做到"的意思。但与前举几例不同,这一例中的"可能"出现在一个谓词性成分前,这样的句法位置正是副词可以出现的位置。而且其语义是非现实性的,因为能够做到的事并不一定是现实发生的事,这样在语义上就与表示推测的副词有相通之处,因为后者的语义中也含有非现实性。

  萧艾转肥兰蕙瘦,可能天亦妒馨香。(唐·韩偓《偶题》诗)
  堪叹故君成杜宇,可能先生是真龙。(唐·李商隐《井络》诗)
  隐虽内耻,寻亦嘲之:"钟陵醉别十余春,重见云英掌上身。我未成名君未嫁,可能俱是不如人。"(五代后蜀·何光远《鉴诫录》卷八)

以上例中的"可能"可以看成一个词了①,语义上相当于"大概,也许"。

"可能"从一个句法结构变为一个副词在语义上是从对实际能力的客观说明("可以做到"义)转变到对情况的主观估计("大概,也许"义)。从历史语义变化的角度,Traugott(1982)曾假设过一个她称为"主观化"的过程:在时间推移中,意义似乎变得少指客观情况,而多

---

① "可能"的发展变化与"可"在唐代的语义变化可能也有关。在唐代,"可"发展为一个表示推度询问的副词(江蓝生1992),在这个意义之下"可"经常和"能"结合,江蓝生指出这一时期的"可能"有两个意思,一为能否,能不能;一为会否,会不会。
表示第一种意思的"可能"的用例如:
  可能更忆相寻夜,雪满诸烽火一炉?(唐·齐己《闻沈彬赴吴郡请辞》诗)
  太子语曰:"此草可能惠施小许,不为爱惜?"吉安则授与,逦迤而去。(《祖堂集》卷一)
  可能舍得己身,与我充为高座?(《敦煌变文集·妙法莲花经讲经文》)
这种意义的"可能"还是两个词的组合,其中的"能"表示的是能力,属于动力情态。
第二种意思的"可能"中的"能"表示的是认识情态,这种"可能"如果慢慢从反问句环境中获得了肯定的含义,就有可能黏合为一个表示"大概,也许"的副词。

指主观情况;少指所描写的情景,而更多地指话语情景。上面的举例表明汉语中"可能"的演变也表现出这种主观化过程。

小结:句法结构词汇化的原因与特点

促使由语法性成分参与构成的句法结构发生词汇化的一个重要原因是语法性成分在语音上一般都倾向于弱化。

由语法性成分参与组成的句法结构词汇化为双音词是从一种能产的可类推的形式变为凝固的不能类推的单位。其内部动因多是由于句法结构中语法性成分的功能的衰退。当一个语法性成分的用法逐渐受到局限后,原来由该语法性成分形成的自由组合就变成了词汇成分,成为已消失的句法的遗迹而保留在语言系统中。原语法性成分所表达的功能可能由新的形式来表达,比如"所"和"者"的名词化功能弱化后,其功能主要由后起的"的"来承担。

句法结构的词汇化的一个后果是在语言系统中造成了一批类词缀。如名词性的类后缀"者",否定词性的类前缀"不、无",代词性的类前缀"相、自"等。

在句法结构成词的过程中,语法性成分原有的语法意义往往脱落了,这样造成的一些双音词的内部形式就比较隐蔽,如"所有、容易、当然"等。

第四章　从跨层结构到双音词[①]

　　跨层结构是指不在同一个句法层次上而只是在表层形式的线性语序上相邻近的两个成分的组合[②]。有一些跨层结构在历史发展过程中变成了词，由这一渠道产生的词多是虚词，其内部形式非常模糊。跨层结构的词汇化是一种比较特殊的变化，即从非语言单位变为语言单位的变化，而我们以上所讲到的两类词汇化则是从一种语言单位（词汇性短语或句法结构）变成另外一种语言单位（词）。跨层结构的词汇化一定是发生在某个特定的高频使用的句法构式（construction）中的，发生词汇化的跨层结构往往是所在构式的关键性组成成分，能够在一定程度上激活整个构式。

[①] 2008 年在新加坡参加第四届肯特岗国际汉语语言学圆桌会议时，彭睿先生指出了本章论述中存在的一些问题，修改时吸收了彭睿先生的意见，谨此致谢。

[②] "跨层结构"的名称是采自吴竞存、梁伯枢(1992)。这个名称有一定缺陷。当两个成分不在同一个句法结构单元内，严格来讲就根本称不上"结构"，只能说是"成分序列(element sequence)"。彭睿(2007)称之为"非结构"。本书修订本仍沿用"跨层结构"的名称，一是这个名称相对简洁，"跨层"的定性能够抓住这种形式的主要特征，虽然这种形式最初可能不能称为结构，但词汇化之后可以看作结构（就如同构式语法把所有的不能完全推知意义的形式语义的配对都称为"构式"一样）。另外，这个命名也已为不少学者所接受，因此我们不想再增多术语，读者只要正确理解其实质就可以了。

第一节 跨层结构形成的
不同类型的双音词举例

对于跨层结构词汇化的事实,学者们已有所注意,如解惠全(1987)、陈宝勤(1994)、刘翠(1998)等都在不同程度上提到这类现象,虽然采用的术语不尽相同。不过以前的研究比较零碎,只涉及到少数类型及例证,而且基本停留在对这类现象的观察层面,对于这类现象的解释说明不多,对其性质没有做出合理的分析。本书把这类现象看作词汇化的一种类型,并对其进行了较为全面的描写和分析。

1. 语言自然演变中出现的跨层结构的词汇化举例

由跨层结构词汇化而来的词在词性上也是多种多样的,以下分类说明。

(1)变为连词

否则

　　格则承之庸之,否则威之。(《尚书·益稷》)汉·孔安国传:不从教则以刑威之。

　　义则进,否则奉身而退。(《左传·襄公二十六年》)

　　学则正,否则邪。(《扬子法言·学行》)

　　阳生前,顿首曰:"可则立之,否则已。"(《史记·齐太公世家》)

以上例中,"否"和"则"不处在同一层次上,"否"代表一个假设性小句,相当于"如果不这样"(注意,"假设"含义是语境所赋予的,"否"本身只有"不这样"的意思);"则"引出后果或结论,相当于"那么,就"。"则"后是一个谓词性短语,通常在形式上比较短小。

从文献中可以看出,"否则"出现在"X,否则 Y"这样的构式中,在语义上是对举正反两种情况,指出在 X 的情况下如何,在非 X 的情况下如何。"否则"是这种构式中的关键性成分,在一定程度上可以说是构成了这一构式的形式框架,因而可以在一定程度上激活整个构式。由于这一构式有比较高的使用频率,因而"否则"由于经常连用共现而有了发生词汇化的可能,在后代变为一个连词。发展的过渡阶段是"则"的后面出现形式上较长且结构完整的小句。如:

速已则可矣,否则尔之受罪不久矣。(汉·刘向《说苑·臣术》)

当"则"后出现完整的小句后,如果"否"再分析为一个独立的分句,就会在形式上显得很不平衡,"否"就可能在韵律上贴附于"则"而成为一个单位,其所处的位置使其获得连词的语义解释,相当于英语中 otherwise,"否则"词汇化后所获得的语义功能与其所在构式的语义功能是联系在一起的。

到现代汉语中,"否则"的词汇化变得更为彻底。"则"本与其后的成分联系更紧,但在现代汉语中,"否则"的后面有时可以缀上"的话","则"与其后的成分就被分隔开了,如:

你必须来,否则的话,这个会就开不成了。

因而

由于"因"是一个多义词,"因而"作为一个跨层结构有不同的含义。

殷因于夏礼,所损益可知也。(《论语·为政》)
先王之教,因而弗改,所以领天下国家也。(《礼记·祭义》)
八卦成列,象在其中矣;因而重之,爻在其中矣。(《易·系辞下》)

秦王足己不问,遂过而不变。二世受之,因而不改,暴虐以重祸。(《史记·秦始皇本纪》)

以上例中,"因"是一个动词,义为"沿袭,因袭";"而"是一个顺接连词。二者不构成一个句法单位。

今君有区区之薛,不拊爱子其民,因而贾利之。(《战国策·齐策四》)(按:《大词典》释此例中的"因而"为连词,误。)

韩信已破齐,使人言曰:"齐边楚,权轻,不为假王,恐不能安齐。"汉王欲攻之,留侯曰:"不如因而立之,使自为守。"(《史记·高祖本纪》)

后陈公子招杀世子,楚因而灭之。(《汉书·五行志》)

帝以渊已秉权,故因而抚之。(《三国志·魏志·公孙度传》南朝宋·裴松之注引《魏略》)(按:此例中有因果连词"故",可证"因而"不是连词。)

绍既新败,众惧人扰,今不因而定之,而欲远兵江汉,若绍收离纠散,乘虚以出,则公之事去矣。(《后汉书·荀彧传》)

以上例中的"因"是"乘势,顺应,凭借,借机,利用"的意思,也是一个动词。"而"仍是一个连词。"因"和"而"也不在同一个句法层次上。

那么后来作为连词的"因而"是从哪一种跨层结构"因而"变来的?笔者认为连词"因而"的源头是"因"表示"乘势,顺应,凭借,借机,利用"的一类,因为这一意义与表示结果的连词的意义联系更紧密:利用某个时机去做某事自然就隐含了原因和结果的关系在内,因为某个时机的存在是采取相应行动的一个内在原因。下面是一个过渡中的例子:

其先周仲山甫,封于樊,因而氏焉。(《后汉书·樊宏传》)

此例中,"因而"位于分句首,可以解作一个跨层结构,但语境也允许将其解作一个连词。

下例中,"因"不能再解作义为"乘势,顺应,凭借,借机,利用"的动词,"因而"变成了一个连词,引进结果从句:

  (丽戎之山)其阴多金,其阳多玉,始皇贪其美名,因而葬焉。(北魏·郦道元《水经注·渭水三》)

  绍宗麾兵径进,诸将从之,因而大捷。(《北齐书·慕容绍宗传》)

"因而"作为连词的意义显然也是继承了它作为不构成句法成分的词语串在所在构式中的意义。

(2)变为介词

至于(於)

  王命众,悉至于庭。(《尚书·盘庚上》)

  夫子至於是邦也,必闻其政。(《论语·学而》)

  至于庙门,揖入。(《仪礼·士冠礼》)

以上例中,"至"是一个动词,义为"到达";"于(於)"是一个介词,引进地点,与地点名词组成一个介宾短语,指示目的地。"至"与"于(於)"不在同一个句法层次上,而只是在线性顺序上相邻。"至+于+处所 NP"这一句法构式也是很常见的,在这一构式中,虽然"至于"不构成一个句法单位,但却是这个构式中重要的组成成分,在一定程度上可以激活整个构式的意义,在经常的连用过程中就有可能发生词汇化。

汉代以后,"至于(於)"发生了词汇化,变为一个动词(这个词性的判断据《现汉》第 5 版),并且"至"在意义上发生了隐喻引申,从表示具体位移意义的到达变为指程度或地步上的达到。如:

  下罢极,则以仁义怨望於上,上下交争怨而相篡弑,至於灭宗,皆以此类也。(《史记·秦本纪》)

时无事,吏不数转,至于子孙长大而不转职任。(《史记·平准书》南朝宋·裴骃集解引汉·如淳)

五六十载之间,至於移风易俗,黎民醇厚。(《汉书·景帝纪》)

窦武、何进,位崇戚近,乘九服之嚣怨,协群英之势力,而以疑留不断,至於殄败。(《后汉书·宦者传论》)

自孝文不豫,飀常居中,亲侍医药,凤夜不离左右,至於衣不解带,乱首垢面。(《北史·魏彭城王飀传》)

"至于(於)"词汇化后还可进一步语法化为介词,表示另提一事。如:

至於守司图圄,禁制刑罚,人臣擅之,此谓刑劫。(《韩非子·三守》)

夫众人畜我者,我亦众人事之。至於智氏则不然,出则乘我以车,入则足我以养,众人广朝,而必加礼於吾所,是国士畜我也。(《吕氏春秋·不侵》)

孔子曰:纯,俭,吾从众;至于拜下,则违之。(《后汉书·陈元传》)

下四方以明孤款心,是也。至於览馀辞,岂余所谓哉?(《三国志·魏志·文帝纪》南朝宋·裴松之注)

作为介词的"至于(於)",其语义实际上也是在原有的"至"的实在动词义上的隐喻引申:从指有具体意义的在空间上的到达某地变为指话题转移到某个领域。

关于(於)

夫中材之人,事关于宦竖,莫不伤气,况慷慨之士乎!(汉·司马迁《报任少卿书》)

但大齐仁信之道,关於至诚,睦邻之怀,由於孝德。(南朝

陈·徐陵《梁贞阳侯重与王太尉书》）

自天子、大臣至於群下，自掖庭至於四方幽隐，一有得失善恶，关於政理，公无不极意反复，为上力言。（宋·曾巩《〈范贯之奏议集〉序》）

以上例中，"关"是一个动词，义为"关联、涉及"。"于（於）"是一个介词，与其后的宾语合起来充当"关"的补语。"关"和"于（於）"不在同一个层次上。后来二者发生了词汇化，成为一个介词，引进行为或事物的关系者。

同样的例子还有"由于"。

(3) 变为副词

几乎

如知为君之难也，不几乎一言而兴邦乎？（《论语·子路》）

《易》不可见，则乾坤或几乎息矣。（《易·系辞上》）唐·孔颖达疏：几，近也。

若能爱之於微，成之於著，则几乎知道矣。（晋·葛洪《抱朴子内篇·极言》）

然自秦以来，治世之主几乎三代者，唐太宗而已。（宋·欧阳修《问进士策》之三）

以上例中，"几"是一个动词，义为"接近"，"乎"是一个介词，与其宾语共同组成介宾短语充当动词的补足语。"几"与"乎"不在同一个句法层次上。

下列例子中的"几乎"与上述的"几乎"是不一样的：

昭文之鼓琴也，师旷之枝策也，惠子之据梧也，三子之知几乎，皆其盛者也，故载之末年。（《庄子·齐物论》）

履虚乘风，其可几乎？（《列子·黄帝》）

以上两例中的"乎"是一个语气词而不是介词，"其可几乎？"义为

"(履虚乘风)那(种境界)怎么可能接近呢?"因而以上两例是"几"单用的例子,不同于"几"与介宾短语形成的结构。

发生词汇化的"几乎"是其中的"乎"为介词的一类。词汇化后"几乎"变为一个副词,义为"差点儿"。如:

> 这里素梅在房中心头丕丕的跳,几乎把个胆吓破了。(明·凌濛初《二刻拍案惊奇》卷九)

以上例中的"几乎"是一个副词,"乎"不可能再做介词理解,因为句子的中心动词是"吓破","几乎"在句中是做状语。"几乎"成词之后,"乎"的意义就丧失了。

当"几乎"是跨层结构、"乎"是介词时,其后可以接一个名词性成分,也可以接动词性成分,但当"几乎"成为副词之后,其后就只能接动词性成分了。"几乎"之所以能变成副词,是根源于谓词性成分可以不改变外部形式就充当主语或宾语,因为汉语中谓词性成分的体词化是不需要外部标记的。当一个体词化了的谓词性成分充当介词"乎"的宾语时,单从形式上看"几乎"就位于一个谓词性成分之前,这是副词出现的典型位置,因而"几乎"就有了变为副词的可能。如:

> 至於末年,天下无事,时和年丰,百姓乐业,谷帛殷阜,几乎家给人足矣。(《晋书·食货志》)

以上就是一个过渡中的例子。"几乎"出现在一个谓词性成分之前,既可以理解为"接近于家给人足的地步"(在这一理解下"几"和"乎"还是两个分立的成分,"家给人足"是谓词性成分充当的介词"乎"的宾语);又可以理解为"差不多家给人足",在这一理解下"几乎"就是一个副词了。

何必

> 天下多美妇人,何必是?(《左传·成公二年》)
> 摄卿以往可也,何必子?(《左传·文公七年》)

曾子问曰:"小功可以与于祭乎?"孔子曰:"何必小功耳!自斩衰以下与祭,礼也。"(《礼记·曾子问》)

然战国之权变亦颇有可采者,何必上古?(《史记·六国年表》)

子路问孔子曰:"猪肩羊髀可以得兆,藋苇藁芼可以得数,何必以蓍龟?"(汉·王充《论衡·卜筮》)

都邑可优游,何必栖山原?(三国魏·嵇喜《答嵇康》诗四首之三)

以上例中,"何"与"必"不在同一个句法层次上。"何"是一个疑问词,义为"为什么";"必"是一个动词(后发展为表情态的助动词),义为"一定,必需",与其宾语组成一对直接成分,其宾语可以是名词性成分也可以是动词性成分。以"何必是""何必栖山原"为例,其结构层次可表示如下:

[IP何[VP必[NP是]]]①

[IP何[VP必[VP栖山原]]]

"何"是以"必是"和"必栖山原"为修饰对象,因此"何"与"必"只是在线性顺序上邻接,但不构成一个句法单位。

"必"字作为动词表"一定"单用的例子如:

楚击其外,赵应其内,破秦军必矣。(《史记·项羽本纪》)

后来,"何必"发生了词汇化,变为一个否定性疑问副词,用来表示委婉的规劝。当"何必"是一个跨层结构时,"何"与"必"的分立性大,"必"的"一定"义很明显。"何必……"是诘问为什么在两种或两种以上的可选方案中,一定要选择某一种而不选择其他的。如"何必

---

① 括号表示结构层次,从里到外表示组合的先后次序。在同一对括号内的成分构成一个句法单位。生成语法学著作中经常采用这样的标示,其所表示的内容与用树形图表示法是一样的。

是"中,"是"是与其他"美妇人"相对而言的;"何必栖山原"中"栖山原"还有"都邑可优游"这样的同等可取的做法与之并立。而当"何必"从一个跨层结构变为词后,"何"与"必"之间的分立性被取消,"何必"是以疑问的方式表示不赞同某人的某种做法,这一做法可能并不是几种可选方案中的一种,如:

昔人有容身避害,何必以言取怨?(《后汉书·乐恢传》)

在上例中,"以言取怨"从语义上看是消极性的,不是几种可选方案中的一种,"何必"是在用疑问的方式否定其后成分所表示的行为,其中,"必"的"一定"义已经很不明显了。不直接否定对方,而是以疑问的方式来表达负面的意见,这是出于礼貌原则的一种话语策略,因而,"何必"表达的是一种委婉的规劝。

而后

先号咷而后笑。(《易·同人卦》)

拟之而后言,议之而后动,拟议以成其变化。(《易·系辞上》)

龙曰:"先生之言悖。龙之所以为名者,乃以白马之论尔!今使龙去之,则无以教焉。且欲师之者,以智与学不如也。今使龙去之,此先教而后师也。先教而后师之者,悖。……"(《公孙龙子·迹府》)

夫行者先全己而后求名。(汉·桓宽《盐铁论·褒贤》)

以上例中,"而"是一个顺承连词,"后"是一个时间副词,是其后动词的修饰语。"而"与"后"不在同一个层次上。跨层词汇化发生之后,"而后"义为"以后、然后",变为一个时间副词,"而"的意思消失了。如:

其妻为大夫而卒,而后其夫不为大夫,而祔於其妻,则不易牲。(《礼记·丧服小记》)

而今

> 向也不怒而今也怒,向也虚而今也实。(《庄子·山木》)

> 人之所知者浅,而物变无穷,曩不知而今知之,非知益多也,问学之所加也。(《淮南子·泰族》)

以上例中的"而"可分析为一个转折连词,"今"是一个时间词,二者显然不在同一个层次上。"今"是其后动词性成分的修饰语或者是话题(如上举第一例),"而"则引导其后的整个分句。后来二者发生了词汇化,变成一个时间副词,意思相当于"现在、目前"。如:

> 向前不信别离苦,而今自到别离处。(唐·张安世《苦别》诗)

极其

> 极其数,遂定天下之象。(《易·系辞上》)

> 袭王庭,穷极其地,追奔逐北,封狼居胥山,禅於姑衍,以临翰海,虏名王贵人以百数。(《汉书·匈奴传》)

> 绍自以强盛,必欲极其兵势。(《三国志·魏志·崔琰传》南朝宋·裴松之注引《魏略》)

> 永平二年,遂杀主,被诛,父母当坐,皆自杀,国除。帝以舅氏故,不极其刑。(《后汉书·阴识传》)

> 郭璞举其灵变;许询极其名理。(《南齐书·贾渊传》)

> 诸如此类,自非至精不能极其理也。(《晋书·刑法志》)

> 荣亲之道,应极其所荣,未有子所行而所从不足者也。(《梁书·高祖丁贵嫔传》)

> 若吏姓寒人,听极其门品,不当因军遂滥清级。(《南史·钟嵘传》)

以上例中,"极"和"其"不在同一个句法层次上。"极"是一个动词,义为"穷尽、竭尽","其"是一个限定词(包括定指标记和代词所有格两种用法,参看 P216 注①),与其后的名词性成分共同做"极"的宾语。

在唐末时,"极其"变为一个副词(志村良治 1984),义为"非常、十分"。如:

专欲振起儒教,后生谒见者,率以经学讽之。而周其所急,理家理身,极其俭薄。(《旧唐书·郑余庆传》)

峻于枢密院起厅事,极其华侈,邀太祖临幸,赐予甚厚。(《新五代史·王峻传》)

这一变化是在由体词化了的谓词性成分充当"极"的宾语的句法环境中发生的。如下例中充当"极"的宾语的就是体词化了的形容词"大":

人之才力虽极其大,终有限量。(宋·张栻《赠学士安国公敬简堂记》)

《大词典》中"极其"的释义是"犹非常,十分",其下首引书证就是上面这个例子。实际上在上面这个例子中,"极其"仍可看作一个跨层结构,句子义为"即使穷尽人的才力,也总归有一个限度。"但在这样的句子中蕴含了将"极其"重新分析为一个副词的可能性。

终于(於)

虽蔬食菜羹,未尝不饱,盖不敢不饱也。然终於此而已矣。(《孟子·万章下》)

宾酬主人,主人酬介,介酬众宾,少长以齿,终於沃洗者焉。(《礼记·乡饮酒义》)

愚者始於乐而终於哀。(《淮南子·主术》)

句践之困会稽也,喟然叹曰:"吾终於此乎?"(《史记·越王勾践世家》)

数起於一,终於十。(《史记·周本纪》南朝宋·裴骃集解引

三国吴·韦昭)

以上例中,"终"是一个动词,义为"终结","于(於)"是一个介词,与其后的名词性成分组成介宾短语。"终"和"于(於)"不在同一个句法层次上。后来"终于(於)"变为一个副词,引进经过种种变化或等待后出现的情况。如:

> 但最近两年的不见,他终于忘却我的不好,只是惦记着我,惦记着我的儿子。(朱自清《背影》)

演变发生在"于(於)"后的宾语为谓词性成分的环境中,下面就是一个过渡中的例子:

> 靖为政类如此。初虽如碎密,终於百姓便之,有馥遗风。(《三国志·魏志·刘馥传》)

以上例中,介词"於"的宾语"百姓便之"是个动词性短语,这样"终於"从线性顺序上看是位于动词性成分前,而这正是副词出现的典型位置,因而在这样的句法环境中,"终於"就有演变为副词的可能。

实则

在现代汉语中,"实则"是个副词,义为"实际上,其实"。"实则"也来源于跨层结构的词汇化。其中的"实"原是名词,表示"实质","则"是连词,与其后 VP 共同构成对主语或说话题"实"的说明①,如:

> 且夫宋,中国膏腴之地,邻民之所处也,与其得百里于燕,不

---

① 在上古汉语中,"实则"还有其他一些跨层用法。如:
> 天地之经,而民实则之。(《左传·昭公二十五年》)

这一例中,"则"是一个动词,义为"以……为法则","实"是一个副词。
> 故国家治则刑法正,官府实则万民富。(《墨子·尚贤》)

这一例中,"实"是形容词,义为"充实","则"是连词。下例也是如此。
> 岐伯曰:骨脉实则胀,虚则泄。(《素问·脉要精微论》)

以上这些种类的词语串"实则"都不会演变为表示"实际上"的副词。

如得十里于宋。伐之,名则义,实则利,王何为弗为?(《战国策·燕二》)

诸家经诀中,有明铅而不明火者,有说虎而不说龙者,虽则互有指陈,实则殊途归于一理,尽一源也。(宋·张君房《云笈七签》卷七十)

在这种跨层用法中,"实"是名词,其前有时可以出现定指标记"其",如:

然汉氏诸帝,虽尊父为皇,其实则贵而无位,高而无民,比之於帝,得不谓之轻乎!(《三国志·魏志·王朗传》南朝宋·裴松之注)

跨层结构"实则"在"(小句),实则 X"("实则"前的小句与"实则"后的陈述相对立)这样的句法环境中发生了词汇化。在近代汉语晚期,"实则"变成了一个副词,义为"实际上",其中"实"不再是"实质"的意思,其前不能再出现定指标记"其"。如:

非是我选时日故生毒害心,实则要比高低试道他知未。(《元曲选·桃花女破法嫁周公》)

(4)变为动词

以为

人$_i$之无良,我以∅$_i$为兄。(《诗·鄘风·鹑之奔奔》)

此例中,"以"是介词,"为"是动词,义为"作为"。"我以为兄"实际相当于"我以之为兄",只是"以"后宾语是一个空范畴,其所指在前一分句中出现。

孝武皇帝平百越$_i$,以∅$_i$为园囿。(汉·桓宽《盐铁论·未通》)

此例中的"以为"也是一个跨层结构,"以为园囿"实际相当于"以之为园囿","以"后的空范畴宾语与上个分句中的"百越"同指。

> 长女ᵢ 选入掖庭,桓帝以∅ᵢ为贵人。(《后汉书·窦武传》)

此例中,"以为贵人"相当于"以之为贵人","以"后的空范畴宾语与上个分句中的"长女"同指。

以上例句中,"以"后都有一个零形回指(zero anaphra),即不使用显性的代词形式来回指上文已出现过的名词成分而采用空位形式。古汉语中零形回指的出现频率大大高于现代汉语,现代汉语中一些不允许出现零形回指的句法位置,如介词的宾语位置,在古汉语中也是可以出现零形回指的。比如,"与、为、以"等介词后面的宾语位置就经常出现零形回指(参看董秀芳 1998c)。当"以"后的宾语为零形式时,虽然"以"和"为"在线性顺序上邻近,但却不在同一个句法层次上。"以"是介词,与其后的零形宾语共同充当动词"为"的状语,"以"与其零形宾语构成一对直接成分,但不与动词"为"构成一对直接成分。

后来"以为"词汇化为一个动词,义为"认为"。"以为"的词汇化发生在战国中期,具体过程可参看姚振武(1997)的论述。从"把……当作"变为"认为"这在语义演变上是很自然的。"以"和"为"的跨层词汇化也说明了空范畴不会阻碍不同句法成分的黏合。

《大词典》在"以为"下还列了另外一条义项:作为,当作。所举例证为:

> 既成,以授大傅阳子与大师贾佗,使行诸晋国,以为常法。(《左传·文公六年》)

但根据我们这里的分析,"以为"在这个例子中还不能算作一个词,仍是一个跨层结构。"以为常法"相当于"以之为常法","以"的宾语是一个空范畴。

在乎

> 郑,同姓之国也,在乎冀州。(《谷梁传·桓公五年》)

五里者,种之美者也。苟为不熟,不如荑稗。夫仁亦在乎熟之而已矣。(《孟子·告子上》)

战胜在乎立威,立威在乎戮力,戮力在乎正罚。(《尉缭子·兵教上》)

然则是所重者在乎色乐珠玉,而所轻者在乎人民也。(《史记·李斯列传》)

盖以为当今之忧,不在于货,在乎民饥。(《后汉书·刘陶传》)

以上例中,"在乎"是两个分立的词,而且二者不构成一对直接成分,"在"是动词,"乎"是介词,与其后的名词性成分共同构成介宾语短。除第一例中"在"是指示具体的处所位置外,其他都是表示一种抽象的存在,即表示某问题的实质在于某处。

金朝奉大喜道:"但得退婚,免得在下受累,那在乎这几十两银子。"(明·凌濛初《初刻拍案惊奇》卷十)

以上例中的"在乎"已成为一个动词,义为"在意,介意"。当"在乎"是跨层结构时,"在乎"所在的句子的结构是:[NP_1[在[乎NP_2]]],这一结构的使用十分普遍,表示的是NP_1的位置在NP_2,引申指NP_1的实质在NP_2。NP_1如果指人的注意力、思想、意念等精神因素,"在乎"就可以发展出"在意"的意思。

另外,近年来一些学者又注意到了更多的跨层结构的词汇化现象。江蓝生(2004)指出"的话"是跨层结构词汇化的产物。刘丹青(2007)指出,在苏州方言中,基本话题标记"末"通过述题中实词成分的脱落而发生重新分析,与述题后的语气词"哉"(相当于"$了_2$")结合起来,成为一个复合语气词"末哉"。"末哉"也是跨层结构词汇化的产物。刘红妮(2009a)指出了助词"则已"是来自"连词+动词"的跨层组合。刘红妮(2009b)是一篇专门研究跨层结构的词汇化问题的博士论文,丰富了这一领域的研究。

2. 修辞中产生的跨层结构的词汇化

以上所举跨层结构词汇化的例子都是在语言使用者无意识的情况下完成的。也有一些跨层结构的词汇化是出于语言使用者有意的创造。如以"友于"作为一个词来指兄弟,就是一个这样的例子。"友于"最初见于"惟孝友于兄弟"(《尚书·君陈》),在这个句子中,"友"和"于"不处在同一句法层次上,"友于"是一个跨层组合。由于古代文人们对于经典中的语句是很熟悉的,"友于"紧邻"兄弟"出现,文人们就用"友于"来指"兄弟",这种创造性的用典最初类似于一种文字游戏,是文人之间在共享知识基础上增加情趣的一种特殊用法,后来这一用法在书面语中规约化了。同样的例子还有以"而立"代指"三十岁",以"于飞"代指"夫妇",以"贻厥"代指"子孙"。陈望道(1932)认为这是一种修辞现象,称之为"藏词"。周一良(1985)对这一类词有论述。刘翠(1998)举了19个这样的词:"弱冠、友于、咨尔、播厥、师锡、期颐、彼苍、则哲、忽诸、则百、盖高、夷考、盍彻、来思、爰立、百尔、而立、终窭、将伯",并对其成因做了分析。这样的词一般只存于书面语中,使用并不普遍。

这种由于文人创造性用典而造成的跨层结构的词汇化与其他跨层结构的词汇化有着本质的不同。其他跨层结构的词汇化往往是由于较高的使用频率,使得本不构成一个句法单位的两个成分由于经常连用而最终被感知为一个成分。但"藏词"作为一种修辞手段,所挑选的是经典中出现的成分组合,使用频率不是使其成词的关键因素,其最初出现环境的经典性以及文人的创造性使用才是其成词的重要原因。

3. 跨层结构的词汇化在现代汉语中的表现

跨层结构的词汇化在现代汉语中也有表现（吴竞存、梁伯枢1992,董秀芳1997）。下面就试举一些这方面的例子。

(1) 动介的重新分析

现代汉语中有一类动词加介宾构成的结构，可以记作 V＋P＋NP,其中 P(介词)与其宾语 NP(名词短语)构成一对直接成分,共同充当动词的修饰语(adjunct),V(动词)和 P(介词)不在同一个层次上,但当二者都是单音节时,它们就有黏合为一个词的强烈倾向。如：

他来自北京。

妈妈躺在床上。

他走到学校。

以上例子中的"来自、躺在"都有成词倾向。这一点可以从下面这个事实中得到证明:如果句子中有"了、着、过"等动词的体标记,那么这些体标记只能加在动介整体之后,而不能加在动词之后。对比下面的两个句子：

a. 妈妈躺在了床上。

b. *妈妈躺了在床上。

a. 他走到了学校。

b. *他走了到学校。

a 句中体标记在动介组合之后,句子没有问题;b 句中体标记加在动词之后、介词之前,句子就不合法。

介词本身是不能带体标记的,看下面的例子：

a. 他从图书馆借了一本书。

b. *他从了图书馆借了一本书。

当体标记出现在介词之后时,就证明动词与介词已临时被重新分析为一个合成动词,介词本身的属性已经丧失了,而成了这个合成动词的一个词内组成成分。

下面的例子表明了古代汉语中的"动+至+地点名词短语"与现代汉语中的"动+到+地点名词短语"是不同的:

<u>行欲至宛市</u>,定伯便担鬼著肩上。(晋·干宝《搜神记》卷十六)

快走到宛市。

＊走快到宛市。

古汉语中,副词可以放在动词和引进目的地的"至"之间,这说明"至"可以分析为动词,但现代汉语中动词和引进目的地的"到"("到"在现代汉语中由动词发展出介词用法)之间不能插入副词,副词必须放在"动+到"之前。这可以证明,现代汉语中,"动+到"已经临时被重新分析为一个复合动词了。

(2)"有点(儿)"的词汇化

"有点(儿)"是"有一点(儿)"省略数词"一"而形成的。最初,"有一点(儿)NP"是一个动宾结构,其中"有"是动词,"一点(儿)"修饰后面的名词性成分,并与之一起构成"有"的宾语。省略"一"之后,"有点(儿)NP"也仍是动宾结构。"有"和"点(儿)"并不在同一个句法层次上。在使用中(特别是在口语中),"有点(儿)"的频率逐渐高于"有一点(儿)"。"有"和"点(儿)"由于经常连用,逐渐发生了跨层词汇化(注意,在儿化之后,"点儿"是一个音节,"有"和"点儿"可以构成一个双音节标准音步)。

"有点(儿)"在发生词汇化之后,在功能上也发生了改变。其后不仅可以接体词性成分,而且还可以接谓词性成分,如"有点(儿)生气""有点(儿)黑"等。在这种情况下"有"原来的动词性,"点(儿)"

原来的量词性都基本上消失了。"有点(儿)"变成了一个副词,义为"略微、稍稍"(参看吴竞存、梁伯枢 1992)。"有点(儿)"后跟名词性成分时,意义变化不大,如"有点(儿)水","有"还保持着动词性,"点(儿)"还可看作量词。因此现代汉语中的"有点(儿)"是一个歧义形式,旧有的功能和新的功能并存。

(3)"及其"的词汇化

"及其"作为连词,也是由跨层结构演变来的(参看李宗江 1988)。"其"本是其后名词性成分的限定词,与连词"及"不构成一对直接成分,但后来二者有了发生跨层词汇化、变为一个词间连词的强烈倾向。其变化过程如下例所示:

<u>许慎及其《说文解字》</u>→许慎及其<u>《说文解字》</u>

目前,"及其"的内部形式还比较清晰,这是因为"及其"还处在词汇化的起始阶段,《现汉》未收录"及其"。但是在语音上,"及"和"其"已被处理为一个音步内的组块,"其"与其后成分之间的停延大于"其"与"及"之间的停延。随着"及其"词汇化的加深,可以预期在将来其内部形式会进一步变得模糊,其词的性质会越来越明显。

由上面的论述可以看出,我们可以在一个共时平面观察到变化的发生。由于我们无法直接观察到历史上已经完成了的变化,那么从共时平面正在进行中的变化入手,分析变化发生的原因和条件,并以此为基础推断历史上发生过的变化不失为一个可行的研究方法。

第二节 跨层结构词汇化的特点

跨层结构形成的双音词大多是虚词,其内部形式很难加以分析。而且组成成分语义脱落的现象比较多,这与虚词的词汇意义比较空灵的特性正相适应。

　　这一类词的形成是由于在一个特定构式中两个不构成句法成分的词在线性次序上的紧密相连。在语句的理解过程中,两个邻近的单位如果被聚合为一个组块而加以感知,二者之间原有的分界就可能被取消,造成结构的重新分析。

　　由跨层结构词汇化而来的双音词在双音词总数中的比例比较小,由此可知跨层结构的词汇化是要受到很多限制的。

　　能够发生词汇化的跨层结构必须处于一个特定的句法构式中,而且其所处的句法构式应该具有比较高的使用频率。比如,发生词汇化的"否则"处于"X,否则 Y"这一构式中。发生词汇化的跨层结构是构式中的关键成分,看到这一跨层结构,可以让人联想到整个构式的意义,换句话说,跨层结构要能够激活整个构式的意义。句法构式是跨层结构发生词汇化的关键环境,不处在特定的构式中的同形形式就不一定发生词汇化。

　　发生词汇化的跨层结构中往往包含一个功能非常虚化的虚词,而且其功能还可能在发展过程中衰落(如发生跨层结构词汇化的"因而""终于/於"中包含的"而"和"于/於"的功能在后代都衰落了),这样,这个虚词的独立的词的地位就容易弱化,而且,由于虚词经常是轻读的,因而有可能与相邻成分黏合为一个词。

　　在句子的各种不同的位置上都有跨层结构发生词汇化。处在分句开头位置的跨层结构最容易发生词汇化。在句首位置发生词汇化的跨层结构有:否则、因而、至于、关于、而今、何必等。句首的位置尤其有利于一些跨层结构获得连词的语义解释。

第五章 双音词语义和功能的演变

一个形式由非词成分变成词，是经历了一个巨大的范畴转变。在成词之后，其语义和功能还会进一步发生变化。本章主要讨论双音词在成词以后出现的一些带有规律性的语义和功能的变化现象，指出这些变化在实质上是双音形式的进一步词汇化。

第一节 双音词内部形式的重新分析

在双音词成词之后，其语源义经常会变得模糊，这是因为在词汇化的过程中原来分立的两个成分变得黏着，被作为一个语义整体来理解，时间一久，各个成分的源头义就容易被淡忘。在一些情况下，由于语言使用者对双音词中某个成分或所有成分的意义逐渐变得不了解了，对双音词的内部形式就可能做出重新分析。

比如，"颜色"最初是一个偏正式双音词，"颜"原指"前额"，后泛指"脸，面"，"颜色"即"面色，表情"。如：

言及之而不言谓之隐，未见颜色而言谓之瞽。(《论语·季氏》)

颜色憔悴，形容枯槁。(《楚辞·渔父》)

凡祭，容貌颜色，如见所祭者。(《礼记·玉藻》)

单豹倍世离俗，岩居谷饮，不衣丝麻，不食五谷，行年七十，

犹有童子之颜色。(《淮南子·人间》)

　　人有亡铁者,意其邻之子。视其行步,窃铁也;颜色,窃铁也;言语,窃铁也;作动态度,无为而不窃铁也。(《列子·说符》)

后来"颜色"的意义泛指化,可以用在物体上,义同"色彩"①:

　　何处龙见,作何物颜色?(《北齐书·高阿那肱传》)

对于"颜色"的"色彩"义的产生,王力(1942)是这样解释的:"'颜'字的本义是'眉目之间也','色'字的本义是'眉目之间的表情',所以'颜色'二字常常连用。但那'色'字另一个意义是'色彩'。这'色彩'的意义是'颜'字本来没有的,只因'颜色'二字常常相连,'色'字也就把'色彩'的意义传染给'颜'了。于是'颜色'共有两个意义,其一是当'容色'讲,另一是当'色彩'讲。"

当意义发生变化之后,词的内部形式也随之逐渐模糊了,因而就出现了重新分析,"颜色"的内部结构从偏正式被重新理解为并列式。现代汉语中有"五颜六色"的说法,这显然是在把"颜色"看作并列结构之后才可能出现的表达方式。

笔者认为,对"颜色"一词内部形式的重新分析的发生主要是由于后来的人们对于"颜"的本义逐渐不了解了②。

又如"洗澡",这本是一个并列式双音词。"洗"在古代汉语中原指"洗脚",后泛指"洗涤"。"澡"本义是"洗手",后泛指"洗涤,沐浴"。"澡"字单用的例子如:

　　儒有澡身而浴德,陈言而伏,静而正之。(《礼记·儒行》)

---

① 张永言先生(私人交流)指出,"颜色"从表示"面色"到表示"色彩",中间的过渡环节可能是用"颜色"指(作为化妆品)搽在脸上的色料。如:

　　此下有红蓝,……北方人采取其花染绯黄,接取其上英鲜作烟脂,妇人将用为颜色。(东晋·习凿齿《与燕王书》)

② 王宁(1997b)对"颜色"的变化也有类似的论述。

先以清水澡之。(《史记·龟策列传》)

"洗澡"作为一个并列结构,最初是可以换序的,既可以说"洗澡",也可以说"澡洗"。用"澡洗"的例子如:

澡洗可以石碌体去垢圿。(《山海经·西山经》"华山之首曰钱来之山,其上多松,其下多洗石。"晋·郭璞注)

以右手为净,左手为秽。每旦澡洗,以杨枝净齿。(《北史·真腊传》)

用"洗澡"的例子如:

炼蜜敲石炭,洗澡乘瀑泉。(唐·于鹄《过凌霄洞天谒张先生祠》诗)

一群猴子耍了一会,却去那山涧中洗澡。(明·吴承恩《西游记》第一回)

但后来"澡"不能单用了,变成了一个黏着语素,一般语言使用者对其最初的语义也不甚了解了,于是"洗澡"的内部形式也开始变得模糊,后来就被语言使用者重新理解为动宾结构。在现代汉语中,"洗澡"可以像某些动宾式复合词一样具有离合形式,而且"澡"前可以加上本来与名词才能搭配的数量词,出现了"洗了一个澡"这样的说法。王洪君(1994)称这样的情况为"语法结构错析"。我们认为,这一重新分析主要是由一种错误的类推(analogy)造成的。由"洗"可以构成很多动宾结构,如"洗手、洗脚、洗脸"等,语言使用者比照这种结构,在不清楚"澡"的语义的情况下,就把"洗澡"也分析成动宾式了。

同样的例子还有"游泳"。"泳"本是一个动词,可以单用,其义即为"游泳",如果与"游"对举,则其义特指"潜泳"。如:

汉之广矣,不可泳思。(《诗·周南·汉广》)

就其深矣,方之舟之;就其浅矣,泳之游之。(《诗·邶风·

谷风》)

"游泳"在中古以后就成为一个并列式双音词,如:

跟挂万仞之峻峭,游泳吕梁之不测。(《抱朴子内篇·辨问》)

沙鸥翔集,锦鳞游泳。(宋·范仲淹《岳阳楼记》)

在现代汉语中,"游"还可以单用,且其动词性很强;但"泳"却不可以单用了,且组合能力十分有限。因此"游泳"的内部形式逐渐变得模糊,被重新分析为动宾式了。"泳"前可以加入数量词,比如有"游了一会儿泳"这样的说法。

再如,"睡觉"本是一个连动式短语,意思相当于"从睡梦中醒来",如:

云鬓半偏新睡觉,花冠不整下堂来。(唐·白居易《长恨歌》)

陛下今日始睡觉矣。(《旧五代史·王守恩传》)

忽梦一人,刀划其腹开,以一卷之书置於心腑。及睡觉,而吟咏之意,皆甚美之词,所得不由于师友也。(宋·钱易《南部新书·壬》)

元末明初,"睡醒"一词日益普及,以至终于替代了"睡觉"。"睡觉"的意义变为指"睡眠",从而继续留在词汇系统中。现代汉语中"睡觉"被重新分析为动宾式,有"睡了一觉"的说法,这是因为"觉"变为了一个黏着语素,其最初的语义已不为普通人所知晓了。

从以上的分析中我们可以发现这样一个有趣的现象:很多发生了重新分析的动词都是被重新分析为动宾式。这里面有什么原因呢?根据苑春法、黄昌宁(1998)基于语素数据库的研究,复合动词以述宾、谓素联合和状中偏正三种构词方式为主,它们各占 39.7%、27%、23.3%,述补式和主谓式最少。双音词内部形式的重新分析,从实质上讲,就是当一个词的内部形式模糊之后语言使用者将一个不知其内部结构的形式归入自己熟知的类。在这种重新归类的过程中,类推起着很关键的作用。语言使用者在心理上很容易把一个未知形式归入一个强式结构类型中去。由于动宾式是动词的一个强式构词模式,因而一些内部形式模糊的双音词被重新分析为动宾式词就不奇怪了。以上举到的例子中,作为动词性双音词的第一个成分的,如"洗、游、睡",都是常见的使用频率很高的动词,其动词性很明显,语义也很清晰,这就保证了整个组合的动词性,增加了把该形式分析为动宾式复合词的可能性(动宾式复合词的第一个成分是动词性的),并且排除了做状中式复合词理解的可能性(状中式复合词的第一个成分很多不是动词性的)。

第二节 派生词的单纯词化

有一些双音词本是由词根加词缀的派生方式构成的,但是在发展过程中,词缀的能产性逐渐衰落[1],原来的"词根+词缀"的组合有不少就消失了,有一些使用频率较高的由于获得了专门性的意义而被作为词保存了下来。这些保留下来的词中原来的词根与词缀之间的关系看不出来了,词的内部形式变得模糊了,派生词倾向于被重新分析为没有内部结构的单纯词。

---

[1] Joseph & Janda(1988)将西方语言中类似的变化即形态成分的功能的丧失称为"非形态化"(de-morphologization)。形态成分在功能丧失之后,就成为词的语音形式的组成部分。Hopper(1990,1992)将之看作"语音发生"(phonogenesis)现象之一。我们认为这是词汇化进一步深入的表现。

1. 所有者后缀"主"的功能衰落与一些"X 主"结构的词汇化

中古汉语中有一个很活跃的表示所有者(指人)的词缀"主"。看下面的例子:

即便持钱往买其果,果主言……(萧齐求那毗地译《百喻经·尝菴婆罗果喻》)

昔有贫人在路而行,道中偶得一囊金钱,心中大喜跃,即便数之,数未能周,金主忽至,尽还夺钱。(萧齐求那毗地译《百喻经·地得金钱喻》)

小复前行,逢有葬埋,绕他冢圹,如向麦积,咒愿之言:"多入,多入。"丧主忿之,复捉挝打。(北魏·吉迦夜共昙曜译《杂宝藏经》卷六)

陆机尝饷华鲊,于时宾客满座,华发器,便曰:"此龙肉也。"众未之信,华曰:"试以苦酒濯之,必有异。"既而五色光起,机还问鲊主,果云:……(《晋书·张华传》)

以上这些例子中,"主"都是表示所有者的,意义比较具体。在一些情况下,"主"的意义虚化了,不是表示一个具体物的所有者,而是表示一类人中的首领。这样用法的"主"与其原来的"主人"的意思是有渊源关系的。如:

推荡寇将军张郃为军主。(《三国志·魏志·郭淮传》)

俄兼通直散骑常侍,副琅邪王厚聘齐,及至邺下,而厚病卒,琰自为使主。(《陈书·陆琰传》)(按:"使主"谓诸使者中之主要者。)

"主"还可以跟在某些谓词性成分后面,指谓词性成分所表示的行为或状态的主要负责人或相关的人:

初,延岑护军邓仲况拥兵据南阳阴县为寇,而刘歆兄子龚为其谋主。(《后汉书·苏竟传》)

每朝会访对,辄为议主,诸卿大夫寄名而已。(《三国志·魏志·崔琰传》南朝宋·裴松之注引《续汉书》)

举非其人,并正举主之罪。(《后汉书·明帝纪》唐·李贤注)

推司也觑他是个首身的好汉,又与东京街上除了一害,牛二家又没苦主,把款状都改得轻了。(元·施耐庵、明·罗贯中《水浒传》第十二回)(按:"苦主"义为"命案中被害人的亲属")。

从以上例中可以看出,"主"作为一个名词性后缀,其搭配范围是很广的。

后来"主"作为词缀的功能弱化了,以前的一些由其构成的派生词也随之从词汇系统里消失了,比如以上举到的一些例子中的"X主"的相应意思在现代汉语中要用短语的形式来表达。有一些"X主"式的词保留了下来,不过"主"原来作为词缀的意义已不明显,整个词获得了一个专指的意思而有单纯词化的倾向。"财主、地主"就是这样的例子。

财主

佛言:二谓盗窃,强劫人财,或为财主刀杖加刑,应时瓦解,或为王法收系著狱。(三国吴·支谦译《八师经》)

时有一老母,唯有二男,偷盗无度,财主捕得,便将诣王。(北魏·慧觉等译《贤愚经》卷一)

我母怀妊,未知男女。若续是女,财应属官;若其是男,应为财主。(同上卷五)

以上例中,"财主"指"财物的主人"。其中,"主"是一个表示所有者的后缀。但后来当"主"的词缀功能衰落以后,"财主"指的是"有钱

的人",词义变得不透明了,整体含义不能直接从组成成分的意思中推测出,如:

我当初也是巨富的财主来,唤我做李十万。(元·关汉卿《四春园》第一折)

地主

子服景伯谓子贡曰:"夫诸侯之会,事既毕矣,侯伯致礼,地主归饩,以相辞也。"(《左传·哀公十二年》)晋·杜预注:"侯伯致礼以礼宾也。地主,所会主人也。饩,生物。"

奂以地主,使所部将军鲜于丹帅五千人先断淮道,自帅吴硕、张梁五千人为军前锋,降高城得三将。(《三国志·吴志·宗室传》)

山下古松当绮席,檐前片雨滴春苔。地主同声复同舍,留欢不畏夕阳催。(唐·郎士元《春宴王补阙城东别业》诗)

以上例中,"主"是一个表示所有者的名词后缀,"地主"义为住在某地的人,相对于外地来的人而言,这些人是该地的主人。

当"主"是表示所有者的名词后缀时,"地主"还有另外一个意思,是指"田地的主人"。如:

且约大引宾客,又占夺乡里先人田地,地主多怨。(《晋书·祖约传》)

委本州府差公干职员与巡检节级、村保、地主、邻人,同共巡检。若诸色人偷刮卤地,便仰收捉。(《旧五代史·食货志》)

地内得者,依上令,得物之人与地主停分。(《元典章·刑部十八·宿藏》)

"地主"的这两个意义是由"地"的多义性造成的:"地"既可以指"地方",也可以指"田地"。而"主"作为词缀意思不变。

到了现代汉语中,"地主"的意义专指化了,指的是占有土地,自己不劳动,依靠出租土地剥削农民为主要生活来源的人。这样意义的"地主"已丧失了其原有的派生结构而有单纯词化的倾向了,其意义不能由其组成成分推测出来。

由于汉语中派生词缀并不典型(董秀芳2005),所以"主"到底算词缀还是算复合词中的一个结合面比较宽的成分可能存在争议。但这一问题对我们这里的讨论影响不大。如果把"X 主"类词看作复合词,那么这里发生的变化就是复合词内部结构丧失而单纯词化。不管是派生词的单纯词化还是复合词的单纯词化,都是词汇化的进一步发展,造成的结果都是组成成分的分立性减弱、黏着性增强。以下我们讨论的例子也是如此,不管看作派生词还是看作复合词,变化的实质是相同的。

2. 时间词后缀"来"的功能衰落与其派生结构的单纯词化

"来"在古汉语中可以作为时间词后缀,结合面比较宽[1]。如:

顷来闻汝与诸友讲肄书传。(汉·孔鲋《与子琳书》,《全汉文》卷十三)

古来娥英姜姒,盛德之妃,未有配食于郊者也。(三国魏·高堂隆《后妃配郊表》,《全三国文》卷三十一)

夜来复雪,弟各可也。(晋·王羲之杂帖,《全晋文》卷二十三)[2]

---

[1] 志村良治(1984)把"来"看作副词词尾,但实际上"来"主要是用在时间词之后,用在其他副词后的用法可能是这一用法的引申,但所见极少。志村良治认为这种用法的"来"在六朝初期以后开始显示出惯用的倾向。

[2] 在河北黄骅方言中,"夜来"变为一个词,义为"昨天","来"弱化,其后又加上了一个轻读的衬音"个"[kɤ]。"夜来"表示"昨天"这一用法在近代白话中就已出现,如:

那妇人道:"叔叔却怎地忘了,夜来已对叔叔说了,害心疼病死了。"(元·施耐庵、明·罗贯中《水浒传》第二十六回)

吾平平,但昨来念玄度,体中便不堪之。(晋·王羲之杂帖,《全晋文》卷二十二)

日来至今,十有二载,是谓一纪。(南朝宋·谢灵运《上书劝伐河北》,《全宋文》卷三十二)

何似晓来江南后,一行如画隔遥津。(唐·孙鲂《杨柳枝》词)

晚来风起花如雪,飞入宫墙不见人。(唐·刘禹锡《杨柳枝》词之六)

我先要去寻他,只因父亲死了,不曾去得。今来家私庄院废尽,我如今要去寻他。(元·施耐庵、明·罗贯中《水浒传》第三回)

以上例中,"X来"都是时间词与后缀"来"形成的派生结构。后来,"来"的这一后缀用法衰落了,能产性丧失,一些由"来"组成的派生词中词根与词缀之间原有的关系变模糊了,导致这样的一些词从词汇系统中消失,而另外一些则固化为类单纯词而保留在现代汉语中,如"近来"和"向来"。

"近"作为时间词,义为"最近、近期",如:

近复有扶老携幼首向王化者。(三国魏·曹丕《孟达、杨仆降附令》,《全三国文》卷六)

尊府君不以仆门鄙陋,近得书,为君索小女婚,故相迎耳。(晋·干宝《搜神记》卷十六)

辄自疏其所以,并献近所为《复志赋》已下十首为一卷,卷有标轴。(唐·韩愈《与陈给事书》)

"近来"本是一个由时间词"近"与后缀"来"构成的派生词,如:

前数卷为时有佳语,近来意亦殊已莫莫,犹当一定之,恐不全。(晋·陆云《与兄平原书》,《全晋文》卷一零二)

自顷复谥者,非大晋旧典必重复谥也,盖是近来儒官相承近意耳。(晋·王彪之《答孔严论蔡谟谥书》,《全晋文》卷二十一)

当"来"的词缀功能消失以后,"近来"就变得类似单纯词,"近"与"来"原有的词根与词缀的关系模糊化了。现代汉语的普通使用者一般都不了解"近来"一词的内部结构了。

"向"作为时间词,义为"先前、最近、方才",如:

若向也俯而今也仰。(《庄子·寓言》)

向之寿民,今为殇子矣。(《吕氏春秋·察今》)

"向来"最初也是一个由时间词"向"与后缀"来"组成的派生词,意思与"向"基本相同,如:

尊夫人向来复何如?(晋·王羲之杂帖,《全晋文》卷二十三)

上人当是逆风家,向来何以都不言?(南朝宋·刘义庆《世说新语·文学》)

向来所说,虽复多途,举要为言,同一苦果。(南朝梁·萧衍《断酒肉文》,《全梁文》卷七)

向来论难,疑处悉尽,何不随口记之?(隋·陆法言《切韵序》)

当"来"的词缀功能消失以后,"向来"变为一个类单纯词,原有的派生关系模糊化了。而且由于"向"的语素义也变得模糊,"向来"的意思发生了变化,义为"从来,一向",如:

正殿内向来锁闭,不蓺香火,不期二十一日丑时,突然火从正殿起。(明·朱长祚《玉镜新谭》卷五)

"向来"从表示过去时间轴上的某一个时点变为表示一个从过去到现在的一直延续的时段。这一变化不难解释:如果在过去存在的一个状态一直持续到现在时,语境就赋予了"向来"以时段的意义,当这种意义被吸收为形式本身的意义时,词义的变化就发生了。这种意义变化在人们不了解词的内部形式的情况下更容易产生。

3. 指人的群体性后缀"众"的功能衰落与其派生结构的单纯词化

"众"本是一个表示人的群体的后缀性成分,一般是跟在一个指人的类名之后,有时也可以跟在动词或形容词之后,表示一个特定的群体。"众"在中古时期很活跃,如:

军众扰乱奔走,皆弃甲,失鞍马。(三国魏·王粲《汉末英雄记》)

兵众扰乱,君臣并奔。(东晋·习凿齿《汉晋春秋》卷二)

徒众属目,其气十倍。(南朝宋·刘义庆《世说新语·豪爽》)

贼众遥看,谓为帝之所在,乃帅精锐,竞来赴威。(唐·温大雅《大唐创业起居注》卷一)

城外凶众中,飞矢抛木者,壕堑俱满。(唐·赵元一《奉天录》卷一)

奉天士众闻之,咸增勇气。(同上卷二)

寺主遂与寺众同往礼敬。(唐·戴孚《广异记·龙兴寺主》)

僧众皆不能详,独有沙弥能解之。(唐·冯翊《桂苑丛谈·沙弥辨诗意》)

后来,"众"的词缀功能衰落了,原来由"众"参与形成的派生结构的内部关系变得不太清晰了。大部分的"X众"没有保留到现代汉语中,只有个别的经过固化之后保留在现代汉语里。如"听众"就是一个这样的例子:

诸会听众各发所愿,欢喜而去。(旧题后汉·失译《大方便

佛报恩经》卷五)

  我说是经处,听众有八千。(隋·阇那崛多译《善思童子经》卷下)

  敷座说法,能令听众暂见其身。(唐·般剌蜜帝译《楞严经》卷九)

  於一坐中,随诸听众心所乐见说法之身,菩萨即能示现为说。(唐·玄奘译《大般若波罗蜜多经》卷五百七十一)

由于"听众"的使用频率比较高,所以可以成为一个固化了的词汇成分保存在语言中。而且"众"原有的群体意义也开始弱化,"听众"可以指个体,如:

  问:"虚空讲经,以何为宗?"师曰:"阇黎不是听众,出去。"(宋·释普济《五灯会元》卷七)

现代汉语中"听众"也是既可以指群体,也可以指个体,比如可以说"一名听众"。"听众"的个体用法是"众"的词缀意义模糊化的结果。类似的例子还有"观众"。这种语义变化是从指称一个群体变为可以指称群体中的一个个体,其机制是转喻,类似于用整体转指部分。比如,并列复合词"群众"也发生了这种从指群体到可以指群体中的一个个体的变化,我们可以说"一名群众"。

4. 形容词、副词后缀"生"的功能衰落及相应派生结构的单纯词化

唐宋时期有一个形容词和副词的后缀"～生"[①](志村良治 1984等),如:

  达摩未来时如何,师答曰,可怜生。(《祖堂集》卷八)

[①] 蒋礼鸿(1981)指出"～生"的前身是六朝时期的"馨"。

借问别来太瘦生,总为从前作诗苦。(唐·李白《戏赠杜甫》诗)

云向岭头闲不彻,水里溪里太忙生。(唐·罗隐《晚眺》诗)

有人问:"作摩生语话即得不坠门风?"(《祖堂集》卷四)

昨朝今日事全殊,怎生得受菩提记。(《敦煌变文集·维摩诘经讲经文》)

好生供养观音。(《敦煌变文集·妙法莲华经讲经文》)

以上例中的"X生"是派生词。

"生"的这种词缀功能在后代逐渐衰落了,但"好生、怎生"等派生词的生命力较长,直到明清的白话小说中还在使用,如:

沙僧道:"二哥,你是怎么说?不好生走路,就跌在泥里,便也罢了,却把大哥不知跌在那里去了。"(明·吴承恩《西游记》第四十九回)

好兄弟,起来好生睡。(清·曹雪芹《红楼梦》第六十五回)

又没打火处,怎生安排?(元·施耐庵、明·罗贯中《水浒传》第十回)

那贾琏越看越爱,越瞧越喜,不知怎生奉承这二姐。(清·曹雪芹《红楼梦》第六十五回)

可以说,派生词"好生、怎生"由于"生"的词缀意义的模糊化而逐渐丧失了其内部结构,变得类似于单纯词了。"好生"沿用至现代汉语,《现代汉语词典》有收录,但注明是方言用法[①]。一般语言使用者已不清楚其中的"生"的来历了。

派生词的内部结构的模糊化这一现象在其他语言中也普遍存

[①] 杨荣祥(2002)指出,现代很多南方方言中,还保留着一些"X生"形式的副词,如"偏生、怪生、好生"。

在,比如英语中的 terrific 在口语中表示"好极了",整体意义无法由其组成部分的意义推测出,在意义上与其所由派生的 terror(恐惧)、terrify(使恐怖)失去了联系。Blank(2001)认为 terrific 在整体意义上发生了词汇化。不过,与汉语的情况不同的是,-ic 这一后缀的意义在其他派生结构中还是清晰的。

Lemann(1995[1982])指出,词汇化是一种从规则的、可分析的结构变为特异性的、整体性的结构的演变。派生词中词缀意义的模糊和失落,使得派生词的内部结构消失,结果派生词就变为了不可分析的意义具有特异性的词汇词(lexical word),这完全符合词汇化的性质。

第三节 及物性的变化

首先要说明的是,这里所要谈的词的及物性变化着眼点在于词的原型用法的转移。词汇系统中的不少词都是多义词,在一个词的多个义项中,有的义项是核心的、常见的,是人们看到这个词后马上会想到的意义;而另外一些义项则是边缘的、不常见的。与核心义项相关的用法可以看作词的原型用法。如果一个词在古代汉语中既能做及物动词,也能做不及物动词,但及物动词用法是其原型用法,出现频率更高;到了现代汉语中虽然也是既有及物动词用法,又有不及物动词用法,但不及物动词的用法成为原型用法,更为常见,那么就可以说这个词的原型用法发生了转移,据此可以判断该词的及物性减弱了。以下要讨论的及物性变化的例子都应从原型用法转移的角度来理解。

双音动词从古到今,有一个及物性减弱的趋势①。这种趋势表现在以下几个方面:

(1)双音及物动词变为不及物动词或形容词(含非谓形容词或称区别词)

以下为了节省篇幅,我们仅给出及物动词用法的例子,不及物动词或形容词用法是现代汉语中保留的,因而书证从略。

旅游②

秀才权同休友人元和中落第,旅游苏湖间。(唐·段成式《酉阳杂俎》卷二)

光裔旅游江表以避患。(《旧唐书·赵隐传》)

以上例中,"旅游"是及物动词,这是它在古汉语中的原型用法;

---

① 从双音动词性短语词汇化为动词往往包含一个及物性增强的过程,如两个不及物动词构成的并列短语在成词之后有时就变为及物动词了,如"成立";动宾短语在成词过程中有时也包含一个整体组合的及物性增强的过程,即从动宾组合之后不能再带宾语变为又可以带宾语,如"得罪"。但这一及物性增强的过程是在成词之前的阶段发生的,而本节所要讨论的及物性减弱的趋势则是在成词之后的阶段出现的。这两个不同阶段出现的变化趋势可以表示如下:

双音动词性短语————————及物动词——————不及物动词或其他词类
　　　(及物性增强)　　　　　(及物性减弱)

虽然这两个阶段出现的变化趋势表面看起来截然相反,但实际上二者的起因和实质是一致的,即都是由于特定组合的内部形式的模糊化而引起的功能变异,在词汇化逐步加深的变化方向上是一致的。这就是说,动词性短语如动宾短语因为丧失了内部结构而变成了及物动词,即发生了词汇化,及物动词的内部结构还可进一步模糊化而变为其他词类,从而使组成成分的可分析性进一步降低。

第二章第二节中讨论了动词性并列式双音词的词汇化程度问题,其中提到当动词性并列式双音词在句法功能上发生转变,即发生转类之后,其词汇化程度是最高的。发生转类对于动词来讲实际上就是及物性功能减弱的一个表现。后文我们将举出更多同类的例子。本节还将表明,及物性减弱趋势不仅是并列式双音词的特点,而且是所有的谓词性双音词所共同具有的。

② 我们这里确定古代汉语中的及物动词的标准是看其后能不能直接跟一个名词性成分,只要中间不须用介词引导,不管后面的名词性成分充当什么语义角色,我们都把它算作其前动词的宾语,而把该动词看作及物动词。

但在现代汉语中已主要用为不及物动词了。

傲慢

　　凡人好敖慢小事,大事至然后兴之务之。(《荀子·强国》)
(按:"敖慢"同"傲慢")

　　平西将军赵诱,世不奉法,傲慢三宝。(南朝梁·慧皎《高僧传》卷一)

高尚

　　俗好武习战,高尚气力。(《三国志·吴志·诸葛恪传》)

　　膺免归乡里,居阳城山中,天下士大夫皆高尚其道,而污秽朝廷。(《后汉书·李膺传》)

亲爱

　　故有社稷者而不能爱民,不能利民,而求民之亲爱己,不可得也。(《荀子·君道》)

　　重人者,必人主所甚亲爱也。(《韩非子·外储说》)

整齐

　　钟鼓无声则将无以整齐其士卒而理君军。(汉·刘向《说苑·奉使》)

　　余所谓述故事,整齐其世传,非所谓作也。(《史记·太史公自序》)

　　大者为纲,小者为纪,所以张理上下,整齐人道也。(《白虎通·三纲六纪》)

恐怖

　　巫祝依托鬼神,恐怖愚民,皆按论之。(汉·应劭《风俗通义·怪神》)

　　大丈夫临大事,可否当自决胸怀,乃於家间恐怖妇女何为耶!(宋·司马光《涑水纪闻》卷一)

医疗

尔时复有无量百千众生。病苦深重难疗治者。即共往诣长者子所。重请医疗。时长者子,即以妙药服,皆蒙除差。(唐·义净译《金光明经·除病品》)

以上例中的"傲慢、保守"等在古代汉语中都是及物动词,后来主要用为形容词了。"医疗"在现代汉语中主要用为非谓形容词或称区别词。

上举有些例子的动词用法,如"高尚、整齐",可能会被认为是形容词的意动用法和使动用法。但形容词的所谓使动用法和意动用法的存在①,本身就证明在古代汉语中形容词的用法与动词有很大程度的重叠,形容词并不具备独立的词类地位。实际上,即使是在现代汉语中,形容词是不是一个独立的词类仍是有争议的。可以说,形容词在汉语中是一个逐渐形成的词类:在历时发展过程中,形容词逐渐从动词中分离出来。这一过程尚未彻底完成,因而直到现在,形容词与动词的用法仍有不少交叉之处。可以说,形容词这样一个词类的逐渐形成就是动词词类中的一部分及物性减弱的产物。

由于形容词可看作一种广义上的不及物动词,因此从双音及物动词变为不及物动词或形容词的过程可以统一看作是由一个及物性谓词性成分变为一个不及物谓词性成分的过程。

(2)双音动词变为名词

下面举到的这些词在古汉语中都是动词,或兼有动名用法而以动词用法为主。但它们在后来就主要用作名词了。以下我们仅举出每个词的动词用法的书证,名词用法由于是现代汉语中常见的,书证

---

① "使动用法"和"意动用法"是人们从后代的语言系统出发来观察古代汉语中词的用法所得出的名称,这样的名称不一定是科学的,但其所概括的现象是客观存在的,即古代汉语的形容词与动词的用法比起现代汉语来有更多的重叠之处。

从略。

步骤

步骤三载,绵历寒暑。(南朝梁·慧皎《高僧传》卷二)(按:"步骤"原指缓行和疾走,后泛指行走。)

复欲立奇功於赵魏,允归望於天人;然后步骤前王,宪章虞夏。(《晋书·桓温传》)(按:此例中"步骤"义为"追随",喻指"效法、模仿"。)

次序

令侍中李延年次序其声,拜为协律都尉。(《史记·乐书》)

虽奸非实,次序篇句,依倚事类,有似真是,故不烧灭之。(汉·王充《论衡·佚文》)(按:"次序"义为"编排"。)

动作

初吞,蛭时未死,而腹中热,蛭动作,故腹中痛。(汉·王充《论衡·福虚》)

蜈蚣知有蛇之地,便动作於管中。(《抱朴子内篇·登涉》)

负荷

其父析薪,其子弗克负荷。(《左传·昭公七年》)

今贤儒怀古今之学,负荷礼义之重,内累於胸中之知,外劬於礼义之操,不敢妄进苟取,故有稽留之难。(汉·王充《论衡·状留》)

歌谣

是故民闻战而相贺也,起居饮食所歌谣者,战也。(《商君书·赏刑》)

昔武王伐纣,破之牧野……於此天下歌谣而乐之。(《淮南子·道应》)

婚姻

　　禹继父位,山、云屏事,诸婿专典禁兵,婚姻本族。(汉·王符《潜夫论·忠贵》)

　　马伏波有余兵十余家,不返,居寿洽县,自相婚姻。(《太平广记》卷四八二,"马留"条,出《酉阳杂俎》)

交易

　　百工居肆以致其事,农商交易以利本末。(汉·桓宽《盐铁论·通有》)

　　抱布贸丝,交易有亡,各得所愿。(汉·王充《论衡·量知》)

教学

　　长育之者,既教学之又不征役也。(《诗·小雅·菁菁者莪》汉·郑玄笺)

　　固不教学诸子,诸子多不遵法度,吏人苦之。(《后汉书·班固传》)

经理

　　皇帝明德,经理宇内。(《史记·秦始皇本纪》)

　　然后宣布淳风,经理九服,饮马长江,悬旌陇坂。(《晋书·慕容德传》)

"经理"作为动词,是"处理、料理、安排"的意思。

觉悟

　　身死东城,尚不觉寤,而不自责,过矣。(《史记·项羽本纪》)("觉悟",原作"觉寤")

　　自明智之王,尚不能觉悟善恶情,高宗杀孝己是也。(《离骚》汉·王逸注)

　　得以开心通意,晓解觉悟。(汉·王充《论衡·艺增》)

考试

　　五日一听事,自丞相以下各奉职奏事,以傅奏其言,考试功能。(《汉书·宣帝纪》)

　　宰相之职,萧何举韩信,设坛而拜,不复考试。(《后汉书·吴良传》)

　　有司者摠州府之所升而考试之,加察详焉。(唐·韩愈《赠张童子序》)

"考试"在现代汉语中也有动词用法,但名词用法也很普遍。

序列

　　孔子序列古之仁圣贤人。(《史记·伯夷列传》)

　　玄曾祖以上名位不显,故不欲序列。(《晋书·桓玄传》)

礼貌

　　此所以为主上豫远不敬也,所以礼貌大臣而厉其节也。(《汉书·贾谊传》)

　　及乎迎宣黜贺,入纂大宗,而礼貌功臣,敦睦九族。(《周书·明帝纪》)

"礼貌"在古汉语中作为动词,指"以庄肃和顺之仪容表示敬意;尊敬"。

畜牧

　　而令民得畜牧边县。(《史记·平准书》)

　　逐民所,不田处畜牧。(《汉书·赵充国传》)

利益

　　利益众生,犹如梵王。(三国吴·支谦译《菩萨本缘经》上)

　　安能辛苦今日之甲,利益后世之乙乎?(北齐·颜之推《颜氏家训·归心》)

　　今则传持末代,利益众生。(《敦煌变文集·维摩诘经讲经

文》)

论著

　　自齐威、宣之时,驺子之徒论著终始五德之运。(《史记·封禅书》)

　　知其不入世人之听,而犹论著之者,诚见其效验,又所承授之师非妄言者。(《抱朴子内篇·黄白》)

履历

　　履历周故居,邻老罕复遗。(晋·陶潜《还旧居》诗)

　　人有尽记得一生以来履历事者,此是智以藏往否?(《朱子语类》卷三)

乞丐

　　此七士者,不遇明君圣主,几行乞丐,枯死於中野。(汉·刘向《说苑·尊贤》)

　　於是仙人以一囊药赐之,教其服法。……仙人又过视之,瞿谢受更生活之恩,乞丐其方。(《抱朴子内篇·仙药》)

顺序

　　太古之时,烝黎初载,未有上下,而自顺序,天未事焉,君未设焉。(汉·王符《潜夫论·班禄》)

　　动静以礼,则星辰顺序;意在邪僻,则晷度错违。(《后汉书·霍谞传》)

思想

　　弃捐世荣,思想大道。(旧题汉·安世高译《太子慕魄经》)

　　好梦随春远,从前事、不堪思想。(宋·秦观《鼓笛慢》词)

思惟

　　郴还厅事,思惟良久。(汉·应劭《风俗通义·怪神》)

　　诸道士共思惟其处,不可得往。(《抱朴子内篇·仙药》)

顾问
　　顾问冯唐,与论将帅。(《汉书·匈奴传赞》)
　　皆欲置於左右,顾问省纳。(《后汉书·章帝纪》)
图画
　　所图画者,地形也。(《淮南子·兵略》)
　　上思股肱之美,乃图画其人於麒麟阁。(《汉书·苏武传》)
　　吏民悲感如丧亲戚,图画其形,思其遗像。(《三国志·魏志·仓慈传》)
言论
　　东曹掾杨戏素性简略,琬与言论,时不应答。(《三国志·蜀志·蒋琬传》)
　　(张天锡)后於寿阳俱败,至都,为孝武所器,每入言论,无不竟日。(南朝宋·刘义庆《世说新语·言语》)
饮食
　　鸟乃始忧悲眩视,不敢饮食。(《庄子·达生》)
　　有陶唐氏既衰,其后有刘累,学扰龙于豢龙氏,以事孔甲,能饮食龙。(汉·王充《论衡·龙虚》)
　　入淫荡家,与淫女俱,饮食歌戏,而相娱乐。(西晋·竺法护译《生经》卷一)
战争
　　韩遂与马腾自还凉州,更相战争。(《后汉书·董卓列传》)
　　时三王战争,皇家多故。(《晋书·潘岳传》)
　　堂堂王室寄空名,天下无时不战争。(宋·赵与时《宾退录》卷二)
　　非律宾者,我同州同种之国民,两度与白种战争,百折而不挠者。(梁启超《天国新法论》)

知识

耳目心智,其所以知识甚阙,其所以闻见甚浅。(《吕氏春秋·审分》)

其人本儒生,有才思,善著诗及丹经赞并序,述初学道随师本末,列已所知识之得仙者四十余人,甚分明也。(《抱朴子内篇·金丹》)

朝受暮弃,初不诵习,如是积年,无所知识。(西晋·法立等译《法句譬喻经》卷三)

著作

案古俊义著作辞说,自用其业,自明於世。(汉·王充《论衡·书解》)

既已著作典谟,安上治民,复欲使之两知仙道,长生不死,以此责圣人,何其多乎?(《抱朴子内篇·辨问》)

歌舞

文王之功,天下诵而歌舞之,可谓则之。(《左传·襄公三十一年》)

使所幸八子郭昭君、家人子赵左君等鼓瑟歌舞。(《汉书·武五子传》)

隔阂

刘琨虽隔阂寇戎,志存本朝。(南朝宋·刘义庆《世说新语·言语》)

松疏桂深,隔阂寒暑。(唐·贾膺福《大云寺碑》,《全唐文》卷二百五十九)

裁缝

女御裁缝王及后之衣服。(《周礼·天官·缝人》汉·郑玄注)

妹子虽不端严,手头裁缝最巧。(《敦煌变文集·丑女缘起》)

变化

乾道变化,各正性命。(《易·乾卦》)

上以事宗庙,下以变化黎庶也。(《史记·乐书》)

会议

其有疑事,公卿百官会议。(汉·蔡邕《独断》)

遂召丞相、御史、将军、列侯、中二千石、大夫、博士会议未央宫。(《汉书·霍光传》)

屈辱

(淳于髡)长不满七尺,滑稽多辩,数使诸侯,未尝屈辱。(《史记·滑稽列传》)

兵威屈辱,国权日损。(《后汉书·冯衍传》)

土著

其俗或土著或移徙。(《史记·西南夷列传》)

其民土著,有宫室、仓库、牢狱。(《三国志·魏志·东夷传》)

范围

范围天地之化而不过。(《易·系辞上》)

故可以范围百度,化成万品。(《晋书·律历志》)

作用

臣闻建国有计,虽危必安;施化能和,虽寡必盛;治乖人理,虽合必离;作用失机,虽成必败。(《魏书·孙绍传》)

谓如一个刚健底人,虽在此静坐,亦专一而有作用底意思,只待去作用。(《朱子语类》卷六十八)

戴宗道:"不妨,我这法,诸人都带得。作用了时,和我一般

行;只是我自吃素,并无妨碍。"(元·施耐庵、明·罗贯中《水浒传》第四十四回)

(3)双音动词变为副词

究竟

夫贤主所作,固非浅闻者所能知,非博闻强记君子者所不能究竟其意。(《史记·三王世家》)

承间进问五帝三王,究竟要道。(《汉书·淮阳宪王传》)

多罗早丧,中途而寝,不得究竟大业,慨恨良多。(南朝梁·慧皎《高僧传》卷二)

一些双音形容词的及物性也有减弱的趋势①。这表现在两方面。一是有些从形容词变成了名词,如:

尊严

师术有四而博习不与焉:尊严而惮,可以为师;……(《荀子·议兵》)

是以汤武至尊严,不失肃祗。(《汉书·司马相如传》)

小国贤才少,故欲其尊严也。(《三国志·蜀志·诸葛亮传》南朝宋·裴松之注引《袁子》)

治安

老人见,治安;不见,兵起。(《史记·天官书》)

夫君亲寿尊,国家治安,诚臣子至愿,所当勉之也。(《汉书·杜钦传》)

以上"治安"为并列式形容词。"治"单用亦有"安定"义,与"乱"

---

① 在传统的研究中,形容词没有及物性的问题,这里我们把及物性的概念延展了。如果把及物性看作一个从0到1的连续标度的话,那么可以说及物动词的及物性最高,可以记作1;名词的及物性最低,可以记作0;形容词和不及物动词处于中间。所以从形容词变为名词就可以看作是及物性的减弱。

相对,如:

  治则强,乱则弱。(《商君书·弱民》)

二是有些从可做谓语的形容词变为只能做定语的形容词,如:
尊贵

  今言浴於川,吞玄鸟之卵;出於野,履大人之迹;违尊贵之节,误是非之言也。(汉·王充《论衡·案书》)

  仕者随秩迁转,迁转之人,或至公卿,命禄尊贵,位望高大。(汉·王充《论衡·初禀》)

以上第一例中"尊贵"充当定语,第二例中"尊贵"充当谓语。但是后来"尊贵"不能再充当谓语了,只能充当定语。做谓语是谓词性成分的典型功能,而做定语则是体词性成分的典型功能。因而从谓语、定语兼作变为只能做定语可以看作是及物性减弱的一个表现。

双音词及物性增强的变化(包括不及物动词变为及物动词、名词变为动词、形容词变为动词等)在汉语词汇发展史中也存在,但比起及物性减弱的变化来就少得多了。如:

(1)名词变为动词
形容

  屈原既放,游于江潭,行吟泽畔,颜色憔悴,形容枯槁。(《楚辞·渔父》)

作为名词,"形容"指"形体、面容"。变为动词后指对人或事物的形象、性质加以描绘刻画。如:

  以丹素金碧形容之,以香水花果供养之。(唐·白居易《画弥勒上生帧记》)

关闭

  宫垣关闭不可以不修。(《管子·八观》)

  乘舆时居棘篱中,门户无关闭。(《三国志·魏志·董卓传》

南朝宋·裴松之注引《魏书》)

以上例中的"关闭"是一个名词,义为"门闩"。后来变为一个动词,指"使开着的物体合拢"。如:

于下级开小门,从内上通,夜必关闭,以防贼盗。(《隋书·附国传》)

(2)形容词变为及物动词

明白①

天门开阖,能为雌?明白四达,能无知?(《老子·道经》)

贯高事明白,赵王敖得出,废为宣平侯。(《史记·田叔列传》)

削土免侯,罢退令相,罪法明白,禄秩适极。(汉·王充《论衡·偶会》)

以上例中,"明白"义为"清楚",是个形容词,后变为一个及物动词,义为"理解,知道"。

(3)不及物动词变为及物动词

以下举例只列举了做不及物动词用的书证,及物动词用法因为是现代汉语中保留的,因而书证从略。

成立

或施而功不立,或行而事不成,虽才智如孔子,犹无成立之功。(汉·王充《论衡·命禄》)

臣少多疾病,九岁不行,零丁孤苦,至於成立,既无伯叔,终鲜兄弟,门衰祚薄,晚有儿息。(晋·李密《陈情表》)

---

① 《庄子·天道》中的"夫明白于天地之德者,此之谓大本大宗,与天和者也"中的"明白"好像应该算作动词,不过仅此一见。

贡献

  诸所过小国闻宛破,皆使子弟从入贡献。(《汉书·李广利传》)

  天子都许,表虽遣使贡献,然北与袁绍相结。(《三国志·魏志·袁术传》)

  吏人贡献,辄见剽劫。(《后汉书·刘盆子传》)

感激

  夫民有血气心知之性,而无哀乐喜怒之常,应感起物而动,然后心术形焉。是故感激憔悴之音作,而民思忧。(汉·刘向《说苑·修文》)

  及睹古人节义之事,未尝不感激沈吟久之。(北齐·颜之推《颜氏家训·勉学》)

有少数双音动词在古代有及物和不及物两种用法,但后来只剩下了及物用法,而不及物用法则消失了,如"充满"本来有及物和不及物两种用法,用作不及物动词的例子有:

  去国居卫,容貌充满,颜色发扬,无重国之意。(《吕氏春秋·贵直》)

  今汝衣服甚盛,颜色充满,天下有谁加汝哉?(《韩诗外传》卷三)

  上林既充满益广。(《汉书·食货志》)

"充满"作为及物动词用的例子有:

  听之不闻其声,视之不见其形,充满天地,苞裹六极。(《庄子·天运》)

  孔墨之弟子徒属充满天下。(《吕氏春秋·有度》)

后来"充满"就只有及物动词的用法了,这也可以算作一种及物性的增强。

(4)名词变为形容词

世故

　　不治世故,放意所好。(《列子·杨朱》)

　　平生意不在多,值世故纷纭,遂至台鼎。(南朝宋·刘义庆《世说新语·言语》)

　　先朝远存遗范,有诏缮立,世故妨道,事未克就。(《宋书·孝武帝本纪》)

　　馥自经世故,每欲维正朝廷,忠情恳至。(《晋书·周浚传》)

《广雅·释诂三》:"故,事也",因而"世故"即"世事"。后来"世故"变为形容词,指"处事待人圆滑、不得罪人"。

可以说,双音词及物性的减弱是汉语的一个发展趋势,而双音词及物性的增强则只是由于偶然因素而造成的结果,不是一个具有规律性的事实。

王冬梅(2001)对于现代汉语中动词的名化现象做了较为全面的考察,发现双音节动词比单音节动词容易名化。王冬梅将动词的名化分为固定用法和临时用法两种。固定用法是被列为词典中的义项的用法。《现汉》中列出的动词名化共有552个,音节的分布情况是:

单音节动词直接名化:3个,约占总数的0.5%。

单音节动词加上后缀名化:144个,约占总数的26.1%。

双音节动词名化:405个,约占总数的73.4%。

上面的数字说明,名化的动词以双音节的为主,单音节动词名化往往需要加上后缀。对于临时性的动词名化,王冬梅在20万字的不同类型的语料中做了统计,动词名化做主语的实例共有202例,其中只有4例是单音节的。在几百例动词名化做宾语的实例中也只有10例是单音节动词。这也说明了双音节动词比单音节动词容易名化。

张国宪(1994)指出动词在由单音转变为双音的过程中,不仅音节长度发生了变化,而且功能也会或多或少地发生增殖或变异,其中最明显的变化是名词性的增强和动词性的减弱。因此在音节特征上,动词性的等级序列为:单音节＞双音节,这就是说单音动词的动词性强于双音动词。

邵敬敏(1994)对《动词用法词典》进行过考察,发现 688 个双音节动词中有 628 个能够光杆充任定语,这表明汉语中 90% 以上的双音节动词都有直接修饰名词的功能。做定语不是动词的典型功能,当一个双音动词直接做定语时,就说明其及物性程度减弱了。

王冬梅(2001)指出,语义上相近的单音节动词和双音节动词进入"N 的 V"结构的能力有明显的不同,如:

　　＊我们的找　　我们的寻找

　　＊别人的骗　　别人的欺骗

　　＊学生的考　　学生的考试

　　＊你的猜　　　你的猜测

根据詹卫东(1998)的统计,《动词用法词典》中有单音节动词 1316 个,能进入"N 的 V"结构的只有 4 个:爱、哭、死、笑。"N 的 V"是一种常见的动词名化的格式,双音动词更容易进入这个格式也可表明双音动词具有更多的名词性。

陈宁萍(1987)认为汉语的类型正由普遍动词型向普遍名词型漂移。这一结论是基于以下事实:上古汉语中很多词包括名词、形容词都可以有动词用法,而现代汉语中很多双音动词可以出现在名词通常出现的位置,但名词和形容词不再能较为自由地活用为动词。

张国宪(1989)解释了双音动词向名词一端漂移的原因。他认为由于现代汉语双音节名词占绝大多数,并且双音化先于动词,而动词尤其是常用动词是单音节占多数,这就造成了双音节是名词、单音节是动词的假象,因而也就容易把具有名词语音形式特征的双音动词用于名词框架，促成了双音节动词功能的转变。这一解释可能有一定道理，但这还只是一种猜测，目前看来还难以验证。

笔者认为，双音节动词的及物性减弱可能与韵律有关系。双音动词在与宾语组合时要比单音动词受到更多的限制，因为在汉语中2＋1式动宾结构是不合法的（冯胜利1996a），如：种植树、浇灌花、打扫屋等。要挽救这一类结构可以选择双音名词做宾语，变2＋1为2＋2。下面的说法就都是可接受的了：种植树木、浇灌花草、打扫屋子。而单音动词则可较为自由地带宾语，不受音节数目的限制。1＋1式是合法的结构，如：打人、切菜、买鞋等；1＋2式也是合法的结构，如：开玩笑、碰钉子、找朋友等；更长音节的宾语也不存在问题：打了一个人、切了半天菜、买了三双鞋等。对于动宾结构中2＋1式不合法的现象，冯胜利（1996a，2000b）有一个解释。他认为每个句子都要有一个普通重音，这个普通重音是在一定的范域中确定的。汉语句子的重音范域是以动词为核心的最后一个短语。普通重音指派规则要求在这个范域中的最后一个成分必须要重于前一个成分。如果一个句子只含"主谓宾"这些基本成分，普通重音就只能在该句的动宾短语中实现，而且宾语一定要重于动词。2＋1式动宾结构之所以不合法，就是因为动词的韵律重量超过了宾语，因而"头重脚轻"，违反了句子的普通重音指派原则；而无论是2＋2，1＋1，1＋2，还是1＋X或2＋X（X长于二音节）型动宾结构，动词的音节长度都不超过宾语，因而可以保证重音能够落在宾语上，所以它们都是合法的结构。带宾语是动词的一个原型特征，能带宾语的动词比不能带宾语的动词的及物性强。由于双音动词带宾语要受到来自韵律方面的限制，因而其及物性自然就弱于单音动词。不论是从及物动词变为不及物动词还是从动词变为名词等其他词类可能都导源于双音动词带宾语功能的衰落。

第四节 双音词语义功能变化的性质
——进一步词汇化

　　以上提到的双音词的语义功能变化现象的实质是双音形式在成词以后的进一步词汇化。当一个非词形式变为词之后，其组成成分之间的概念距离就缩短了。在发展过程中，词的内部成分之间的距离还可再进一步缩短，也就是说词汇化进程可以继续。这样造成的结果就是词的内部形式的进一步模糊化。

　　双音词内部形式的重新分析是由于语言使用者不了解原来成分之间的语义关系而引起的，而这正是原有的成分之间的关系进一步模糊化的结果。

　　词缀与词根的关系本来是比较直观的，但是当词缀丧失了能产性，词根与词缀组成的派生词的意义变得专门化之后，语义透明性丧失，原来的词缀与词根的分立性就减弱了，因而可以说词汇化加深了。

　　双音动词的及物性减弱从广义上讲是一种转类现象，当动词变为其他类别的词时，可以说是一种大范围内的转类；当及物动词变为不及物动词时，可以说是在动词内部进行的次类的转类。我们在第二章分析词汇化程度的等级时，曾指出发生了转类的词比未发生转类的词词汇化程度高，因为发生转类之后，组成成分的意义与整体意义的联系就变得迂曲了，整个形式必须作为一个独立的单元来记忆。

　　综上所述，以上提到的双音词的三类语义或功能变化现象都是进一步词汇化的反映。

　　进一步词汇化的现象从共时也可以观察到。比如，有些人对于一些字的音在某个双音词中可以正确地读出,但在另一些组合中又会读错,比如笔者听到有人将"耳廓"读为"耳 guō",我问他"你读轮 guō 吗?",他想了一下说:"读轮 kuò,哦,这是一个字,应该读耳 kuò"。"耳廓"中的"廓"与"轮廓"中的"廓"在字形上一致,但这个人却没有意识到这一点,将这两个字读作了不同的音。这一现象可以这样解释:"轮廓"最初是一个并列复合词,但由于其形成时间较早(《宋书·颜竣传》:"先是,元嘉中铸四铢钱,轮郭形制与五铢同。"轮郭,同轮廓),其词汇化程度比较深,其中的"廓"已变为黏着语素,其原有的语义变得模糊,一般语言使用者已经不知道"廓"的语义,也不知道"轮"和"廓"之间的语义关系,只是在整体上理解这个词的意义,可以说"轮廓"已从复合词进一步词汇化为一个单纯词了,因此,其组成成分各自的音义就变得不突显,人们是在整体上把握这个词的音义;而在"耳廓"这个词中,由于"耳"是一个常用词,其意义非常突显,因此即使人们不确切知道"廓"的音义,也可以猜到"耳廓"是偏正关系,这样"廓"作为词的一个组成部分而且是中心部分就比较突显,人们就会对其加以注意,在不熟悉这个字的情况下,就根据其形,误读为 guō。这种同一个人的一字两读现象(其中一读为误读)很好地反应了发生进一步词汇化的词的内部成分与未发生进一步词汇化的词的内部成分在地位上的差异。

顺便提到,上古汉语中的合音词(fusion word)实际上也是成词后进一步词汇化的结果。如:之+於→诸,而+已→耳,不+之→弗,何+不→盍,毋+之→勿,之+焉→旃,奈+何→那、难(丁声树 1935, Kennedy1940、1953, Dobson1959, Serruys1959, 陈霞村 1992, Pulleyblank1995 等),首先是由两个分立的成分通过词汇化变为一个词,进一步词汇化的结果使得两成分之间的距离进一步缩短,并引起语音上的弱化,最终发生了语音融合,整个形式从双音节变为单音节。发生合音的两个成分往往本是虚词,因为虚词在语音上本就倾向于弱化。由这样的例子也可以看出,词汇化这一现象远在上古时期就已存在。在现代汉语中类似的合音现象也存在,如:不+用→甭,不+要→别等。还有一些来自方言的证据,如:苏州话的[fiao]是"勿"和"要"的合音。这再次证明了在不同的历史阶段所可能发生的变化类型的相似性。

当复合词由于词汇化的加深而变为单纯词之后,就又可以在与其他词组成短语后发生新一轮的词汇化而变为复合词。如英文中的 lord 是一个由复合词变来的单纯词(参看第二章第一节的分析),它又可以在与 land 组合时词汇化为复合词 landlord(房东)。这就是说,词汇化与语法化一样也可以是单向循环的。虽然这种循环性在汉语中没有明显的表现①,但也不是没有例子。比如合音词就可以进入一个新的词汇化过程。一些研究认为,"叵"是"不可"的合音词,而"叵"又可与"耐"组合,在唐代前后词汇化为"叵耐"这样一个复合词,义为"不可耐",引申为"可恶,可恨"。如:

娄体肥行缓,李屡顾待,不即至,乃发怒曰:"叵耐杀人田舍汉!"(唐·刘悚《隋唐嘉话》卷下)

叵耐一双穷相眼,不堪花卉在前头。(五代·王定保《唐摭言》卷十二)

上作色曰:"如此叵耐,问辄不应。"(宋·江休复《醴泉笔录》卷下)

如孔子作《春秋》,是大段叵耐,忍不得处。(《朱子语类》卷二十五)

---

① 这是因为汉语复合词进一步词汇化为单纯词的情况不多,参看第一章第一节的分析。

叵耐杨国忠这厮,好生无礼。(元·白朴《梧桐雨》楔子)

"叵耐"作为一个词,没能沿用至现代汉语。

再如,"别"是"不要"的合音,但"别"又可与"管"组合,词汇化为一个连词,意义与"不论"类似,比如:

别管是谁,都应一律按规章办事。

结　　语

　　词汇化与语法化一样，都是语言单位从理据清晰到理据模糊、从分立到融合的变化过程。汉语不仅可以为研究语法化提供很多颇具启发性的材料，而且在词汇化方面的研究资源也是得天独厚。除联绵词与音译词以外，占现代汉语词汇系统主体的双音词在历史上的产生就是一个词汇化的过程（也包括一些语法化现象在内），即一个从句法层面的自由组合到固定的词汇单位的演变过程。

　　双音词有三类主要历史来源，一是从全部由实词组成的短语降格而来，二是从由语法性成分参与形成的句法结构中衍生出来，三是从本来不在同一个句法层次上的跨层结构中脱胎出来。其中，从短语降格而来的双音词最多。由每一种方式变来的词在词性上都是多样化的。

　　对于短语的词汇化，虽然汉语研究者早已提及，但多为个别举例。本书在前人研究的基础上，用共时和历时相结合的方法，对不同类型短语的词汇化做了尽可能全面和详细的分析。本书分析了双音词的历史发展特点与词汇化程度的等级，指出汉语双音词作为一个原型范畴，其内部成员有着词汇化程度的不同，而双音词在共时状态下的词汇化程度又与其在历时发展过程当中所经历的不同阶段相对应。不同类型的短语的词汇化在难易程度上是不等的，有些类型的短语更容易词汇化而另一些类型的短语则较难词汇化。这一差异除了不同类型短语自身使用频率的不等之外，主要是由不同类型短语的句法特性所决定的。同一类型短语内部的不同类别在出现时间的早晚与数量上也存在着不平衡性,本书从语义特点以及词法与句法的对应角度对此做出了解释。本书还通过对现代汉语中仍在使用的双音词的特点的分析,找出了不同类型短语词汇化的制约条件,并考察了历史文献,从历时角度印证了共时分析所得出的结论。从短语到词是一个短语特性不断弱化以至最终消失的过程,综观各类短语的词汇化可以发现这样一个规律:只有那些性质上不典型的短语成员才可能成为词汇化的候选结构。

句法结构的词汇化所涉及的类型也比较多,在汉语历史早期出现的虚化程度不等的各类语法性成分都有可能与词汇成分发生黏合。但这一类现象并未引起以往研究者的足够注意。本书的研究表明,这一类词汇化的发生主要是由于句法结构中所包含的语法性成分的功能在发展过程中的衰落。当某种句法结构不再是一种能产的格式时,原属于这种结构的一些自由组合就变为一种句法的遗迹而固化成词。

跨层结构的词汇化是由本不在同一个句法层次的两个在线性序列上相邻的单位变为一个词。由这一渠道产生的一般是虚词,其内部形式非常模糊。跨层结构的词汇化必须发生在特定的句法构式中,所在构式要有比较高的使用频率,而且,发生词汇化的跨层结构必须是构式中的关键性成分,可以在一定程度上激活整个构式的意义。

从对上述三种类型的词汇化的考察中可以发现,词汇化的原因主要是认知(心理上的组块过程、隐喻、转喻等)和语用(如语境义的被吸收)方面的因素。

当一个句法单位变为词汇单位之后,其内部成分在发展过程中可能会变得更加相互依附,即进一步词汇化。这表现在词的内部形式的重新分析、派生关系的模糊化以及转类的发生(其中双音动词的及物性减弱是汉语词汇发展的一个趋势)等方面。连续进行的词汇化过程造成共时状态下不同人对同一个词的类属(比如是复合词、派生词还是单纯词)判断可能存在分歧,这是因为处在演变过程中的形式在性质上是不稳定的,当这种分歧消失之后,由进一步词汇化所造成的派生词或复合词向单纯词的转化也就最终完成了。

毋庸讳言,并不是所有的双音词的源头及产生过程都可以从现存的古代文献中找到足够的证据,对在文献中可以找到证据的词汇化过程的研究,可以为推测那些没有在文献中留下痕迹的词汇化现象提供线索。

本书的研究也从一个侧面证明了从共时与历时两个角度同时进行考察对于认清某些语言现象的必要性。以往现代汉语与古代汉语的研究不太搭界,很多从事古汉语研究的人对于现代汉语所关心的问题以及所使用的研究方法不太理会;而从事现代汉语的人对于能说明现时存在的某些范畴来源的十分有用的古汉语材料也注意不够。这样,古汉语研究者与现代汉语研究者大多数没能充分利用对方领域的研究成果。笔者认为这种状况不利于汉语研究的进一步深入。一个语言的过去与现在是紧密联系着的,察古可以知今,以今也可以证古。因为语言变化的机制与过程大多是古今相通的,所以在研究中将共时考察的结论与历时调查的结果相互参照,是一条很重要的研究途径,由此我们可以对不少问题做出更好的解答。

附录

1. 参考文献

卞成林(2000):《汉语工程词论》,山东大学出版社。
蔡镜浩(1990):《魏晋南北朝词语例释》,江苏古籍出版社。
曹广顺(1984):敦煌变文中的双音节副词,《语言学论丛》第十二辑,商务印书馆。
曹广顺(1995):《近代汉语助词》,语文出版社。
曹广顺(2000):试论汉语动态助词的形成过程,《汉语史研究集刊》第二辑,巴蜀书社。
陈爱文、于 平(1979):并列式双音词的字序,《中国语文》第 2 期。
陈安国、彭聃龄(1998):词的具体性对词汇识别的影响,《心理学报》第 4 期。
陈宝勤(1994):试论"而后""而至""而况""而且""既而""俄而""然而",《古汉语研究》第 3 期。
陈保亚(1999):《二十世纪中国语言学方法论(1898—1998)》,山东教育出版社。
陈力卫(1994):早期的英华字典与日本的洋学,《原学》第一辑,中国广播电视出版社。
陈宁萍(1987):现代汉语名词类的扩大,《中国语文》第 5 期。
陈 平(1985):英汉否定结构对比研究,《中国社会科学院研究生院硕士论文选》,中国社会科学出版社;又收入陈平《现代语言学研究》,重庆出版社,1991。
陈 平(1987):释汉语中与名词性成分相关的四组概念,《中国语文》第 2 期;又收入陈平《现代语言学研究》,重庆出版社,1991。
陈 平(1994):试论汉语中三种句子成分与语义成分的配位原则,《中国语文》第 3 期。
陈望道(1932):《修辞学发凡》,上海教育出版社,1979 年版。
陈霞村(1992):《古代汉语虚词类解》,山西教育出版社。
程湘清(1992a):先秦双音词研究,《先秦汉语研究》,程湘清主编,山东教育出版社。

程湘清(1992b):《论衡》双音词研究,《两汉汉语研究》,程湘清主编,山东教育出版社。

程湘清(1992c):《世说新语》双音词研究,《魏晋南北朝汉语研究》,程湘清主编,山东教育出版社。

程湘清(1992d):变文双音词研究,《隋唐五代汉语研究》,程湘清主编,山东教育出版社。

戴浩一(1997):汉语的词类转变和汉语构词的羡余原则,《中国境内语言暨语言学》第三辑,台北。

戴庆厦(1993):景颇语双音节词的音节聚合,《语言研究》第1期;又收入戴庆厦《藏缅语族语言研究》(二),云南民族出版社,1998。

戴庆厦(1997):景颇语词的双音化对语法的影响,《民族语文》第6期;又收入戴庆厦《藏缅语族语言研究》(二),云南民族出版社,1998。

戴庆厦(1998):景颇语方位词"里、处"的虚实两重性,《民族语文》第6期;又收入戴庆厦《藏缅语族语言研究》(二),云南民族出版社,1998。

邓细南(1994):谈古今汉语偏义复词的不同特点,《漳州师院学报》第3期。

丁邦新(1998):《丁邦新语言学论文集》,商务印书馆。

丁声树(1935):释否定词"弗""不",《庆祝蔡元培先生六十五岁论文集》,国立中央研究院历史语言研究所集刊外编。

董为光(1992):汉语词汇双音代换管窥,《语言研究》第2期。

董秀芳(1997):跨层结构的形成与语言系统的调整,《河北师范大学学报》(哲社版)第3期。

董秀芳(1998a):重新分析与"所"字功能的发展,《古汉语研究》第3期。

董秀芳(1998b):述补带宾结构中的韵律制约,《语言研究》第1期;又收入人大复印资料《语言文字学》1998年第9期。

董秀芳(1998c):古汉语中介宾位置上的零形回指及其演变,《当代语言学》第4期。

董秀芳(1999a):古汉语中的后置词"所"——兼论古汉语中表方位的后置词系统,《四川大学学报》(哲社版)第2期。

董秀芳(1999b):从谓词到体词的转化谈汉语词典标注词性的必要性,《辞书研究》第1期。

董秀芳(2000a):汉语语言学研究手段亟待更新——从语料库语言学的兴起与发展谈理论与事实的结合,《中外文化与文论》第7辑,四川教育出版社。

董秀芳(2000b):动词性并列式复合词的历时发展特点与词化程度的等级,《河北师范大学学报》(哲社版)第1期。

董秀芳(2001):古汉语中偏指代词"相"的使用规则,《四川大学学报》(哲社版)第2期。

董秀芳(2002):古汉语中的"自"和"己"——现代汉语"自己"的特殊性的来源,《古汉语研究》第1期;又收入人大复印资料《语言文字学》2002年第6期。

董秀芳(2003a):论"X着"的词汇化,《语言学论丛》第二十八辑,商务印书馆。

董秀芳(2003b):"X说"的词汇化,《语言科学》第2期。

董秀芳(2004):《汉语的词库与词法》,北京大学出版社。

董秀芳(2005):汉语词缀的性质与汉语词法特点,《汉语学习》第6期。

董秀芳(2006):词汇化与语法化的联系与区别:以汉语史中的一些词汇化为例,《21世纪的中国语言学》(二),商务印书馆。

董秀芳(2007):从词汇化的角度看粘合式动补结构的性质,《语言科学》第1期;又收入人大复印资料《语言文字学》2007年第6期。

董秀芳(2008):反问句环境对于语义变化的影响,《东方语言学》第四辑,上海教育出版社。

董秀芳(2009a):汉语的句法演变与词汇化,《中国语文》第5期。

董秀芳(2009b):句法构式与词汇化,《科学发展:文化软实力与民族复兴》(上卷),北京师范大学出版社,2009年11月。

董志翘(1993):试论古代汉语词汇与日本语词汇的比较研究,《花园大学社会福祉学部研究纪要》(创刊号)(日本);又收入董志翘《中古文献语言论集》,巴蜀书社,2000。

董志翘(1997):《〈入唐求法巡礼行记〉词汇研究》,四川大学博士学位论文;中国社会科学出版社,2000。

董志翘(1998):也论中古汉语词汇研究中的推源问题,《汉语史研究集刊》第一辑(上),巴蜀书社。

董志翘、蔡镜浩(1994):《中古虚词语法例释》,吉林教育出版社。

董志翘、张意馨(1992):《古今同形异义词语词典》,江苏科学技术出版社。

端木三(1999):重音理论和汉语的词长选择,《中国语文》第4期。

端木三(2000):汉语的节奏,《当代语言学》第4期。

方 希(1999):有定与向心结构的语序,《语文研究》第1期。

方一新(1996):东汉语料与词汇史研究刍议,《中国语文》第2期。

方一新(1997):东汉魏晋南北朝史书词语笺释,《古典文献与文化论丛》,中华书局。

方一新(1998):从《汉语大词典》看大型历史性语文词典取证举例方面的若干问题,《汉语史研究集刊》第一辑(上),巴蜀书社。

冯春田(2000):《近代汉语语法研究》,山东教育出版社。

冯浩菲(1995):《中国训诂学》,山东大学出版社。

冯胜利(1996a):论汉语的"韵律词",《中国社会科学》第1期。

冯胜利(1996b):论汉语的韵律结构及其对句法构造的制约,《语言研究》第1期。

冯胜利(1997):《汉语的韵律、词法与句法》,北京大学出版社。

冯胜利(1998):论汉语的自然音步,《中国语文》第1期。

冯胜利(2000a):汉语双音化的历史来源,《现代中国语研究》第1期。

冯胜利(2000b):《汉语韵律句法学》,上海教育出版社。

冯胜利(2001):从韵律看汉语"词""语"分流之大界,《中国语文》第1期。

符定一(1940):《联绵字典》,中华书局,1954年版。

符淮青(1993):《汉语词汇史》,安徽教育出版社。

高名凯、刘正埮(1958):《现代汉语外来词研究》,文字改革出版社。

郭锡良(1994):先秦汉语构词法的发展,《第一届国际先秦汉语语法研讨会论文集》,岳麓书社;又收入郭锡良《汉语史论集》,商务印书馆,1997。

郭锡良(1998):汉语的同源词和构词法,《第二届国际暨第四届全国训诂学学术研讨会论文集》,台北。

龚千炎(1984):动结式复合动词及其构成的动词谓语句式,《安徽师大学报》(哲社版)第3期。

何宝璋(1997):汉语中完成时段和持续时段的表达,《语言研究》第2期。

何乐士(1992):元杂剧语法特点研究,程湘清主编《宋元明汉语研究》,山东教育出版社。

洪　波(1997):台语和汉语的平行虚化现象及其成因,《中国民族语言论丛》(二);又收入洪波《坚果集——汉台语锥指》,南开大学出版社,1999。

洪　波(1998):论汉语实词虚化的机制,郭锡良主编《古汉语语法论集》,语文出版社。

洪　波(1999):偶数崇拜、中和之美与汉语词汇的双音化,洪波《坚果集——汉台语锥指》,南开大学出版社。

黄建宁(1997):《太平经》复音词初探,四川师范大学硕士学位论文。

黄月圆(1995):复合词研究,《国外语言学》第2期。

黄志强、杨剑桥(1990):论汉语词汇双音节化的原因,《复旦学报》(哲社版)第1期。

江蓝生(1998a):《魏晋南北朝小说词语汇释》,语文出版社。

江蓝生(1998b):后置词"行"考辨,《语文研究》第1期;又收入江蓝生《近代汉语探源》,商务印书馆,2000。

江蓝生(1992):疑问副词"颇、可、还",《近代汉语虚词研究》,语文出版社;又收入江蓝生《近代汉语探源》,商务印书馆,2000。

江蓝生(1999a):语法化程度的语音表现,石锋、潘悟云编《中国语言学的新拓展》,香港城市大学出版社;又收入江蓝生《近代汉语探源》,商务印书馆,2000。

江蓝生(1999b):处所词的领格用法与结构助词"底"的由来,《中国语文》第2期;又收入江蓝生《近代汉语探源》,商务印书馆,2000。

江蓝生(2004):跨层非短语结构"的话"的词汇化,《中国语文》第5期。

江蓝生、刘 坚(1999):《汉语现状与历史的研究——首届汉语语言学国际研讨会论文集》,中国社会科学出版社。

蒋礼鸿(1981):《义府续貂》,中华书局。

蒋绍愚(1989a):《古汉语词汇纲要》,北京大学出版社。

蒋绍愚(1989b):关于汉语词汇系统及其发展变化的几点想法,《中国语文》第1期。

蒋绍愚(1990):《唐诗语言研究》,中州古籍出版社。

蒋绍愚(1992):《入唐求法巡礼行记》中的口语词,胡竹安、杨耐思、蒋绍愚编《近代汉语研究》,商务印书馆。

蒋绍愚(1993):白居易诗中与"口"有关的动词,《语言研究》第2期。

蒋绍愚(1994a):《蒋绍愚自选集》,河南教育出版社。

蒋绍愚(1994b):《近代汉语研究概况》,北京大学出版社。

蒋绍愚(1999):两次分类——再谈词汇系统及其变化,《中国语文》第5期。

蒋文钦、陈爱文(1982):关于并列结构固定词语的内部次序,《中国语文》第4期。

蓝 鹰(1994):古汉语复音虚词结构模式分析,《当代电大》第3期。

李伯超(1992):汉语语素融合与融合词论——兼议汉语词汇的历史发展规律,《湘潭大学学报》(哲社版)第1期。

李 讷、安珊笛、张伯江(1998):从话语角度论证语气词"的",《中国语文》第2期。

李　讷、石毓智(1997a):论汉语体标记诞生的机制,《中国语文》第2期。
李　讷、石毓智(1997b):汉语动词拷贝结构的演化过程,《国外语言学》第3期。
李　讷、石毓智(1998a):指示代词与结构助词的共性及其历时渊源,*Journal of the Chinese Language Teachers Association*. Vol.33,No.2.
李　讷、石毓智(1998b):句子中心动词及其宾语之后谓词性成分的变迁与量词语法化的动因,《语言研究》第1期。
李　讷、石毓智(1999):汉语动补结构的发展与词法结构的嬗变,《中国语言学论丛》第二辑,北京语言文化大学出版社。
李英哲、卢卓群(1997):汉语连词发展过程中的若干特点,《湖北大学学报》(哲社版)第4期。
李　玉(2000):《尉缭子》词句中的意合法及连词研究,《汉语史研究集刊》第三辑,巴蜀书社。
李泽然(1997):哈尼语名词的双音节化,戴庆厦等主编《中国民族语言论丛》(二),云南民族出版社。
李宗江(1988):浅说"及其",解放军外语学院学报《教学研究》第1期。
李宗江(1997):"进"对"入"的历时替换,《中国语文》第3期。
李宗江(1998):汉语总括副词的来源和演变,《汉语史研究集刊》第一辑(上),巴蜀书社;又收入李宗江《汉语常用词演变研究》,汉语大词典出版社,1999。
李宗江(1999):《汉语常用词演变研究》,汉语大词典出版社。
连金发(2000):构词学问题探索,《汉学研究》台北18卷特刊。
梁　源、王洪君(1999):两字短语凝固度分级初探,黄昌宁、董振东主编《计算语言学文集》,清华大学出版社。
廖秋忠(1991):《语言的范畴化:语言学理论中的典型》评介,《国外语言学》第4期。
林汉达(1955):什么不是词儿——大于词儿的不是词儿,《中国语文》第5期。
林书武(1997):国外隐喻研究综述,《外语教学与研究》第1期。
刘承慧(2003):古汉语实词的复合化,何大安主编《古今通塞:汉语的历史与发展》,台北"中研院"语言学研究所筹备处。
刘　翠(1998):试论汉语截割词,《传统文化与现代化》第2期。
刘大为(1998):关于动宾带宾现象的一些思考,《语文建设》第1期和第3期。
刘丹青(1993):汉语形态的节律制约——汉语语法的"语音平面"丛论之一,《南京师大学报》第1期。
刘丹青(2002):汉语中的框式介词,《当代语言学》第4期。

刘丹青(2007):话题标记走向何处?——兼谈广义语法化的三个领域,沈家煊、吴福祥、李宗江主编《语法化与语法研究》(三),商务印书馆。

刘红妮(2009a):"则已"的词汇化和构式语法化,《古汉语研究》第 2 期。

刘红妮(2009b):汉语非句法结构的词汇化,上海师范大学博士学位论文。

刘　坚(1998):《二十世纪的中国语言学》,北京大学出版社。

刘　坚等(1992):《近代汉语虚词研究》,语文出版社。

刘　坚、曹广顺、吴福祥(1995):论诱发汉语词汇语法化的若干因素,《中国语文》第 3 期。

刘　利(1994):从《国语》的用例看先秦汉语的"可以",《中国语文》第 5 期。

刘叔新(1964):论词汇体系问题,《中国语文》第 3 期。

刘叔新(1985):汉语复合词内部形式的特点与类别,《中国语文》第 3 期。

刘叔新(1988):论反义聚合的条件和范围,《语言研究论丛》第五辑,南开大学出版社。

刘叔新(1990):《汉语描写词汇学》,商务印书馆。

刘叔新(1993):《语义学和词汇学问题新探》,天津人民出版社。

刘月华等(1983):《实用现代汉语语法》,外语教学与研究出版社。

刘正埮等(1984):《汉语外来语词典》,上海辞书出版社。

陆丙甫(1986):语句理解的同步组块过程及其数量描述,《中国语文》第 2 期。

陆丙甫(1988):定语的外延性、内涵性和称谓性及其顺序,《语法研究与探索》(四),北京大学出版社。

陆俭明(1990):"VA 了"述补结构语义分析,《汉语学习》第 1 期。

陆志韦等(1957):《汉语的构词法》,科学出版社;又有修订本,科学出版社,1964。

罗昕如(1998):"动宾式动词+宾语"规律探究,《语文建设》第 5 期。

吕叔湘(1942):相字偏指释例,金陵、齐鲁、华西大学《中国文化研究汇刊》第 2 卷;又收入吕叔湘《汉语语法论文集》(科学出版社,1955)和《吕叔湘文集》第 2 卷(商务印书馆,1990)。

吕叔湘(1943):见字之指代作用,金陵、齐鲁、华西大学《中国文化研究汇刊》第 3 卷;又收入吕叔湘《汉语语法论文集》(科学出版社,1955)和《吕叔湘文集》第 2 卷(商务印书馆,1990)。

吕叔湘(1959):《文言虚字》,上海教育出版社。

吕叔湘(1963):现代汉语单双音节问题初探,《中国语文》第 1 期;又收入《吕叔湘文集》第 2 卷,商务印书馆,1990。

吕叔湘(1965):"很不……",《中国语文》第 5 期;又收入《吕叔湘文集》第 2 卷,商务印书馆,1990。

吕叔湘(1979):《汉语语法分析问题》,商务印书馆;又收入《吕叔湘文集》第 2 卷,商务印书馆,1990。

吕叔湘(1980):《语文常谈》,三联书店。

吕叔湘(主编)(1984):《现代汉语八百词》,商务印书馆。

梁晓虹(1994):《佛教词语的构造与汉语词汇的发展》,北京语言学院出版社。

马建忠(1898):《马氏文通》,商务印书馆,1983 年版。

马庆株(1988):自主动词和非自主动词,《中国语言学报》第 3 期,商务印书馆;又收入马庆株《汉语动词和动词性结构》,北京语言学院出版社,1992。

马庆株(1995):多重定名结构中形容词的类别和次序,《中国语文》第 5 期。

马西尼(Masini, F.)(1993):《现代汉语词汇的形成——十九世纪汉语外来词研究》(*The Formation of Modern Chinese Lexicon and its Evolution toward a National Language*),黄河清译,汉语大词典出版社,1997。

马　真(1980/1981):先秦复音词初探,《北京大学学报》(哲社版)1980 年第 5 期和 1981 年第 1 期。

梅　广(2003):迎接一个考证学和语言学结合的汉语语法史研究新局面,何大安主编《古今通塞:汉语的历史与发展》,台北"中研院"语言学研究所筹备处。

梅祖麟(1989):上古汉语 * S-前缀的构词功能,《第二届国际汉学会议论文集(语言与文字组)》,台北"中研院"。

梅祖麟(1991):从汉代的"动杀"和"动死"来看动补结构的发展,《语言学论丛》第十六辑,商务印书馆。

梦　湘(1966):词的并列结构与古义,《中国语文》第 2 期。

潘文国(1993):汉英构词法对比研究,《汉语论丛》,华东师范大学出版社。

潘允中(1982):《汉语语法史概要》,中州书画社。

潘允中(1989):《汉语词汇史概要》,上海古籍出版社。

彭　睿(2007):构式语法化的机制和后果——以"从而"、"以及"和"极其"的演变为例,《汉语学报》第 3 期。

皮鸿鸣(1992):汉语词汇双音化演变的性质和意义,《古汉语研究》第 1 期。

钱　瑗(1997):对 Collocation 的再认识,《外语教学与研究》第 3 期。

钱宗武(1997):论今文《尚书》复合词的特点和成因,《湖南师范大学社会科学学报》第 1 期。

裘锡圭(1979):谈谈古文字资料对古汉语研究的重要性,《中国语文》第 6 期。

屈承熹(1987/1993):《历史语法学理论与汉语历史语法》(Historical Syntax Theory and Application to Chinese. Taipei:Crane Publishing Co.),北京语言学院出版社,朱文俊译,1993。

邵敬敏(1994):双音节 V＋N 偏正结构分析,第八次现代汉语语法学术讨论会论文,苏州。

沈怀兴(1998):汉语偏正式构词探微,《中国语文》第 3 期。

沈家煊(1993):句法的象似性问题,《外语教学与研究》第 1 期。

沈家煊(1994):"语法化"研究综观,《外语教学与研究》第 4 期。

沈家煊(1995):"有界"和"无界",《中国语文》第 5 期。

沈家煊(1997):类型学中的标记模式,《外语教学与研究》第 1 期。

沈家煊(1998):实词虚化的机制——《演化而来的语法》评介,《当代语言学》第 3 期。

沈家煊(1999):转指和转喻,《当代语言学》第 1 期。

沈　阳(1997):现代汉语复合词的动态类型——谈语言教学中的一种词汇/语法单位范畴,《语言教学与研究》第 2 期。

石安石、詹人凤(1981):反义词聚的共性类别及其不均衡性,《语言研究论丛》第十辑,商务印书馆。

石毓智(1995):时间的一维性对介词衍生的影响,《中国语文》第 1 期。

石毓智、李　讷(1998):汉语发展史上结构助词的兴替——论"的"的语法化历程,《中国社会科学》第 5 期。

史存直(1989):《汉语词汇史纲要》,华东师大出版社。

帅志嵩(2005):从语义融合看汉语并列式复音词的产生和演变,《现代中国语研究》第 7 期,朋友书店(日本)。

苏宝荣、宋永培(1987):《古汉语词义简论》,河北教育出版社。

孙玉文(1997):《汉语变调构词研究》,北京大学中文系博士学位论文;北京大学出版社,2000。

太田辰夫(1958):《中国语历史文法》,蒋绍愚、徐昌华译,北京大学出版社,1987。

谭达人(1989):略论反义相成词,《语文研究》第 1 期。

谭代龙(2004):"月亮"考,《语言科学》第 4 期。

谭代龙(2008):《义净译经身体运动概念场词汇系统及其演变研究》,语文出版社。

汤廷池(1991):汉语语法的"并入现象",《清华学报》(中国台湾)Vol. 21, No.

1—2。

汤廷池(1992):汉语句法与词法的照应词,《清华学报》(中国台湾)Vol.22, No.4。

汪维辉(1997):《东汉魏晋南北朝常用词演变研究》,四川大学博士学位论文, 1997;又名《东汉—隋常用词演变研究》,南京大学出版社,2000。

汪维辉(2003):汉语"说类词"的历时演变与共时分析,《中国语文》第4期。

汪维辉(2010):汉语"站立"义词的现状与历史,《中国语文》第4期。

汪维辉(2012):说"日""月",中国语言学会第16届年会论文,昆明,2012年8月21—23日。

王艾录(2000):《现代汉语词名探源词典》,山西人民出版社。

王冬梅(2001):《现代汉语动名互转的认知研究》,中国社会科学院研究生院博士学位论文;中国社会科学出版社,2010。

王洪君(1994):从字和字组看词和短语,《中国语文》第2期。

王洪君(1998):从与自由短语的类比看"打拳""养病"的内部结构,《语文研究》第4期。

王洪君(2000):汉语的韵律词与韵律短语,《中国语文》第6期。

王 力(1943):《中国现代语法》,商务印书馆。

王 力(1957):《汉语语法纲要》,新知识出版社。

王 力(1958):《汉语史稿》,科学出版社。

王 力(1992):《汉语词汇史》,商务印书馆。

王 宁(1997a):训诂学与汉语双音词的结构和意义,《语言教学与研究》第4期。

王 宁(1997b):现代汉语双音合成词的构词理据与古今汉语的沟通,《庆祝中国社会科学院语言研究所建所45周年学术论文集》,商务印书馆。

王泗原(1988):《古语文例释》,上海古籍出版社。

王 锳(1986):《诗词曲语辞例释》,中华书局。

王云路(1999):中古诗歌附加式双音词举例,《中国语文》第5期。

王云路、方一新(1992):《中古汉语语词例释》,吉林教育出版社。

魏达纯(1996):《颜氏家训》中的并列式同义(近义、类义)词语研究,《古汉语研究》第3期。

魏培泉(2003):上古汉语到中古汉语语法的重要发展,何大安主编《古今通塞:汉语的历史与发展》,台北"中研院"语言学研究所筹备处。

闻 宥(1984):"于""於"新论,《中国语言学报》第2期。

吴国忠(1987):《史记》同义虚词连用初探,《中国语文》第3期。
吴竞存、梁伯枢(1992):《现代汉语句法结构与分析》,语文出版社。
伍宗文(2000):先秦汉语中字序对换的双音词,《汉语史研究集刊》第三辑,巴蜀书社。
香坂顺一(1967):《近代汉语の语法と词汇》,言语,中国文化丛书,日本。
向　熹(1993):《简明汉语史》,高等教育出版社;《简明汉语史》(修订本),商务印书馆,2010。
解惠全(1987):谈实词虚化,《语言研究论丛》第四辑,南开大学出版社。
解惠全、洪　波(1988):"于""於"介词用法源流考,《语言研究论丛》第五辑,南开大学出版社。
谢文庆(1988):《反义词》,湖北教育出版社。
邢福义(1995):时间方所,邢福义《语法问题思索集》,北京语言学院出版社。
邢公畹(1947):《诗》"中"字倒置的问题,《语言论集》,商务印书馆;又收入《邢公畹语言学论文集》,商务印书馆,2000。
邢公畹(1997):一种似乎要流行开来的可疑句式,《语文建设》第4期。
徐时仪(1998):论词组结构功能的虚化,《复旦学报》(哲社版)第5期。
徐通锵(1990):结构的不平衡性和语言演变的原因,《中国语文》第1期。
徐通锵(1996):《历史语言学》,商务印书馆。
徐通锵(1997):《语言论——语义型语言的结构原理和研究方法》,东北师范大学出版社。
许光烈(1994):汉语词的理据及其基本类型,《内蒙古民族师院学报》(哲社汉文版)第1期。
许威汉(2000):《二十世纪的汉语词汇学》,书海出版社。
杨　君(1996):论隐喻的认知作用,《修辞学习》第3期。
杨荣祥(2002):副词词尾源流考察,《语言研究》第3期。
杨书忠(1983):《多义词 同义词 反义词》,北京出版社。
杨永龙(2002):"已经"的初见时代及成词过程,《中国语文》第1期。
姚振武(1996):汉语谓词性成分名词化的原因及规律,《中国语文》第1期。
姚振武(1997):"以为"的形成及相关问题,《古汉语研究》第3期。
姚振武(2000):指称与陈述的兼容性与引申问题,《中国语文》第6期。
伊三克(Isaenko,B.N.)(1958):论汉语中词的界限问题,《中国语文》第7期。
殷作炎(1982):关于普通话双音常用词轻重音的初步考察,《中国语文》第3期。
余健萍(1957):使成式的起源和发展,《语法论集》第二集,中华书局。

俞理明(1993):《佛经文献语言》,巴蜀书社。
俞　敏(1950):释蚯蚓名义兼辩"朐忍"二字形声,《国学季刊》第7卷第1号;又收入《俞敏语言学论文集》,商务印书馆,1999。
俞　敏(1981):倒句探源,《语言研究》创刊号;又收入《俞敏语言学论文集》,商务印书馆,1999。
余志鸿(1983):元代汉语中的后置词"行",《语文研究》第3期。
余志鸿(1987):元代汉语"一行"的语法意义,《语文研究》第2期。
袁　宾(1990):《禅宗著作词语汇释》,江苏古籍出版社。
袁毓林(1995):词类范畴的家族相似性,《中国社会科学》第1期。
苑春法、黄昌宁(1998):基于语素数据库的汉语语素及构词研究,《世界汉语教学》第2期。
詹卫东(1998):关于"NP+的+VP"偏正结构,《汉语学习》第2期。
张　博(1999):组合同化:词义衍生的一种途径,《中国语文》第2期。
张伯江(1994):词类活用的功能解释,《中国语文》第5期。
张登歧(1997):汉语合成动词的结构特点,《中国语文》第5期。
张国宪(1989):"动+名"结构中单双音节动词功能差异初探,《中国语文》第3期。
张国宪(1994):双音节动词功能增殖探讨,邵敬敏主编《语法研究与语法应用》,北京语言学院出版社。
张国宪(1997):"V双+N双"短语的理解因素,《中国语文》第3期。
张　敏(1998):《认知语言学与汉语名词短语》,中国社会科学出版社。
张能甫(1999):《郑玄注释语言词汇研究》,四川大学博士学位论文;巴蜀书社,2000。
张世禄(1930):中国语的演化和文言、白话的分叉点,《学生杂志》17卷第11期。
张世禄(1956):词汇讲话,《语文知识》2月号;又收入《张世禄语言学论文集》,学林出版社,1984。
张　相(1953):《诗词曲语辞汇释》,中华书局。
张谊生(2000):论与汉语副词相关的虚化机制——兼论现代汉语副词的性质、分类与范围,《中国语文》第1期。
张永言(1981):关于词的"内部形式",《语言研究》创刊号。
张永言(1982):《词汇学简论》,华中工学院出版社。
张永言(1999):《语文学论集》(增补本),语文出版社。
张永言、汪维辉(1995):关于汉语词汇史研究的一点思考,《中国语文》第6期;

又收入王云路、方一新编《中古汉语研究》,商务印书馆,2000。

赵　诚(1988):《甲骨文简明词典——卜辞分类读本》,中华书局。

赵克勤(1987):《古汉语词汇概要》,浙江教育出版社。

赵克勤(1994):《古代汉语词汇学》,商务印书馆。

赵元任(1956/1981):汉语结构各层次间形态与意义的脱节现象,田砥译,《国外语言学》1981年第1期;又收入《赵元任语言学论文集》,商务印书馆,2002。

赵振铎(2000):《中国语言学史》,河北教育出版社。

志村良治(1984):《中国中世语法史研究》,江蓝生、白维国译,中华书局,1995。

周秉钧(1981):《古汉语纲要》,湖南教育出版社。

周迟明(1957a):汉语的连动性复式动词,《语言研究》第2期。

周迟明(1957b):汉语的使动性复式动词,《山东大学学报》(人文科学版)第1期。

周法高(1972):《中国古代语法:构词编》,台联国风出版社,台北。

周　荐(1988):等义词语的性质和类别,《天津师大学报》(社科版)第5期。

周　荐(1991):复合词词素间的意义结构关系,《语言研究论丛》第六辑,天津教育出版社。

周　荐(1995):《汉语词汇研究史纲》,语文出版社。

周　荐(1999):双字组合与词典收条,《中国语文》第4期。

周一良(1985):《魏晋南北朝史札记》,中华书局。

周祖谟(1959):《汉语词汇讲话》,人民教育出版社。

周祖谟(1966):四声别义释例,《问学集》,中华书局。

朱德熙(1982):《语法讲义》,商务印书馆。

朱德熙(1983):自指和转指,《方言》第1期。

朱庆之(1986):《论汉唐旧注近义词辨析方法研究》,华中师范大学历史文献研究所硕士学位论文。

朱庆之(1989):从魏晋佛典看中古"消息"词义的演变,《四川大学学报》(哲社版)第2期。

朱庆之(1990):《佛典与中古汉语词汇研究》,四川大学博士学位论文,1990;文津出版社,台北,1992。

朱庆之(2000):佛经翻译中的仿译及其对汉语词汇的影响,浙江大学汉语史研究中心编《中古近代汉语研究》第一辑,上海教育出版社。

祝敏彻(1981):从《史记》《汉书》《论衡》看汉代复音词的构词法,《语言学论丛》第八辑,商务印书馆。

Aronoff, M. 1976. *Word Formation in Generative Grammar*. Cambridge, Mass: MIT press.

Aronoff, M. (ed.) 1992. *Morphology Now*. Albany: State University of New York Press.

Baker, M. 1985. The Mirror Principle and Morphosyntactic Explanation, *Linguistic Inquiry* 16.

Bauer, L. 1978. *The Grammar of Nominal Compounding*. Odense: Odense University Press.

Bauer, L. 1988. *Introducing Linguistic Morphology*. Edinburgh: Edinburgh University Press.

Baxter, W. H. & L. Sagart 1998. Word formation in Old Chinese. In Packard, J. L. (ed.) *New Approaches to Chinese Word Formation: Morphology, Phonology and the Lexicon in Modern and Ancient Chinese*. Berlin & New York: Mouton de Gruyter.

Blank, Andreas. 2001. Pathways of lexicalization. In Herausgegeben von et al. (eds.) *Language Typology and Language Universals*. Berlin & New York: Walter de Gruyter.

Bloomfield, L. 1933. *Language*. New York: Holt.

Brinton, L. & E. C. Traugott. 2005. *Lexicalization and Language Change*. New York: Cambridge University Press.

Bybee, J. 1985. *Morphology: A Study of the Relation between Meaning and Form*. Philadelphia: John Benjamins.

Chao, Y. R. 1948. *Mandarin Primer*. Cambridge, MA: Harvard University Press.

Chao, Y. R. 1968. *A Grammar of Spoken Chinese*. Berkeley & Los Angeles: University of California Press.

Chomsky, N. 1980. On binding, *Linguistics Inquiry* 11.

Chomsky, N. 1981. *Lectures on Government and Binding*. Dordrecht Foris.

Dobson, W. A. C. H. 1959. *Late Archaic Chinese*. University of Toronto Press.

Downer, G. B. 1959. Derivation by tone-change in classical Chinese, *Bulletin of the School of Oriental and African Studies*. Vol. xxii.

Feng, Shengli. 1995. *Prosodic Structure and Prosodically Constrained Syntax in Chinese*. Ph. D. Dissertation, University of Pennsylvania.

Feng, Shengli. 1998. Prosodic structure and compound words in classical Chinese, in Packard, J. L. (ed.) *New Approaches to Chinese Word Formation: Morphology, Phonology and the Lexicon in Modern and Ancient Chinese*. Berlin & New York: Mouton de Gruyter.

Fisiak, J. (ed.) 1980. *Historical Morphology*. The Hague: Mouton de Gruyter.

Fisiak, J. (ed.) 1985. *Historical Semantics • Historical Word-Formation*. Berlin & New York: Mouton de Gruyter.

Gabelentz, G. 1891. *Die Sprachwissenschaft, Ihre Aufgaben, Methoden, und bisherigen Ergebnisse*. Leipzig: Weigel.

Gathercold, S. E. & Baddeley, A. D. 1993. *Working Memory and Language*. Hove, England: Lawrence Erlbaum Associates Ltd.

Givón, T. 1971. Historical Syntax and Synchronic Morphology: An Archaeologist's Field Trip. *Chicago Linguistic Society* 7.

Goossens et al. 1995. *By Word of Mouth: Metaphor, Metonymy and Linguistic Action in a Cognitive Perspective*. Amsterdam: John Benjamins.

Haiman, J. 1985. *Natural Syntax*. Cambridge: Cambridge University Press.

Haiman, J. 1993. Iconicity and syntactic change. In *Encyclopedia of Language and Linguistics*. Oxford: Pergamon Press.

Halliday, M. A. K. 1985. *An Introduction to Functional Grammar*. London: Edward Arnold.

Heine et al. 1991. *Grammaticalization: A Conceptual Framework*. Chicago: University of Chicago Press.

Henne, H. et al. 1977. *A Handbook on Chinese Language Structure*. Oslo: Universitetsforlaget.

Himmelmann, N. P. 2004. Lexicalization and grammaticization: Opposite or orthogonal? In Bisang, W. et al. (eds.) *What Makes Grammaticalization? — A Look from its Fringes and its Components*. Berlin: Mouton de Gruyter.

Hoeksema, J. 1985. *Categorial Morphology*. New York & London: Garland Publishing Inc.

Hopper, P. 1990. Where do words come from? In William Croft, Keith Denning & Suzanne Kemmer (eds.) *Berkeley Linguistic Society* 13.

Hopper, P. 1991. On some principles of grammaticalization. In E. C. Traugott and B. Heine (eds.) *Approaches to Grammaticalization*. Amsterdam: John Benjamins.

Hopper, P. 1992. Phonogenesis. In William Pagliuca (ed.) *Proceedings of the 23rd Annual Milwaukee Conference on Linguistic Change*. Amsterdam: John Benjamins.

Hopper, P. & S. Thompson 1980. Transitivity in grammar and discourse. *Language* 56.

Hopper, P. & S. Thompson 1984. The discourse basis for lexical categories in universal grammar. *Language* 60.

Hopper, P. & E. Traugott 1993. *Grammaticalization*. Cambridge: Cambridge University Press.

Huang, C.-T. James. 1984. Phrase structure, lexical integrity, and Chinese compounds, *Journal of the Chinese Language Teachers Association* 19.

Huang, C.-T. James. 1988. Wo pao de kuai and Chinese phrase structure, *Language*, Vol. 64, No. 2.

Jackendoff, Ray. 1990. *Semantic Structures*. Cambridge, MA: MIT Press.

Jackendoff, Ray. 2002. *Foundations of Language: Brain, Meaning, Grammar, Evolution*. Oxford: Oxford University Press.

Jaxontor, S. 1960. Consonant combinations in Archaic Chinese. *Papers Presented by the USSR Delegation at the 25th International Congress of Orientalists*. Moscow: Oriental Literature Publishing House.

Joseph, B. D. & Janda, R. D. 1988. The how and why of diachronic morphologization and de-morphologization. In Hammond, M. & Noonnan, M. (eds.) *The oretical Morphology*. New York: Academic Press.

Kennedy, G. A. 1940. A study of the particle *yen*, *Journal of the American Oriental Society* 60.

Kennedy, G. A. 1953. Another note on *yen*, *Harvard Journal of Asiatic Studies* 16.

Kittay, E. 1989. *Metaphor: Its Cognitive Force and Linguistic Structures*. Oxford: Oxford University Press.

Kuno, S. 1970. Some properties of non-referential noun phrases. In Jakobson & Kawamoto (eds.) *Studies in General and Oriental Linguistics*. Tokyo: TEC

Company, Ltd.

Kuno, S. & K. Takami 1993. *Grammar and Discourse Principles: Functional Syntax and GB Theory*. Chicago & London: University of Chicago Press.

Labov, W. 1974. On the use of the present to explain the past. In Luigi Heilman(ed.) *Proceedings of the 11th International Congress of Linguists*. Bologna: Mulino.

Lakoff, G. 1987. *Woman, Fire, and Dangerous Things: What Categories Reveal about the Mind*. Chicago: University of Chicago Press.

Lakoff, G. & M. Johnson. 1980. *Metaphors We Live By*. Chicago: University of Chicago Press.

Langacker, R. W. 1977. Syntactic reanalysis. In Li, C. (ed.) *Mechanisms of Syntactic Change*. Austin & London: University of Texas Press.

Leech, G. 1972. *A Grammar of Contemporary English*, London: Longman Group Ltd.

Lehmann, C. 1995[1982]. *Thoughts on Grammaticalization*. (LINCOM Studies in Theoretical Linguistics 1). Munich: LINCOM EUROPA.

Lehmann, C. 2002. New reflections on grammaticalization and lexicalization. In Wischer, I. & Diewald, G. (eds.) *New Reflections on Grammaticalization*. Amsterdam: John Benjamins.

Levin, S. 1958. Some minor compound types in Germanic, *General Linguistics*, Vol. 3, No. 2.

Levin, S. 1977. *The Semantics of Metaphor*. Baltimore & London: Johns Hopkins University Press.

Li, C. & S. Thompson 1976. Subject and topic: a new typology of language, in C. Li (ed.) *Subject and Topic*. New York: Academic Press.

Li, C. & S. Thompson 1981. *Mandarin Chinese: A Functional Reference Grammar*. Berkeley: University of California Press.

Lightfoot, D. 1979. *Principles of Diachronic Syntax*. Cambridge: Cambridge University Press.

Lightfoot, D. 1991. *How to Set Parameters: Arguments from Language Change*. Cambridge, MA: MIT Press.

Lightfoot, D. 1998. *The Development of Language: Acquisition, Change, and Evolution*. Oxford: Blackwell.

Lipka, L. 2002[1990] *English Lexicology: Lexical Structure, Word Semantics and Word-Formation*. Tübingen: Max Niemeyer Verlag, 3rd revised ed. of *An Outline of English Lexicology*.

Liu, Jian. 1993. The grammaticalization of full words in Chinese. In Yau (ed.) *Essays on the Chinese Language by Contemporary Chinese Scholars*. Paris: Editions Langages Croisés.

Meillet. A. 1912. *Introduction à l'étude comparative des langues indoeuropéennes*. Paris: Hachette et cie.

Moreno Cabrera, Juan C. 1998. On the relationships between grammaticalization and lexicalization. In Giacalone Ramat, Anna & Paul J. Hopper (eds.) *The Limits of Grammaticalization*. Amsterdam: John Benjamins.

Norman, J. 1988. *Chinese*. Cambridge: Cambridge University Press.

Packard, J. L. (ed.) 1998. *New Approaches to Chinese Word Formation: Morphology, Phonology and the Lexicon in Modern and Ancient Chinese*. Berlin & New York Mouton de Gruyter.

Packard, J. L. 2000. *The Morphology of Chinese: A Linguistic and Cognitive Approach*. Cambridge & New York: Cambridge University Press.

Paivio, J. 1986. *Mental Representation: A Dual Coding Approach*. Oxford: Oxford University Press.

Plag, I., G. Kunter & S. Lappe. 2008. The role of semantics, argument structure, and lexicalization in compound stress assignment in English, *Language*, Vol. 84, No. 4.

Postal, P. M. 1969. Anaphoric island, *Papers from the 5th Annual Meeting of the Chicago Linguistics Society*. Chicago: Chicago Linguistic Society.

Prajzyngier, Z. 1996. *Grammaticalization of the Complex Sentence: A Case Study in Chadic*. Amsterdam & Philadelphia: John Benjamins.

Pulleyblank, E. G. 1986. The locative particales YÜ 于, YÜ 於, and Hu 乎, *Jounal of the American Oriental Society*, Vol. 106, No. 1.

Pulleyblank, E. G. 1995. *Outline of Classical Chinese Grammar*. Vancouver: University of British Columbia Press.

Ramat, Paolo. 1992. Thoughts on degrammaticalization, *Linguistics* 30.

Ramat, Paolo. 2001. Degrammaticalization or transcategorization? In Chris Schaner-Wolles, John Rennison, and Friedrich Neubarth (eds.) *Naturally!*

Linguistic Studies in Honor of Wolfgang Ulrich Dressler Presented on the Occasion of his 60th Birthday. Torino:Rosenbach and Sellier.

Ravindran,P. N. 1975. *Nominal Composition in Malayalam*. India: Sivakami Printers.

Romine, S. 1982. *Social-Historical Linguistics: Its Status and Methodology*. Cambridge:Cambridge University Press.

Rosch,E. 1973. Natural categories, *Cognitive Psychology* 7.

Rosch,E. 1975. Cognitive representations of semantic categories, *Journal of Experimental Psychology*,General.

Ross,J. 1967. *Constraints on Variables in Syntax*. Doctoral dissertation,MIT.

Rudes,B. A. 1980. The functional development of the verbal suffix +esc+ in Romance. In Fisiak,J. (ed.) *Historical Morphology*. The Hague: Mouton de Gruyter.

Schwanenfluglp,P. J. 1983. Differential context effects in the comprehension of abstract and concrete verbal material, *Journal of Experimental Psychology: Learning, Memory, and Cognition* 9.

Serruys,Paul L-M. 1959. The Chinese Dialects of Han Time according to-Fang Yen. *University of California Publications in East Asian Philology*,Vol. 2. Berkeley:University of California Press.

Selkirk, E. 1982. *The Syntax of Words*. Linguistic Inquiry Monograph 7, Cambridge,MA:MIT Press.

Sun,Chaofen. 1996. *Word-Order Change and Grammaticalization in the History of Chinese*. Stanford:Stanford University Press.

Sweetser, E. 1990. *From Etymology to Pragmatics—Metaphorical and Cultural Aspects of Semantic Structure*. Cambridge:Cambridge University Press.

Talmy,L. 1985. Lexicalization patterns:semantic structure in lexical forms. In T. Shopen (ed.), *Language Typology and Syntactic Description*: Vol. 3, *Grammatical Categories and the Lexicon*. Cambridge, MA: Cambridge University Press.

Talmy,L. 2000. *Toward a Cognitive Semantics*,2 Vols. Cambridge,MA:MIT Press.

Tang,Ting-chi. 1994. The 'generalized' X-bar conventions and word-formation typology, *Tsing Hua Journal of Chinese Studies*,Vol.24,No.4.

Taylor, J. 1989. *Linguistic Categorization*. Oxford: OUP.
Traugott, E. 1982. From propositional to textual and expressive meanings: some semantic-pragmatic aspects of grammaticalization. In Winfred P. Lehmann & Yakov Malkiel(eds.) *Perspectives on Historical Linguistics*. Amsterdam: John Benjamins.
Traugott, E. & B. Heine. (eds.) 1991. *Approaches to Grammaticalization*. Vol. 2. Amsterdam: John Benjamins.
Tao, Hongyin. 1991. NP coordination in Medieval Chinese: a discourse approach, *Cahiers de Linguistique Asie Orientale*, Vol. xx, Eté, No. 1.
Taylor, J. 1989. *Linguistic Categorization: Prototypes in Linguistic Theory*. Oxford: Clarendon Press.
van der Auwera, Johan. 2002. More thoughts on degrammaticalization. In Wischer, Ilse and Gabriele Diewald(eds.) *New Reflections on Grammaticalization—Proceedings from the International Symposium on Grammaticalization, 17—19 June* 1999, *Potsdam*, *Germany*. Amsterdam & Philadelphia: John Benjamins.
Van Valin, R. Jr. & R. J. LaPolla. 1997. *Syntax*. Cambridge: Cambridge University Press.
Vendler, Z. 1967. *Linguistics and Philosophy*. Ithaca, NY: Cornell University Press.

2. 词条索引

A							
傲慢	302	不免	245	待遇	134	**G**	
B		不审	248	胆怯	189	改善	78
把持	130	不失	244	当然	239	感激	314
保守	137	不学	249	倒戈	96	高尚	302
北面	32	不遇	86	得罪	176	歌舞	309
必然	240	步骤	304	地震	187	歌谣	304
毕竟	138	**C**		地主	293	隔阂	309
变化	310	财主	292	动作	304	贡献	314
表情	70	裁缝	309	栋梁	112	孤独	55
别管	321	曾经	66	对策	71	辜负	127
不才	248	产生	132	堕落	129	鼓舞	54
不测	247	成功	67	**E**		固执	63
不得	246	成就	135	而后	274	顾问	308
不定	245	成立	313	而今	275	关闭	312
不管	247	斥责	126	**F**		关怀	174
不讳	248	充满	314	范围	310	关心	174
不禁	246	除去	139	方案	31	关于（於）	270
不拘	246	窗户	50	非常	250	冠军	68
不堪	246	次序	304	诽谤	98	规矩	52
不料	245	从事	175	否则	266	果然	238
不论	247	聪明	54	符合	77	过度	181
不满	249	挫折	128	负荷	304	**H**	
		D		附近	136	好生	299
		打破	79				

何必	272	可能	262	乞丐	307	思念	133
后悔	60	可取	259	企及	80	思惟	307
怀疑	173	可惜	260	亲爱	302	思想	307
缓急	88	可以	35	亲信	136	肆意	75
会议	310	恐怖	302	轻易	137	虽然	240
婚姻	305	恐怕	137	蚯蚓	37	随时	72
J		L		屈辱	310	所有	209
及其	284	滥觞	4	R		T	
极其	275	礼貌	306	任性	181	堂房	56
疾病	81	理解	82	任意	180	陶冶	130
几乎	271	利害	84	仍旧	74	提纲	69
记者	211	利益	306	日间	223	提携	132
见怪	233	练习	124	容易	261	体面	56
交易	305	流言	184	如何	40	天气	59
教诲	135	旅游	301	S		听取	215
教学	305	履历	307	奢侈	127	听众	297
借助	179	论著	307	设法	73	同情	68
近来	295	M		设计	178	同意	67
经过	138	秘书	94	深入	64	图画	308
经济	96	勉励	126	时间	224	土著	310
经理	305	民主	32	实则	277	W	
究竟	311	明白	313	世故	315	晚间	223
绝望	180	N		世间	222	未免	251
觉悟	305	奈何	40	事情	90	问津	95
K		P		首领	94	无妨	250
考试	306	品尝	61	首饰	58	无论	252
可爱	258	叵耐	320	受性	85	无能	252
可恶	256	Q		数量	89	无任	251
可观	258	其实	217	睡觉	289	无事	251
可怜	259			顺序	307	武断	63

附录　词条索引

X						
牺牲	51	学通	91	饮食	308	指挥 131
媳妇	89	学问	134	用为	41	至于(於) 269
洗澡	287	学习	122	游泳	288	治安 311
先驱	59	学者	213	友于	281	治疗 121
相好	231	寻常	29	有点(儿)	283	终于(於) 276
相继	231	寻找	123	于(於)是	255	注意 177
相识	231	Y		Z		著名 182
相信	229	言论	308	在乎	279	著作 309
向来	296	颜色	286	责备	66	准绳 52
消息	53	要领	93	责成	178	自卑 236
心间	223	夜间	223	怎生	299	自杀 235
形容	312	一再	57	增加	124	自由 237
虚心	71	医疗	303	战争	308	尊贵 312
许多	242	依旧	74	镇压	131	尊严 311
许久	243	已经	65	整齐	302	作用 310
序列	306	以为	278	政治	76	作者 212
畜牧	306	臆断	62	知见	114	
		因而	267	知识	309	

重 印 后 记

在本书初版中的"主谓短语的词汇化"部分,我曾讨论过"月亮"和"天空"这两个词,但因例证不多而信心不足,在修订本中删除了。汪维辉老师2012年的文章用了历史上和方言里的很多例子支持了"月亮"来自主谓短语的词汇化这一观点,使我产生了在重印时将"月亮"和"天空"这两个词条恢复的想法,得到了汪维辉老师的赞同。下面是我经过修改之后的"月亮"和"天空"两个词条,可以作为主谓短语词汇化的例证,放在本书的76页"政治"条之后,供读者参考。

月亮

故人杯酒别,天清明月亮。(梁·吴均《酬别诗》)

以上例中,"明月亮"是一个主谓短语,"明"是"月"的定语,"亮"是"月"的谓语。

庭木已衰空月亮,城砧自急对繁霜。(唐·李益《奉酬崔员外副使携琴宿使院见示》诗)

河淡秋清夜寒月亮。(宋《宏智禅师广录》卷九,见《大正大藏经》第48册113页第3栏)①

以上例中,"月亮"是一个主谓短语,义为"月光明亮"。

"月亮"发生词汇化之后,"亮"的语义脱落了。汪维辉(2012)认为,"月亮"的词汇化大约发生于明代,清代才通行开来。我们认为,

---

① 此例引自谭代龙(2004)。

明代的例子还不太典型,有不少例子中的"月亮"也可以解作"月光",但清代的例子就确定无疑是指月球了。如:

  娟娟月亮照黄昏,你做子张生,我做崔家里莺。(明·冯梦龙编《夹竹桃·惹得诗人》)

  人言日月相望,所以为望,还是月亮望日,所以圆满不久也。……待到月亮尽情乌有,那时日影再来光顾些须,此天上榜样也。(明·温璜《温氏母训》,引自文渊阁《四库全书》)②

  怪道人都管着日头叫"太阳"呢,算命的管着月亮叫什么"太阴星",就是这个理了。(清·曹雪芹《红楼梦》第三十一回)

汪维辉(2012)指出,明代白话文献中的"月亮"仍然多用作主谓短语,如《夹竹桃·明月明年》:"星稀月亮半更天,接着子情郎心喜欢。""星稀"和"月亮"都是主谓短语。又如《训世评话》36白:"昨夜月亮,在后园葡萄架子底下玩月赏景,遇着旋窝风吹倒了那架子,被那葡萄藤刺磕抓了有伤。"另外,汪维辉先生还指出(私人交流),朝鲜时代编的《译语类解》(1690年)"天文"类有"月明"条,解释为"月儿明亮",紧接着的一条"月亮",释义为"同上"。可见清代早期"月亮"还可用作主谓短语。这再次证明当一个形式从短语变为词之后,其作为短语的用法还可能在较长时期内保留。

天空

  云盖看木秀,天空见藤盘。(唐·沈佺期《绍隆寺》诗)

  天空闻圣磬,瀑细落花巾。(前蜀·贯休《送僧天台寺》诗)

  海静三山出,天空一鹗飞。(前蜀·贯休《送郑准赴举》诗)

  神驭归止,天空露晞。(《宋史·乐志》)

以上例中的"天空"为主谓短语。"天"指"天空",作主语;"空"是

---

② 此例引自谭代龙(2004),是明末的例子。

形容词,作谓语,指"空旷"。整个短语的意思是指"天上很空旷(无云)"。上举第一例中"天空"与"云盖"对举,"盖"是一个动词性成分;第二例中"空"对"细",第三例中"空"对"静","静"和"细"是形容词;第四例中"空"对"晞","晞"是不及物动词,义为"干,干燥"。这些都证明了"空"的谓词性。"天"和"空"在结构上是分立的两个成分。后来"空"的意义消失,"天空"在语义上就相当于"天"。当然,在古代汉语中,"天"是一个多义词,除了表示"天空"之外,还可以表示其他很多意思,而"天空"作为一个双音词表义就明确多了。

汪维辉老师在给我的电子邮件(2013 年 3 月 25 日)中提到:"224 页说宋代以后在时间词后出现的'价''家'很可能是'间'的变体,不知有何依据? 我觉得不大可能。"其实,书中对宋代的"价""家"与"间"之间的变体关系也只是一种猜测,226 页指出:"价""家"是否真与"间"同源需要进一步的验证。但是如果删除这一部分的话,就会造成版面的大变动,给出版社的重印带来麻烦,因此姑且保留,作为一个问题以求教于广大同行。

乐耀博士发现了我书后参考文献中缺少一些正文中提到的文献,结合增加的两个词条涉及的文献,参考文献中共应补入以下四条:

李宗江(1997):"进"对"入"的历时替换,《中国语文》第 3 期。

吕叔湘(1980):《语文常谈》,三联书店。

谭代龙(2004):"月亮"考,《语言科学》第 4 期。

汪维辉(2012):说"日""月",中国语言学会第 16 届年会论文,昆明,2012 年 8 月 21 日至 23 日。

非常感谢汪维辉老师对本书提出的宝贵修改意见,也特别感谢汪老师提出的补加一个重印后记的建议! 非常感谢乐耀博士提出的修改意见,特别感谢他细致地指出了参考文献标注以及文字上的一些错误。也非常感谢赵明、李宏宇对有关参考文献信息的指正。一些小错误在重印时已直接改正。非常感谢责任编辑段濛濛老师耐心细致的工作！热忱欢迎各位同行专家对本书继续提出批评和建议。

董 秀 芳
2013 年 3 月 28 日